Die Katze des Dalai Lama
und die vier Geheimnisse des Glücks

David Michie

Die Katze des Dalai Lama und

DIE VIER
GEHEIMNISSE
DES GLÜCKS

Roman

Aus dem Englischen übersetzt
von Kurt Lang

Lotos

Die Originalausgabe erschien 2019 unter dem Titel
»The Dalai Lama's Cat and The Four Paws of Spiritual Success« im Verlag
Conch Books, an imprint of Mosaic Reputation Management, Ltd.

Sollte diese Publikation Links auf Webseiten Dritter enthalten,
so übernehmen wir für deren Inhalte keine Haftung,
da wir uns diese nicht zu eigen machen, sondern lediglich
auf deren Stand zum Zeitpunkt der Erstveröffentlichung verweisen.

Verlagsgruppe Random House FSC® N001967

Lotos Verlag
Lotos ist ein Verlag der Penguin Random House Verlagsgruppe GmbH.

ISBN 978-3-7787-8298-9

2. Auflage
Copyright © 2019 by Mosaic Reputation Management (Pty) Ltd
Copyright © der deutschsprachigen Ausgabe 2020 by Lotos Verlag,
München, in der Penguin Random House Verlagsgruppe GmbH,
Neumarkter Straße 28, 81673 München
Redaktion: Annegret Scholz
Alle Rechte sind vorbehalten. Printed in Germany.
Einbandgestaltung: Guter Punkt, München, unter Verwendung
von Motiven von © Lucie K / Shutterstock; © Arijeet Bannerjee /
Getty Images; © phatthanit_r / Getty Images;
© klerik78 / Getty Images
Satz: Satzwerk Huber, Germering
Druck und Bindung: Druckerei Pustet, Regensburg
www.ansata-integral-lotos.de
www.facebook.com/Integral.Lotos.Ansata

Widmung

Mit herzlichem Dank an meine geschätzten Gurus:
Les Sheehy, ein außergewöhnlicher Quell der Inspiration und Weisheit;

Geshe Acharya Thubten Loden, unerreichter Meister und Verkörperung des Dharma;

Zasep Tulku Rinpoche, edler Vajra Acharya und Yogi.

Guru ist Buddha, Guru ist Dharma, Guru ist Sangha,
Guru ist die Ursache allen Glücks.

Ich verneige mich vor allen Gurus, suche bei ihnen Zuflucht und bringe ihnen Opfer dar.

Möge durch dieses Buch die Inspiration, die ich von meinen Gurus erhalten habe,
Herz und Geist unzähliger Lebewesen erfüllen.

Auf dass alle Geschöpfe Glück und die wahren Ursachen des Glücks erfahren.

Auf dass alle Lebewesen frei von Leid und den wahren Ursachen des Leids sein mögen.

Auf dass alle Geschöpfe Glück ohne Leid erfahren – die große Freude und Befreiung des Nirwana.

Auf dass alle Geschöpfe in Ruhe und Frieden leben können, dass ihr Geist frei sei von Last und Zorn und frei von Gleichgültigkeit.

Prolog

Liebe Leser, gehört die Neugier auch zu euren Wesenszügen? Angenommen, ihr schleicht an einer Nische vorbei, vor der ein Vorhang hängt. Drängt es euch nicht instinktiv danach, den Stoff beiseitezuschieben – oder vielmehr, darunter hindurchzukriechen – und nachzusehen, was sich dahinter verbirgt?

Wenn ihr eine wohlvertraute Straße entlanggeht und an einer Tür vorbeikommt, die seit Jahr und Tag verschlossen war, heute aber einen Spalt weit offen steht – würdet ihr nicht innehalten und interessiert hineinschauen? Oder wenigstens aus den Augenwinkeln einen Blick hineinwerfen? Was, wenn sich hinter dieser Tür ein geheimnisvoller Flur befindet, der in einen verwunschenen Innenhof oder womöglich einen von Lampenlicht erhellten, mit allen möglichen Kuriositäten vollgestellten Raum führt? Wärt ihr nicht versucht, ihn zu betreten?

Keine Sorge, ich erwarte von euch keine Antwort auf diese Fragen. Ich kenne sie bereits. Das nämlich haben wir gemeinsam, ihr und ich. Der profane Alltag kann uns nicht zufriedenstellen – solche Leser seid ihr nicht, und ich bin auch keine solche Katze! Wir verfügen über aufgeweckte Geister, nicht wahr? Wir stellen Fragen. Entdecken neue Dinge. Wenn wir einen leeren Pappkarton mitten im Raum stehen sehen, sind wir die Ersten, die hineinspringen.

All das meine ich nicht ausschließlich wörtlich, wie ihr euch wahrscheinlich schon gedacht habt. Und das ist ein weiterer Punkt, den wir gemeinsam haben, ihr und ich: Auch wenn wir äußerst tiefschürfenden Dingen auf den Grund gehen, wollen wir dabei unseren *Spaß* haben. Warum immer nur auf einer Ebene kommunizieren, wenn wir doch die Fähigkeit besitzen, uns mehrdeutig auszudrücken? Das wäre doch sterbenslangweilig.

Von allen Themen, die unsere Neugier erregen, bringt eines unseren Schwanz so richtig zum Zucken und die Schnurrhaare zum Zittern – ich spreche selbstverständlich von unserer letztendlichen Bestimmung: tiefster Glückseligkeit. Was ist unser Schicksal, liebe Leser, und wie können wir es in diesem Leben und dem, das danach folgt, beeinflussen? Ist die Natur unseres Geistes tatsächlich strahlend, grenzenlos und von heiterer Gelassenheit? Und wenn ja, wie können wir diese außergewöhnliche Realität erfahren?

Antworten auf diese Fragen kann eine Katze wie ich an verschiedenen Orten finden, so zum Beispiel an einem meiner absoluten Lieblingsplätze und gleichzeitig einem Hort großer Weisheit: dem Himalaja-Buchcafé, das sich gleich in der Nähe des Namgyal-Klosters befindet, wo ich mit Seiner Heiligkeit wohne. In den Regalen der an das Café angeschlossenen Buchhandlung findet sich ein wahrer Schatz an spiritueller und esoterischer Lektüre, darunter auch Weltbestseller mit Titeln wie: *Die sechs Gesetze des Dies, Die sieben Prinzipien des Das* oder *Die Acht Regeln des Sonstwas.*

Ich muss sie nur ansehen, schon bin ich reif für ein Nickerchen. Ich will mir gar nicht vorstellen, was es für ein Aufwand wäre, diese ernsten Bücher durchzuackern und sich womöglich auch noch alles zu Herzen zu nehmen, was drinsteht – von der Umsetzung der vielen Gesetze, Prinzipien und Regeln im alltäglichen Leben ganz zu schweigen. Ob es wirklich Menschen gibt, die alles, was sie tun, mit einer mentalen Checkliste abgleichen, die ihrerseits mit jedem neuen Ratgeber, der die Bestsellerlisten stürmt, länger und länger wird?

Das alles kommt mir sehr kompliziert vor. Unnötig kompliziert. Immerhin sitze ich jeden Tag auf der Fensterbank und lausche den Weisheiten, die Seine Heiligkeit unzähligen Besuchern offenbart. Der Dalai Lama ist *niemals* kompliziert. Seine Besucher verlassen sein Büro nicht mit einem Lebensrezept, auf dem ihnen sechs von diesen Regeln und sieben von jenen verordnet wurden wie bunte Pillen, die täglich einzunehmen sind. Im Gegenteil – der Dalai Lama pflegt für gewöhnlich sehr einfache Ratschläge zu geben. Wie eine berühmte Katze einmal gesagt hat (und das könnte durchaus ich gewesen sein): Einfachheit ist die höchste Form der Raffinesse.

Wenn man also auf der Suche nach Erleuchtung ist, kann man sich den Weg zu den Neuerscheinungen im Himalaja-Buchcafé sparen. Darum entschied auch ich mich dafür, zu Hause zu bleiben, und streckte mich auf der sonnenbeschienenen Fensterbank im ersten Stock aus, von wo man einen exzellenten Blick auf das Kommen und Gehen im Innenhof des Namgyal-Klosters hat – der ideale Aussichtspunkt, um so viel wie möglich mit so wenig Aufwand wie möglich zu beobachten.

Schon seit Jahren sitze ich an dieser Stelle und verfolge den Wandel der Jahreszeiten vor dem Fenster, während ich den Gesprächen seiner Heiligkeit im Raum hinter mir lausche. Und ebenso erhalte ich seit Jahren Komplimente für meine bezaubernden saphirblauen Augen, mein entzückendes kohlschwarzes Gesicht, mein üppiges, cremefarbenes Fell und meinen herrlich flauschigen grauen Schwanz.

Ich war noch ein winziges Kätzchen, als mich der Dalai Lama vor dem beinahe sicheren Tod rettete. Alles in den Privatgemächern Seiner Heiligkeit war neu und aufregend. In jenen frühen Tagen gab ich mich noch mit dem ersten Stock zufrieden – ein ausreichend großes Revier für so ein kleines, wenn auch neugieriges Wesen. Seither sind sieben Jahre vergangen, und inzwischen kenne ich nicht nur jeden Winkel in den Gemächern Seiner Heiligkeit und dem Namgyal-Kloster, sondern bin auch mit den interessanteren Orten der näheren Umgebung bestens vertraut.

Vor Kurzem ereilte mich – ungefragt – die Erkenntnis, dass mir auch die Gespräche, die um mich herum stattfinden, sattsam bekannt sind. Früher begegnete ich jedem Prinzen, Präsidenten und Popstar, der zu Besuch vorbeikam, mit derselben Neugier wie den Fragen, die sie auf dem Herzen hatten. Sie waren mir so neu und unbekannt wie die Gemächer des Dalai Lama, als ich noch ein ganz kleines Kätzchen war.

Sieben Jahre später weiß ich, dass jede Frage, die sie Seiner Heiligkeit stellen, nur eine Variation der immer gleichen Themen ist.

Doch dabei ist es weiß Gott nicht so, dass mich die Antworten des Dalai Lama auf diese Fragen langweilen. Im Gegenteil: Je vertrauter ich mit ihnen bin, desto tiefer berühren sie mein Herz. Jedes Mal, wenn Seine Heiligkeit mit seiner unverwechselbaren tiefen Stimme den Wert der liebenden Güte erklärt, spüre ich, wie mich genau diese Tugend erfüllt – als könne er sie in mir zum Vorschein bringen, indem er einfach nur darüber spricht. Wenn er den Kopf zurückwirft und lacht – und das tut er oft –, dann werden alle Anwesenden, ich eingeschlossen, unweigerlich von dieser Freude angesteckt. Und wenn er den Weg zur Erfüllung und zum inneren Frieden erklärt, überkommt mich ein so tiefes Wohlbehagen, dass ich es am liebsten mit allen Lebewesen, die Fell, Federn oder Flossen oder auch gar nichts davon besitzen, teilen möchte – auf dass wir alle unsere wahre Natur als greifbare, alles durchdringende Gewissheit erkennen.

Und noch etwas ist mir klar geworden: Der Grund, aus dem so viele Menschen den Dalai Lama aufsuchen, liegt nicht unbedingt in seinen Worten allein, sondern auch in der Art und Weise, wie sie sich in seiner Gegenwart *fühlen*. Worte und Erkenntnisse sind wichtig, um zu verstehen, weshalb der Dalai Lama so ist, wie er ist. Sie lehren uns, wie wir in uns dieselben Tugenden kultivieren können, die wir an ihm so bewundern. Noch lange nachdem seine Besucher auch das letzte Wort Seiner Heiligkeit vergessen haben, erinnern sie sich daran, wie er ihr Herz berührt hat. Und dafür lieben sie ihn.

Wenn sich eine Audienz dem Ende nähert, kommt es des Öfteren vor, dass der Besucher den Dalai Lama fragt, welches Buch er lesen solle, um den tibetischen Buddhismus besser zu verstehen. Dann bekommt er meistens ein einschlägiges Werk ausgehändigt – zum Beispiel Shantidevas *Leitfaden für die Lebensweise eines Bodhisattva*. Oder der Dalai Lama empfiehlt ein anderes Buch oder bittet einen seiner Assistenten, den Gast auf dem Weg nach draußen mit weiterführenden Informationen zu versorgen.

Es würde mich durchaus interessieren, ob seine Gäste diese Bücher auch tatsächlich lesen. Mir kommt es oft so vor, als wäre die Frage nach einem geeigneten Buch eher die Bitte um ein Souvenir. Ein Andenken, damit die außergewöhnliche Flamme nicht verlischt, die durch seine Gegenwart entzündet wurde.

Eines Tages gegen siebzehn Uhr betraten Oliver und Tenzin, die beiden Assistenten Seiner Heiligkeit, das Büro zur abendlichen Besprechung. Bei dieser Gelegenheit pflegte Oliver – ein Engländer, der als Übersetzer Seiner Heiligkeit tätig war – zur allgemeinen Freude grünen Tee zu servieren. Tenzin, der nicht nur ein vollendeter Diplomat war, sondern auch als Assistent seiner Heiligkeit in spirituellen Angelegenheiten fungierte, saß seinem Chef gegenüber neben Oliver auf einem Sofa. Ich fläzte mich auf einem Sessel neben Seiner Heiligkeit.

»Unser amerikanischer Gast hat das Buch erhalten, das Ihr ihm empfohlen habt«, berichtete Tenzin. Früher am Nachmittag war ein bekannter Talkshow-Moderator zu Besuch gewesen.

Der Dalai Lama dachte einen Augenblick lang nach, dann zuckte er mit den Schultern. »Ein sehr nützliches Buch. Vielleicht liest er es ja. Obwohl, für ihn ist es nicht unbedingt ideal.«

Oliver und Tenzin wechselten einen vielsagenden Blick. Im Lauf der Jahre hatten sie schon oft darüber diskutiert, welches Buch sie den Besuchern empfehlen sollten.

Oliver beugte sich vor. »Was wäre denn ein ideales Buch, Eure Heiligkeit?«, fragte er. Als Westler sprach Oliver seine Gedanken oft etwas direkter und unverblümter aus als die anderen aus der engsten Umgebung des Dalai Lama.

Seine Heiligkeit nickte und dachte nach. »Es muss alle Schlüsselelemente des spirituellen Pfades beinhalten«, sagte er schließlich und beschrieb mit beiden Händen einen Kreis. Dann listete er besagte Elemente auf, mit denen ich natürlich längst vertraut war. Ich zählte mit. Es waren vier.

»Also eine Einführung?«, fragte Oliver.

Seine Heiligkeit hob mahnend die rechte Hand. »Aber zu einfach sollte sie nicht sein.« Er sah Oliver mit einem schelmischen Funkeln in den Augen an. »In den Sechzigern hielten wir Tibeter euch Westler noch für Barbaren. Nun ja, ganz so schlimm seid ihr offenbar doch nicht.«

Alle kicherten. Als die Lamas zum ersten Mal den Himalaja verließen und nach Europa, in die USA und nach Australien gingen, hatten sie nicht damit gerechnet, dass sich die ihrer Meinung nach hoffnungslos materialistischen Westler überhaupt für die Feinheiten der Geistesschulung, geschweige denn für die wahre Natur ihres Bewusstseins interessierten. Doch zu ihrer Verblüffung hatten sie sich geirrt.

»Anspruchsvoll und nicht vereinfachend also?«, fragte Oliver.

»Und …«, fuhr seine Heiligkeit fort, »mit einer Erklärung der eher mystischen Dinge.«

»Orakel, meint Ihr?«, fragte Oliver grinsend. »Telepathie?«

Ich drehte den Kopf, um besser zuhören zu können.

Der Dalai Lama nickte lachend.

»Astralreisen und so weiter?« Oliver ließ nicht locker.

Mir fiel auf, dass sich Tenzin nicht am Gespräch beteiligte. Obwohl er nach wie vor neben seinem Assistentenkollegen saß, war es, als wäre er mit dem Hintergrund verschmolzen, als hätte er sich völlig aus der Konversation zurückgezogen.

Seine Heiligkeit sah Oliver in die Augen. »Jetzt hast du schon so viele Bücher für mich übersetzt, vielleicht magst du zur Abwechslung ja mal eines schreiben?«

Und da begriff ich, weshalb Tenzin so schweigsam war.

Oliver hustete. Sein blasses Gesicht färbte sich rosarot. »Eure Heiligkeit!«, krächzte er.

»Mit den wichtigsten Themen bist du vertraut.«

»Ja, aber …« Oliver bekam einen weiteren Hustenanfall. Höchst ungewöhnlich, dass es diesem Mann – er war immerhin Übersetzer, der auch die differenziertesten und kompliziertesten Themen in Worte kleiden konnte – die Sprache verschlug.

Während Oliver noch keuchend um Atem rang, warf der Dalai Lama Tenzin einen verschmitzten Blick zu. »Und du könntest dir einen Titel ausdenken. Etwas …«, er suchte nach dem Wort.

»Griffiges?«, schlug Tenzin vor.

»Genau. Wie die Bücher am Flughafen.«

Da der Dalai Lama ständig auf Reisen war, kannte er die Buchläden an den Flughäfen selbstverständlich sehr gut. Seine Heiligkeit sah zu mir herüber und schien – nicht zum ersten Mal – meine Gedanken zu lesen. »Die sechs Regeln des Soundso!« Er umfasste die Lehne seines Stuhles und kicherte.

Sobald sich Oliver von seinem Hustenanfall erholt hatte, begriff er, dass sie sich über ihn lustig machten. Gewissermaßen. Zumindest teilweise. Also überlegte er sich seine nächsten Worte sehr genau. »Das ideale Buch müsste die wichtigsten Themen des tibetischen Buddhismus erklären. Das, was den Leuten magisch daran vorkommt – wie die Wiedergeburt und so weiter. Aber das reicht nicht.«

Der Dalai Lama hob die Augenbrauen.

»Die Menschen interessieren sich nicht nur für Eure Weisheit, sie wollen auch das *Gefühl* haben, in Eurer Gegenwart zu sein. Irgendwie müssen wir Eure Präsenz vermitteln.«

Sofort wusste ich, worauf Oliver hinauswollte. Clever. »Ich weiß nicht, ob ich der Richtige dafür bin«, sagte er.

Seine Heiligkeit dachte einen Augenblick darüber nach. »Aber wer dann?«, fragte er.

So langsam wurde es Zeit fürs Abendessen. Ich streckte alle viere von mir, wobei mich ein behagliches Zittern durchfuhr.

Ich muss gestehen, dass mein Timing ebenso ungeschickt war wie Olivers Argumentation subtil. Die drei Männer lachten. »Da haben wir ja unsere Freiwillige«, kicherte der Dalai Lama.

Oliver deutete auf meine ausgestreckten Beine. »Auf vier Pfoten zum spirituellen Glück!« Alle kicherten.

»*Die vier Geheimnisse des Glücks*«, schlug Tenzin vor. »Damit hätten wir auch einen griffigen Titel.«

»Gar nicht schlecht«, bemerkte Seine Heiligkeit. »Immerhin heißt es ja, dass der Pfad des tibetischen Buddhismus aus vier verschiedenen Elementen besteht. Vier Praktiken, die wir nach Kräften anwenden sollen.« Er deutete auf einen wunderschönen Wandbehang, auf dem der Buddha Shakyamuni dargestellt war. »Jedes Mal, wenn wir das Abbild eines erleuchteten Wesens sehen, werden wir an diese vier Elemente erinnert.« Oliver und Tenzin nickten weise.

Ich warf ebenfalls einen Blick auf das Bild, das uns angeblich an die vier Elemente erinnerte. Ach ja? Wirklich?

Am späten Abend saß ich manierlich mit untergeschlagenen Pfoten auf dem Bett. Der Dalai Lama meditierte neben mir. Dies war eine meiner Lieblingstageszeiten. Der Raum wurde vom sanften Schein einer einzigen Lampe erhellt. Das mächtige und doch sachte Mitgefühl Seiner Heiligkeit erfüllte nicht nur den Raum, sondern auch das Namgyal-Kloster, ganze Länder und sogar Existenzebenen weit darüber hinaus. Sobald sich der Fokus seiner Meditation der liebenden Güte zuwandte, fing ich an zu schnurren und hörte erst auf, als er die Sitzung beendet hatte.

Er streckte die Hand aus und streichelte mich. »Ganz genau, meine kleine Schneelöwin.« Nur der Dalai Lama sprach mich mit diesem ganz besonderen Kosenamen an. In Tibet symbolisieren Schneelöwen Furchtlosigkeit, Kraft und Fröhlichkeit. »Du bist auf meiner Wellenlänge.«

Ich schnurrte noch lauter.

»Du hast mir Tausende von Stunden lang zugehört.« Er kraulte mein Gesicht mit seinen Fingernägeln – genau so, wie ich es mochte. »Du kennst die Weisheiten, die wir mit anderen teilen sollten.« Er beugte sich vor. »Und am wichtigsten ist: Du weißt, wie man liebende Güte vermittelt«, flüsterte er in mein Ohr.

Mein Schnurren erhob sich zu einem Crescendo, und ich wandte den Kopf und sah ihm direkt in die Augen – ein Privileg, das wir Katzen nur selten einem Menschen gewähren.

»Wenn du es fertigbringst, dass sich andere genauso fühlen« – er berührte sein Herz – »wie wunderbar!«

Und so kam es, liebe Leser, dass ihr jetzt dieses Buch in den Händen haltet: aus dem Wunsch heraus, euch nicht nur die tiefe Weisheit des Dalai Lama näherzubringen, sondern auch ein Gefühl für seine Energie und seine Präsenz.

Aber – wenn ich euch schon gleich am Anfang ein Geheimnis anvertrauen darf – das allumfassende Wohlbefinden, das die Menschen so oft in der Gegenwart Seiner Heiligkeit verspüren, geht gar nicht von ihm aus. Er macht es nur möglich, er ist, wenn man so will, ein Vermittler. Er ist so reinen Herzens und so frei von jeglichem Ego, dass die Menschen in seiner Gegenwart ihre ureigene, innerste Natur, die höchste und beste Version ihrer selbst erkennen können.

Wenn ihr euch jetzt fragt, wie die Präsenz eines erleuchteten Wesens, eines Bodhisattvas, durch ein Buch vermittelt werden soll, das von einer durchaus mit Fehlern behafteten und komplizierten – wenngleich auch wunderschön anzusehenden – Katze geschrieben wurde, dann will ich eines klarstellen: Meine Aufgabe ist es lediglich, einen Spiegel für euch bereitzustellen. Einen ganz besonderen Spiegel, der euch weder die Form eurer Nase noch den Schwung eurer Augenbrauen zeigt, sondern einen viel tieferen Blick darauf gewährt, wer oder was ihr seid. Einen Spiegel, der die wohlvertraute Oberfläche eurer Alltagspersönlichkeit durchdringt und euch die Wahrheit des Bewusstseins dahinter erkennen lässt.

Dieses Spiegelbild mag euch womöglich unbekannt sein. Es mag euch sogar überraschen. Seht genau hin – habt keine Angst. Ihr werdet erkennen, dass eure eigene wahre Natur frei von den Makeln und Schönheitsfehlern ist, die eure Sicht vorübergehend trüben. Durch Selbstkritik konzentriert man sich irgendwann so sehr auf die eigenen Schwächen, dass man keine Hoffnung mehr hat, die eigenen Makel loszuwerden; doch die simple Wahrheit lautet, dass alles, was euren Geist heimsucht, vergänglich ist. Flüchtig. Euer Bewusstsein kann ebenso wenig wie Wasser dauerhaft verschmutzt werden.

Wie ihr auf den folgenden Seiten erfahren werdet, lautet die tröstliche Wahrheit, dass die beständigen Eigenschaften eures Geistes womöglich nicht die sind, die ihr dafür haltet. In Wahrheit ist euer Bewusstsein grenzenlos und strahlend. Jeder Gedanke kann darin aufsteigen, verweilen und wieder vergehen. Sobald ihr tief genug eintaucht, um die manchmal stürmische Oberfläche eures Geistes hinter euch zu lassen, erreicht ihr einen wahren Ozean der Ruhe.

Liebe Leser, wenn euch diese Worte so außergewöhnlich vorkommen wie das prächtige Fell, das ich trage, möchte ich dem noch eine letzte Beobachtung hinzufügen: Im Grunde genommen seid ihr Wesen, deren unverfälschte Natur nichts anderes als reine, höchste Liebe und reines, höchstes Mitgefühl ist. Genau wie meine auch!

Erstes Kapitel

Ich traute meinen Augen kaum! Bei der Tür zu Mr. Patels Laden vor den Toren des Namgyal-Klosters saß der schönste getigerte Kater von ganz Dharamsala.

War er es wirklich? Mambo, der Vater meiner Kätzchen? Jenes prächtige, muskulöse Tier, das kurzzeitig in mein Leben getreten war, als ich noch eine junge, leicht zu beeindruckende Katzendame gewesen war, nur um genauso mysteriös wieder daraus zu verschwinden?

Ich beschleunigte meinen Schritt, was mit einiger Anstrengung verbunden war. Die Straße vor dem Himalaja-Buchcafé, in dem ich den Nachmittag verbracht hatte, war ziemlich steil und ich nicht mehr die Jüngste. Meine Hinterbeine schmerzten stärker als je zuvor.

Seit man mich als kleines Kätzchen auf das harte Straßenpflaster hat fallen lassen, habe ich schwache Hinterbeine, die mir seit jeher einen taumelnden Gang verleihen und in denen ich seit Neuestem auch ein unangenehmes Brennen verspürte.

Ich verbiss mir den Schmerz und eilte, so schnell ich konnte, auf das Tor zu. Zwischen den ein und aus gehenden Mönchen, den vielen Ständen, an denen alle möglichen Waren feilgeboten wurden, und dem Getümmel im Allgemeinen konnte man eine Katze schnell aus den Augen verlieren. Insbesondere eine, die durch ihr Fell so gut getarnt war wie mein getigerter Kater.

Ich lief noch schneller, huschte hinter den Ständen vorbei auf Mr. Patels Laden zu, der der letzte in der Reihe war. Dort angekommen, spähte ich auf der Suche nach diesem unverhofften Gast durch die vielen hin und her laufenden Beine und flatternden Saris.

Doch er war wie vom Erdboden verschluckt. Auch auf einem Baumstamm in der Nähe, auf den er früher mit Vorliebe geklettert war, fand sich keine Spur von ihm. Ich hielt inne, sah mich um und fragte mich, wo ich noch nach ihm suchen sollte.

Da hörte ich plötzlich hinter einer kaum einen Meter von mir entfernten Mülltonne ein tiefes, bedrohliches Knurren. Sofort stellten sich mir die Nackenhaare auf. Ich wirbelte so schnell herum, dass ich beinahe das Gleichgewicht verloren hätte, und sah mich einem getigerten, grimmigen Kater gegenüber, bei dem es sich ganz gewiss nicht um Mambo handelte. Sein wutverzerrtes Gesicht und das gesträubte Fell signalisierten pure Aggression.

Ich fletschte die Zähne. Er fauchte eine weitere, markerschütternde Drohung und sprang los. Nun war er nur noch Zentimeter von mir entfernt. Nahe genug für einen Prankenhieb. Meine Instinkte gewannen die Oberhand. Ich hob die rechte Tatze und fauchte zurück. Die Leute vor Mr. Patels Laden drehten sich zu uns um, beunruhigte Rufe wurden laut.

Der Eindringling, der sich in meinem Revier breitmachen wollte, starrte mich mit unverhohlenem Hass an. Er war jung und geschmeidig und zweifellos der Meinung, mich in einem Kampf jederzeit besiegen zu können.

Aber ich wich nicht zurück. Man hatte mich schon in der Vergangenheit bedroht, und ich hatte gelernt, nicht bei dem ersten Anzeichen von Gefahr die Flucht zu ergreifen. Mein Widerstand reizte ihn nur noch mehr. Rasend vor Wut fuhr er seine langen Krallen aus und zielte damit auf meinen Kopf.

Schreie erklangen, dann folgte ein lautes Klappern! Ich spürte kalte Nässe. Menschliche Beine schoben sich zwischen mich und den Kater. Jemand hatte einen mit Wasser gefüllten Topf nach uns geworfen. Kurz darauf hob mich jemand auf, trug mich durch das Tor des Klosters und setzte mich im Innenhof ab. Ich blickte mich nach dem Kater um, der gerade sehr unsanft verscheucht wurde.

Es hat auch seine Vorteile, weit und breit als Katze des Dalai Lama bekannt zu sein.

Mit so viel Haltung und Würde, wie es mein durchnässtes Fell und meine zerrütteten Nerven zuließen, durchquerte ich den Innenhof und kehrte in meine Gemächer zurück. Der Schmerz in allen vier Pfoten war nun so stark, dass ich glaubte, auf heißen Kohlen zu laufen.

Ich umrundete das Gebäude und schlüpfte durch meinen Privateingang – ein Fenster im Erdgeschoss, das allein meinetwegen offen stand. Anschließend säuberte ich mich gründlich. Anscheinend hatte jemand in dem

Wasser, mit dem man uns übergossen hatte, seinen Mittagsreis gekocht. Es klebte vor Stärke und schmeckte widerlich. Ich hob die Pfote zum Gesicht und ertastete eine wunde Stelle, wo die Kralle des Eindringlings mich gestreift hatte. Zum Glück hatte mich mein dickes Fell vor schlimmeren Verletzungen bewahrt.

Ein paar Minuten später machte ich mich auf den Weg nach oben in die Gemächer, die ich mit Seiner Heiligkeit teilte und die normalerweise mit Wärme und Freundlichkeit erfüllt waren. Doch heute lagen die Räume im Halbdunkel, alles war still: Der Dalai Lama war auf Reisen und würde erst in mehreren Tagen zurückkehren.

Als sich an diesem Abend die Dämmerung über den Innenhof des Namgyal senkte, saß ich auf der Fensterbank, blickte zu dem grünen Licht hinüber, das über Mr. Patels Laden brannte, und suhlte mich in Selbstmitleid.

Mit der Rückkehr Seiner Heiligkeit mehrere Tage später ging auch das Leben wieder seinen gewohnten regen Gang. Der Dalai Lama traf spät am Vormittag ein und hatte kaum Zeit, mich zu begrüßen, da trat auch schon Oliver in sein Büro, um die Gäste anzukündigen, die in weniger als einer Stunde zum Mittagessen erscheinen würden.

Das Thema, das bei dieser Zusammenkunft besprochen werden sollte, lautete »Dharma im digitalen Zeitalter«. Faszinierend – wenn man denn keine dringenderen Sorgen hatte. Und die hatte ich allerdings.

Zuerst einmal hatte ich mich noch nicht vollständig von jener unangenehmen Begegnung mit dem getigerten Kater erholt – ich war noch nie von einem Artgenossen bedroht worden. Das Namgyal-Kloster ist mehr oder weniger katzenfrei und daher, solange ich denken kann, mein Revier. Dass eine andere Katze auftauchte und es mir streitig machte, war eine höchst unwillkommene Entwicklung.

Ein weitaus drängenderes Problem allerdings stellten die stechenden Schmerzen dar, sie sich bei jedem Schritt einstellten. Wie ein schlechtes Omen hatten sie genau dann eingesetzt, als der Kater auf mich losgegangen war, und sie wurden mit jedem Tag schlimmer. Der Weg zum Himalaja-Buchcafé wurde so beschwerlich und jeder Schritt so schmerzhaft, dass ich es mir tatsächlich zweimal überlegte, ob die schmackhafte *Sole meunière* – eines meiner Leibgerichte – die Tortur wert war. Allein die Treppe zu meinen Gemächern hinauf- oder hinabzusteigen war eine qualvolle Übung.

Dabei war ich mir sicher, dass mit der Rückkehr des Dalai Lama alles besser werden würde – allerdings ohne konkrete Vorstellung, wie genau das vonstattengehen sollte. Auf jeden Fall musste ich etwas Zeit mit dem Dalai Lama verbringen, um mich zu erholen. Nur wir beide, gemeinsam.

Zur Mittagszeit herrschte im Speisesaal die für solche Anlässe übliche Stimmung. Wie immer, wenn der Dalai Lama Gäste empfing, ließen sich diese verlässlich von seiner Leichtherzigkeit und Spontaneität anstecken. Er schaffte es stets, das Beste in seinen Mitmenschen zum Vorschein zu bringen. Und so tauschten Social-Media-Gurus, Vertreter der kontemplativen Neurowissenschaften, Lamas und Psychologen munter Ideen aus und genossen das köstliche Mahl, das in der Küche im Erdgeschoss von zwei Frauen zubereitet worden war, die inzwischen selbst so etwas wie eine Institution im Haushalt des Dalai Lama geworden waren: Mrs. Trinci, die legendäre, überaus mitteilsame und temperamentvolle Köchin Seiner Heiligkeit für besondere Anlässe, und ihre wunderschöne Tochter Serena.

Vom Dalai Lama abgesehen war Mrs. Trinci seit meiner Ankunft im Namgyal mein größter Fan. Die zu überschwänglichen Gesten neigende Italienerin hatte mich mit Leckerbissen vollgestopft und mich als die Schönste Kreatur auf Erden bezeichnet. Ein Titel, dem im Laufe der Zeit noch viele weitere folgen sollten – wenngleich auch nicht alle so schmeichelhaft waren.

Nach einem Herzanfall hatte Mrs. Trinci auf Anraten ihres Arztes Meditationsunterricht beim Dalai Lama persönlich genommen, was sie zu einer ausgeglicheneren und etwas weniger impulsiven Person gemacht hatte – ohne dass ihre Großherzigkeit darunter gelitten hätte. Nach der Rückkehr ihrer Tochter Serena, die mehrere Jahre in einigen der führenden Restaurants Europas tätig gewesen war, hatte sie sich dazu überreden lassen, den Posten als Chefköchin des Dalai Lama zumindest teilweise abzugeben. Wie hätte ich ahnen können, dass mich – sobald ich einmal Teil von Serenas Welt geworden war – die größten Überraschungen meines Lebens erwarteten?

Vom ersten Augenblick an hatte mich die elegante, anmutige Serena mit den langen, dunklen Haaren mit ihrer Energie und Güte verzaubert. Sie half nicht nur ihrer Mutter bei der Bewirtung der VIP-Gäste des Dalai Lama, sondern war neben Franc, dem eigentlichen Inhaber, Teilhaberin des Himalaja-Buchcafés. Wir waren sofort gute Freunde geworden, und von verschiedenen Beobachtungsposten auf Bücherregalen, in Nischen und hinter Torpfosten aus war ich Zeuge der sich langsam anbahnenden Romanze zwischen ihr und einem stattlichen und hochintelligenten indischen Geschäftsmann geworden, den sie im Yogaunterricht kennengelernt hatte – und der uns aufgrund seiner Bescheidenheit lange verheimlicht hatte, dass er eigentlich der Maharadscha von Himachal Pradesh war.

Sid – die Kurzform von Siddharta – hatte für Serena und sich eine geräumige, auf einem Hügel gelegene Villa im Kolonialstil renovieren lassen, die bequemerweise nur einen kurzen Spaziergang von meinem Fensterbrett im Namgyal-Kloster entfernt lag.

Im Lauf der Zeit hatte sich herausgestellt, dass es zwischen mir, Sid und seiner siebzehn Jahre alten Tochter Zahra eine starke Verbindung gab. Ihre Mutter, Sids erste Frau, war vor vielen Jahren bei einem Autounfall ums Leben gekommen. Zahra besuchte ein Internat und kam nur in den Ferien nach Hause, doch ich war seit unserer ersten Begegnung regelrecht vernarrt in sie und verbrachte viel Zeit mit ihr.

Wie immer, wenn der Dalai Lama zum Mittagessen lud, kam auch ich nicht zu kurz. Dawa, der Oberkellner, brachte mir einen Unterteller ans Fensterbrett – heute gab es ein Schmorgericht mit einer köstlichen, dicken Soße, die ich mit so lautstarkem Genuss verzehrte, dass sich mehrere hochrangige Manager aus dem Silicon Valley amüsiert zu mir umdrehten. Auch der Dalai Lama warf mir während des Essens mehrere Blicke zu, allerdings mit einem besorgten Gesichtsausdruck. Obwohl wir seit seiner Rückkehr kaum Zeit miteinander verbracht hatten, schien er zu spüren, dass es mit mir nicht zum Besten stand.

Ich beendete meine Mahlzeit, putzte mir das Gesicht – selbst eine so einfache Tätigkeit gestaltete sich mit meinen schmerzenden Pfoten nicht gerade einfach – und wartete ab, bis das Treffen zu Ende war. Jetzt, wo mein Bauch mit Mrs. Trincis köstlichem Essen gefüllt war, fühlte ich mich zumindest ein bisschen besser.

Trotzdem konnte ich es kaum erwarten, allein mit dem Dalai Lama zu sein.

Endlich verabschiedeten sich die Gäste und ließen sich von Tenzin und Oliver aus dem Raum führen. Seine Heiligkeit hatte Dawa aufgetragen, den Köchinnen sein Kompliment auszurichten und sie – wie es bereits schöne Tradition war – nach oben zu bitten, damit er sich persönlich bei ihnen bedanken konnte. Kaum waren die Gäste fort, kehrte Dawa mit einer Nachricht zurück.

»Mrs. Trinci ist bereits nach Hause gegangen, Eure Heiligkeit«, sagte er.

»Und Serena?«

»Sie sagt, sie hätte nur ihrer Mutter geholfen und daher auch kein Lob verdient. Außerdem wart Ihr lange Zeit weg, meint sie, und habt sicher viel zu tun.«

Der Dalai Lama nickte. Es war nicht das erste Mal, dass sein Angebot, sich zu bedanken, zurückgewiesen worden war – wenn auch auf sehr diplomatische Art. Seine Heiligkeit saß eine Weile lang nachdenklich da – hatte er etwas bemerkt, was mir entgangen war? –, dann sah er mir in die Augen. »Wir sollten nach ihr sehen, meinst du nicht, kleine Schneelöwin?«, sagte er und stand auf.

Er ging zur Tür. Ich sprang trotz der unausweichlich schmerzhaften Landung vom Fensterbrett. Dann durchquerten wir unsere Gemächer und den Flur, der am Assistentenbüro vorbeiführte. Ich bemühte mich um einen einigermaßen normalen Gang, obwohl jeder Schritt die reinste Folter war. Insbesondere die Hinterbeine schmerzten beim Gehen stärker als je zuvor.

Wir gingen die Treppe und den kurzen Flur zur Küche hinunter. Seine Heiligkeit blieb im Türrahmen stehen und beobachtete Serena, die die Vorräte in den Schränken anhand einer Liste auf Vollständigkeit prüfte, alles aufschrieb, was noch besorgt werden musste, und anschließend den Kühlschrank inspizierte. Das heutige Mittagessen war zwar vorüber, doch in drei Tagen hatte sich der Aga Khan zu einer Privataudienz angemeldet, wofür es noch so einige Vorbereitungen zu treffen galt. Serena war so konzentriert bei der Arbeit, dass sie erst nach einer geraumen Weile aufblickte und bemerkte, dass sie nicht allein war.

»Oh! Eure Heiligkeit!« Sie legte die Hände vor dem Herzen zusammen und errötete.

»Meine liebe Serena!« Der Dalai Lama ging zu ihr und umarmte sie herzlich. Sie senkte den Blick und bemerkte mich zu seinen Füßen.

»Und die kleine Rinpoche ist auch dabei«, sagte sie, als sie sich wieder voneinander gelöst hatten.

»Das Essen war vorzüglich!« Der Dalai Lama musterte sie aufmerksam.

»Vielen Dank.«

»Besonders der Hauptgang.«

»Vegetarisches Stroganoff. Die Soße ist das Geheimnis.«

Sie hatte das lange Haar unter die Kochmütze gesteckt und trug kein Make-up, wodurch sie ganz anders aussah als die Serena, die im Himalaja-Buchcafé die Gäste begrüßte oder von ihrem Büro über dem Café aus ihren Gewürzversand leitete. Aber mehr noch: Ihre Miene wirkte heute seltsam verkniffen, und Kummer verdunkelte ihre Augen.

»Ich bin niemals zu beschäftigt, um dich zu empfangen«, sagte der Dalai Lama. »Aber vielleicht bist du ja zu beschäftigt, um mich zu empfangen?« In seiner Miene mischten sich Schalk und Besorgnis.

Seine Heiligkeit kannte Serena schon von Kindesbeinen an. Mrs. Trinci war früh Witwe geworden und hatte sie mit in die Palastküche nehmen müssen. Dort hatte Serena Hausaufgaben gemacht, während Mrs. Trinci kochte. Damals – lange vor meiner Zeit – war Serena dem Dalai Lama so nahe gewesen, dass er so etwas wie eine Vaterrolle eingenommen hatte.

Auch wenn sie über zehn Jahre in Europa verbracht hatte und ihren eigenen Weg gegangen war: Als sie nach Dharamsala zurückkehrte, war die Verbindung zu Seiner Heiligkeit so stark wie eh und je gewesen. Es war, als gehörten sie zu einer Familie. Er kannte sie genau – und das war auch der Grund, weshalb sie den Blick abwenden musste.

»Verzeiht, Eure Heiligkeit«, sagte sie. »Ich wollte Euch nicht beleidigen.«

Er zuckte mit den Schultern. Darum ging es nicht.

Sie warf erst einen Blick auf die Liste und dann auf die Schränke. »Aber ich bin *tatsächlich* sehr beschäftigt«, gab sie zu.

»Weil der Aga Khan zum Essen kommt?«, fragte der Dalai Lama.

»Aber nein. Damit hat es nichts zu tun.« Sie ließ betont geschäftig den Blick in der Küche umherschweifen, damit sie bloß nicht ihn ansehen musste. Dann biss sie sich auf die Lippen. »Es geht ums Geschäft«, gab sie schließlich widerstrebend zu.

»Viel zu tun?«, fragte Seine Heiligkeit teilnahmsvoll.

»Im Gegenteil.« Sie sah ihn vielsagend an. »Wie Ihr wisst, konnten wir uns am Anfang vor Kunden kaum retten. Wir haben uns in den ersten drei Jahren jedes Jahr verdoppelt. Aber jetzt ist das Ende der Fahnenstange erreicht.«

Die Idee mit den Gewürzmischungen war entstanden, da so viele Touristen nach den Rezepten für die köstlichen Soßen und Marinaden gefragt hatten, die die Mahlzeiten im Himalaja-Buchcafé so unwiderstehlich machten. Serena hatte sich mit den beiden Köchen des Cafés, den nepalesischen Brüdern Jigme und Ngawang Dragpa, beraten. Gemeinsam hatten sie einen Versandhandel auf die Beine gestellt und schickten nun abgepackte Gewürzmischungen per Post in alle Welt. Sid hatte mit seinen Beziehungen dafür gesorgt, dass sie die nötigen Zutaten von den Gewürzhändlern der Region zum Großhandelspreis einkaufen konnten. Das Geschäft hatte sich prächtig entwickelt.

Geschicktes Marketing und ein effizienter Lieferservice hatten dafür gesorgt, dass die Gewürzmischungen des Himalaja-Buchcafés bald in aller Herren Länder unterwegs waren. Als sich Sid und Serena vor zwei Jahren das Jawort gaben, beschlossen sie, mit den Profiten aus dem Gewürzmischungshandel Jugendliche aus der Gegend bei ihrer Ausbildung und der Suche nach einem Arbeitsplatz zu unterstützen.

»Also machst du dir Sorgen um die Jugendlichen?«, fragte der Dalai Lama.

»Es sind so viele!« Serena hob die Stimme. »Und sie sind alle auf uns angewiesen. Wir sind ihre letzte Chance!«

Mit einem Mal war sie so temperamentvoll wie Mrs. Trinci persönlich – eine Verwandlung, die ich bisher nur selten miterlebt hatte.

»Und die Verkäufe …«

»Sind eingebrochen!«, klagte sie eindringlich. »Wir sind wieder da, wo wir vor zwölf Monaten waren. Ach was – vor achtzehn!« Sie konnte nicht länger stillstehen, daher durchquerte sie unnötigerweise die Küche, um ihre Handtasche zu holen. Sie pfefferte die Tasche neben ihre Einkaufsliste.

»Dass das Geschäft so schlecht geht, hat nicht nur einen Grund, sondern viele.« Ihre dunklen Augen funkelten. »Es wird allgemein weniger gekauft, und wir haben starke Konkurrenz. In manchen Ländern sind die Auflagen so streng, dass wir überhaupt nichts verkaufen dürfen. Erst letzte Woche sind in Australien neue Biosicherheitsvorschriften in Kraft getreten. Wir haben alle unsere Kunden dort verloren.« Sie warf resigniert die Hände in die Luft. »Auf einen Schlag!«

Ich blickte zum Dalai Lama auf. So kannte ich Serena gar nicht. Ich hatte meine Freundin – die sonst immer so gelassen war – noch nie so aufgelöst gesehen. Gleichzeitig spürte ich, dass Seine Heiligkeit die Situation weit besser durchschaute als ich. Und plötzlich dämmerte auch mir, dass es womöglich eine tiefere Ursache für Serenas Frust gab. Dass das Geschäft vielleicht nur ein Vorwand war und ihr in Wahrheit etwas ganz anderes zu schaffen machte.

»Und währenddessen …« – sie zeigte nach draußen – »wird die Warteliste der Jugendlichen, die dringend einen Kurs in Computergrundlagen brauchen, länger und länger!«

Sie hatte die Zähne so fest zusammengebissen, dass sich eine Ader an ihrem Hals abzeichnete. Serena schien mit ihren Nerven am Ende. »Ich sehe in diese kleinen Gesichter und denke daran, wie sehr sie auf meine Hilfe angewiesen sind … aber ich weiß einfach nicht mehr weiter.« Sie schlug die Hände über dem Kopf zusammen.

»Wir haben schon alles versucht! Jeden noch so erfolg-
versprechenden Ansatz. Wir haben bei anderen Leuten
Ratschläge eingeholt und immer verzweifelt gehofft, dass
es diesmal klappt …«

Dann konnte sie nicht länger an sich halten. Ihre
Schultern sackten herab, ihre Augen füllten sich mit Tränen, als sie den Dalai Lama mit Elendsmiene anblickte.
»Ich komme mir vor, als würde ich sie alle im Stich lassen«, sagte sie.

Seine Heiligkeit sagte einen Augenblick lang gar nichts.
Er stand einfach nur da und bedachte sie mit seiner wohlwollenden Aufmerksamkeit.

»Ganz besonders Sid«, sagte sie leise und sah mich mit
einem warmen, mütterlichen Blick an. Den wiederum
kannte ich von ihr.

Plötzlich fiel der Groschen und ich begriff, was Seine
Heiligkeit schon längst verstanden hatte. Und es war, als
ginge ein Ruck durch den Raum, als wüssten wir alle
plötzlich, was Serena in Wahrheit solche Seelenqualen
bereitete, ohne dass es jemand ausgesprochen hätte.

Serena und Sid hatten nach der Heirat keinen Hehl
aus ihrem Wunsch nach gemeinsamen Kindern gemacht.
Viele ihrer Freunde und Bekannten hatten damit gerech-
net, in den nächsten Monaten eine dementsprechende
Ankündigung zu hören. Doch darauf warteten sie zwei
Jahre später immer noch.

»Hast du mit Sid darüber gesprochen?«, fragte der Dalai Lama leise.

»Wir sprechen ständig darüber.«

»Hat er auch das Gefühl, dass du ihn … enttäuschst?«

Sie schüttelte missmutig den Kopf. »Ihr kennt doch Sid. Er ist viel zu sehr Gentleman, um so etwas zu sagen.«

Der Dalai Lama nahm ganz vorsichtig ihre Hand. »Manchmal ist unser größtes Leid selbst verursacht.«

»*Selbst* verursacht?« Sie machte große Augen.

»Womöglich durch zu viel Anhaftung.«

Nun wirkte Serena gekränkt. »Ich bilde mir ja keinen Maserati ein oder so etwas!«

»Aber nein.« Seine Heiligkeit schüttelte den Kopf. »Die Anhaftung bezieht sich nicht immer auf materielle Dinge. Viel häufiger hält man auch an einem bestimmten Ergebnis fest.«

»Einem Ergebnis?«

»Wenn man etwas genau so haben will, wie man es sich vorstellt.«

»Aber hier geht es doch nicht nur um mich«, widersprach sie und zog schnell die Hand zurück. »Ich mache mir Sorgen um *andere* Leute.«

»Das war kein moralisches Werturteil …«, sagte er besänftigend.

»Das klang aber so!«, sagte sie gereizt. »Für mich hörte es sich sehr wohl nach einem Werturteil an!«

Sie marschierte zum Küchentisch, packte ihre Einkaufsliste und stopfte sie in die Handtasche. Dann riss sie sich die Kochmütze vom Kopf und warf sie neben die Spüle.

»Wisst Ihr, auf genau solche Gespräche kann ich gut verzichten …«, zischte sie mit vor Zorn loderndem Blick. »Deshalb wollte ich vorhin nicht nach oben kommen. Ich will nicht hören, dass das alles nur in meinem

Kopf ist und dass alles in Ordnung kommt, wenn ich nur mein Denken ändere. Manchmal ist das Leben einfach beschissen, und man kann nichts dagegen tun!«

Und damit stürmte sie aus der Küche und schlug die Tür hinter sich zu.

Erschüttert von diesem Auftritt, starrte ich die Tür an. In den sieben Jahren, in denen ich nun schon mit dem Dalai Lama unter einem Dach wohnte, hatte ich noch nie erlebt, dass jemand eine Tür zugeknallt und ihn einfach so hatte stehen lassen. Und die ruhige, ausgeglichene Serena war nun wirklich die Letzte, der ich das zugetraut hätte.

Seine Heiligkeit beugte sich vor, um mir den Nacken zu kraulen. »So viel Leid«, bemerkte er leise. »Möge sie bald von Zorn und Anhaftung befreit sein.«

An diesem Nachmittag war der Dalai Lama im Tempel auf der anderen Seite des Innenhofes, um der Ordinationszeremonie für mehrere Mönche vorzusitzen. Ich blieb auf dem Fensterbrett, döste und wartete darauf, *endlich* einige Augenblicke mit ihm allein sein zu können. Dabei ließ ich die Szene in der Küche wieder und wieder vor meinem geistigen Auge Revue passieren: die unglückliche Serena. Seine Heiligkeit, wie er versuchte, ihr zu helfen. Ihre laute Stimme, das Schlagen der Tür.

Zorn und Anhaftung – die beiden Dinge, von denen sie sich befreien musste – galten im tibetischen Buddhismus als Verblendungen. Eine Verblendung war jeder mentale

Einfluss, der den Geistesfrieden störte. Zorn und Anhaftung hatten eine gemeinsame Ursache: den Glauben daran, dass bestimmten Dingen, Menschen oder Situationen begehrenswerte Eigenschaften innewohnen – dann sehnen wir uns nach ihnen; oder unerwünschte Eigenschaften – dann wollen wir sie vermeiden. Ich hatte unzählige Male mit angehört, wie der Dalai Lama seinen Gästen diese grundlegenden Prinzipien erklärt hatte. Und auch Serena war damit wohlvertraut.

Kompliziert wurde es erst, wenn man diese Prinzipien im Alltag anwenden sollte. Serenas Geistesfrieden war gestört, daran bestand kein Zweifel. Aber was, wenn ihre Unzufriedenheit nicht daher rührte, dass sie nur an sich dachte? Was, wenn sie nicht selbst verursacht war, sondern Serena um anderer willen litt? Was hatte der Buddhismus dazu zu sagen?

Und mehr noch: Der Wunsch nach einem Kind war doch für viele ein völlig natürlicher Instinkt, der tiefer reichte als alle Gedanken und Konzepte. War es möglich, dass sich Seine Heiligkeit hier ausnahmsweise einmal irrte?

Wie sich herausstellte, musste ich nicht lange auf die Antwort warten. Als sich die Dämmerung über den Innenhof des Namgyal legte, kehrte Seine Heiligkeit nach Hause zurück. Tenzin hatte das Licht in unseren Gemächern eingeschaltet und war gerade losgegangen, um Seiner Heiligkeit eine Tasse Tee zu holen, als ein vertrautes Klopfen an der Tür ertönte. Wir hoben beide den Kopf.

»Es tut mir so unendlich leid!« Es war Serena. Ihr kreidebleiches Gesicht war tränenüberströmt. »Ich weiß nicht, was in mich gefahren ist!«

Seine Heiligkeit näherte sich ihr, richtete den Finger auf sie und kicherte. »Du!« Dann deutete er auf die Tür und tat so, als würde er sie zuschlagen. »Bumm!«

Sie schüttelte ratlos den Kopf. »Könnt Ihr mir noch einmal verzeihen?«

Er öffnete die Arme, und sie ließ sich hineinsinken. »Ihr sollt wissen, dass …«

»Ja, ja«, unterbrach er sie und tätschelte ihren Rücken. »Worte sind völlig überflüssig.«

Kurze Zeit später brachte ihnen Tenzin Tee, und sie setzten sich einander gegenüber an einen Tisch. »Ihr habt gesagt, dass es eine Anhaftung ist, die mir so große Qualen bereitet«, fing Serena an.

Der Dalai Lama sah sie streng an. »Das war kein Werturteil.«

»Ich verstehe das alles nicht.« Sie hielt inne und sortierte ihre Gedanken. »Ich will doch nur helfen – zum Beispiel den Jugendlichen, die eine Ausbildung brauchen. Ich tue alles, was in meiner Macht steht, damit das Geschäft läuft und sie davon profitieren. Wie soll das *ohne* Anhaftung denn möglich sein?«

Seine Heiligkeit lächelte. »Indem du begreifst, dass dein Geistesfrieden und dein Wohlbefinden nicht davon abhängig sind«, sagte er.

Darüber dachte sie schweigend nach, dann legte sie den Kopf schief. »Das klingt aber sehr kühl. Ohne Mitgefühl.«

Der Dalai Lama hob die Augenbrauen. »Mitgefühl ist der Wunsch, das Leid anderer Kreaturen zu lindern.«

»Ja.«

»Können wir anderen besser helfen, wenn unser Verstand ruhig und geordnet ist oder wenn er sich in großem Aufruhr befindet?« Er deutete mit der Hand eine Wellenbewegung an.

Serena ließ den Kopf sinken.

»Um unserer und der anderen willen möchten wir wirkungsvoll Mitgefühl praktizieren, doch das können wir nur mit ruhigem Geist«, sagte er. »Das ist von größter Wichtigkeit. Und was noch wichtiger ist: Nicht-Anhaftung ist im Einklang mit der Wahrheit.«

Er beugte sich auf seinem Stuhl vor und sah sie durchdringend an. »Ich weiß noch, wie du gerade aus Europa zurückgekommen bist«, sagte er.

Serena lächelte.

»Zurück nach Hause. Nach Dharamsala. Ohne Arbeit. Ohne – wie sagt man? – Lebenspartner.« Er kicherte.

»Das war eine glückliche Zeit!«, warf sie ein.

»Sehr glücklich, obwohl du zu dem Zeitpunkt noch keinem einzigen Jugendlichen einen Computerkurs verschafft hattest.«

Sie schüttelte den Kopf. »Auf die Idee bin ich damals gar nicht gekommen.«

»Siehst du. Kein Ergebnis, aber doch sehr glücklich. Diese beiden« – er hob die geöffneten Hände in einem gewissen Abstand zueinander – »haben nichts miteinander zu tun. Erst wenn wir einen Zusammenhang *erfinden,* kommt es zu Problemen. Wenn wir sagen: ›Ich kann nur glücklich sein, wenn dies passiert‹, oder: ›Ich werde nur Frieden finden, wenn das eintritt‹, dann schaffen wir uns selbst nur Probleme.

Anhaftung bedeutet zu glauben, dass eine Person, ein Ding oder ein Ergebnis für unser Glück *notwendig* ist. In diesem Augenblick wird die Person, das Ding oder das Ergebnis zum Quell zukünftigen Leids. Wir laufen Gefahr, uns zu seinem Sklaven zu machen. Denken wir lieber: Ich besitze bereits Glückseligkeit und inneren Frieden. Diese Person, dieses Ding, dieses Ergebnis wird mein Leben wunderbar bereichern – sehr schön! Aber für mein Wohlbefinden an sich ist es nicht notwendig.«

Serena nickte langsam.

»Ich verrate dir das Geheimnis der Nicht-Anhaftung«, sagte der Dalai Lama mit leuchtenden Augen. »Wenn wir ein Ziel vor Augen haben und dies mit ehrlicher Nicht-Anhaftung verfolgen, ist es viel wahrscheinlicher, dass wir es auch erreichen. Anhaftung erzeugt nur Elend. Und mindert die Chance auf Erfolg.«

»Selbst wenn es darum geht, schwanger zu werden?«, fragte Serena, die jedem seiner Worte aufmerksam gelauscht hatte.

»Aber selbstverständlich!« Der Dalai Lama nickte, als wäre dies das Offensichtlichste von der Welt. »Für dich ist das im Augenblick zu viel Stress.«

»Ich mache mir in letzter Zeit große Sorgen. Und das belastet mich sehr.«

»Dann ist die Zeit der Loslösung gekommen«, verkündete der Dalai Lama. »Zeit, sich von den *wahren* Gründen deiner Unzufriedenheit abzuwenden.«

»Die nicht in dem schleppenden Verkauf von Gewürzmischungen zu suchen sind. Oder … hier.« Sie legte eine

Hand auf den Bauch. »Sondern in meiner Anhaftung an eine bestimmte Vorstellung davon, wie die Dinge sein sollten.«

»Genau. Loslösung ist der Augenblick, in dem du die Nase voll hast. Wenn du schließlich begreifst, dass deine Unzufriedenheit keine äußeren, sondern innere Ursachen hat, weil du gegen das ankämpfst, was ist, und dir wünschst, es wäre anders. Loslösung bedeutet, uns abzuwenden von dem Leid, das wir erfahren, weil wir glauben, dass alles anders sein sollte, oder verbittert sind, weil alles so ist, wie es ist. Man könnte sagen, dass die Loslösung den Beginn einer inneren Reise darstellt. Statt uns auf die äußeren Umstände zu konzentrieren, blicken wir in uns hinein.«

»Und in meinem Herzen wusste ich wohl schon immer, dass ich loslassen muss.«

»Lass los. Lass los«, pflichtete Seine Heiligkeit ihr bei. »Je mehr wir loslassen, desto größer ist der Frieden hier.« Er berührte sein Herz.

Serena sah den Dalai Lama dankbar an. Dann stand sie auf. »Jetzt lasse ich *Euch* mal besser los. Ich habe Euch heute schon viel zu viel Zeit gestohlen.« Sie warf einen Blick auf das Fensterbrett, wo ich auf der Seite lag und sie beobachtete. »Ihr wollt sicher etwas Zeit mit der kleinen Rinpoche verbringen.«

Während Seine Heiligkeit aufstand, kam Serena zu mir herüber, um mich zu streicheln. In der seligen Erwartung, den Bauch ordentlich und gründlich gekrault zu bekommen, streckte ich alle Gliedmaßen von mir. Dabei verfing sich meine vordere rechte Kralle in ihrem

Ehering. Brennender Schmerz schoss durch die entsprechende Körperhälfte und ich zuckte zurück.

Ich jaulte. »Rinpoche!«, rief Serena entsetzt.

Dann beugte sie sich vor und sah sich meine Pfote genauer an. Nun war auch der Dalai Lama an meiner Seite, und beide bemerkten dasselbe im selben Augenblick. Seine Heiligkeit hob erschrocken die Augenbrauen. Serena runzelte besorgt die Stirn. »Ach, du armes kleines Ding«, jammerte sie und drehte sich zum Dalai Lama um. »Seht Euch nur an, wie lang sie sind.«

Er schüttelte den Kopf. »Ich dachte mir heute Nachmittag schon, dass sie so merkwürdig läuft.«

»Ihr wart so viele Wochen weg, und niemand hat sich um sie gekümmert.«

»Wir müssen etwas unternehmen.« Seine Heiligkeit machte ein ernstes Gesicht. »Sofort.«

Liebe Leser, ich gehöre nicht zu jener Sorte von Katzen, die sich einfach so festhalten und die Krallen schneiden lassen – selbst wenn mich der Dalai Lama persönlich festhält und die Maharani von Himachal Pradesh die Schere schwingt. Doch sosehr ich auch zappelte und mich wand, aus den Armen Seiner Heiligkeit gab es ebenso wenig ein Entkommen wie vor Serenas rostfreiem Schneidwerkzeug. Sie nahmen sich eine Pfote nach der anderen vor, bis schließlich auch die letzte Kralle gestutzt war.

Sobald sie mich auf den Boden setzten, stürmte ich mit angelegten Ohren unter den Schreibtisch des Dalai Lama, so schnell mich meine grauen Stiefel trugen. Der Schreibtisch war meine Zuflucht, wo mich keine menschliche

Hand erreichen konnte. Doch noch auf dem Weg dorthin bemerkte ich, dass der Schmerz in meinen Pfoten und Beinen nachgelassen hatte. Er war weg. Verschwunden. Ich verspürte nicht das geringste Unbehagen.

Ich unterzog meine Pfoten einer genauen Untersuchung, indem ich sie gründlich ableckte. Offenbar hatte ich mich nach und nach daran gewöhnt, dass meine Krallen immer länger geworden waren. Erst ein kleines Stück, dann noch ein Stück und immer so weiter, ohne dass ich es bemerkt hatte.

Serena steckte die Schere in die Handtasche zurück und machte sich bereit zum Aufbruch. »Das größte Leid ist selbst verursacht. Habt Ihr das nicht heute Morgen erst gesagt?«, fragte sie ironisch. »Selbst wenn man helfen will …«

Ich spähte zwischen den Tischbeinen hervor und sah Seine Heiligkeit, wie er mich nachahmte, indem er die Finger spreizte und mit dem Arm ausholte. Dann tat er so, als würde er eine Tür zuschlagen. »Bamm!«, lachte er. »Ein und dasselbe!«

Aber ganz sicher nicht! Ich war entrüstet. Das eine hatte mit dem anderen überhaupt nichts zu tun. Oder?

»Kann man sich an eine Anhaftung anhaften?«, fragte Serena, während sie den Riemen ihrer Handtasche über die Schulter legte.

»Aber natürlich«, sagte der Dalai Lama. »Manchmal sind die Dinge, an die wir uns am verzweifeltesten klammern, auch diejenigen, die uns das größte Leid bereiten. Aber wir klammern uns trotzdem an sie, weil wir nicht glauben, dass es auch anders geht.« Er wurde nachdenklich.

»Das ist die große Tragik des Samsara. Eine Person kann in einem Raum verhungern, obwohl sich gleich den Flur hinunter eine Küche mit so vielen Lebensmitteln befindet, wie sie nur essen kann. Doch sie muss aus eigenem Antrieb in die Küche gehen. Sie muss daran glauben, dass es die Küche gibt. Irgendwann muss sie zu sich sagen: ›Genug gelitten! Ich muss etwas Neues ausprobieren.‹«

Hin und wieder beenden Seine Heiligkeit und ich den Tag mit einem ganz besonderen Ritual: Bevor er sich ins Bett legt, geht er in seine kleine, nur mit dem Nötigsten ausgestattete Privatküche. Dort steckt er ein Stück Brot in den Toaster und schaltet den Wasserkocher ein, um sich einen Tee zu machen.

Wenn ich nicht sowieso schon an seiner Seite bin, sitze ich spätestens dann, wenn ich den Duft des gerösteten Brotes rieche, erwartungsvoll zu seinen Füßen. Sobald der Toast fertig ist – er ist allein für mich bestimmt, da der Dalai Lama so spät am Abend nichts mehr zu sich nimmt –, schneidet er eine kleine Ecke ab, bestreicht sie dick mit Butter, legt sie auf eine Untertasse und stellt sie mir hin.

Und dann genießen wir die gemeinsame Zeit. Seine Heiligkeit sitzt an einem kleinen Tisch und trinkt Tee, während ich mich genüsslich über den knusprigen Buttertoast hermache.

»Tut mir leid, dass ich nicht für dich da war, meine Kleine«, sagte er heute Abend, sobald ich den Toast gegessen hatte und zu ihm aufblickte. »Deine Krallen waren so furchtbar lang.«

In Gedanken versunken beobachtete er mich dabei, wie ich meine rechte Vorderpfote leckte. Endlich konnte ich wieder ungehindert mit der Zunge die samtigen Ballen erreichen.

»Auch wir Menschen müssen wachsam sein, genau wie du«, bemerkte er, während ich mir das Gesicht putzte. »Unsere Gedanken sind wie Krallen. Wenn wir über bestimmte Dinge nachdenken, Pläne schmieden, uns Ziele setzen oder Gefühle ausdrücken, können sie sehr hilfreich sein. Doch wenn wir nicht aufpassen, wenden sich diese Gedanken gegen uns und werden zur Ursache größter Qualen. Dann helfen sie uns nicht mehr, zielgerichtet zur Tat zu schreiten, sondern sind nur noch ein Quell selbst verursachten Elends. Das gilt für Katzen genauso wie für Menschen.«

Er hob mich auf seinen Schoß, nahm meine linke Vorderpfote in die Hand, drehte sie hin und her und inspizierte meine frisch geschnittenen Krallen. »Loslösung bedeutet, dass wir genug gelitten haben und neu anfangen wollen«, sagte er.

Ich sah ihn andächtig aus meinen saphirblauen Augen an.

Er beugte sich vor und schmiegte sich mit seiner Wange an mich. »Und damit hätten wir schon die erste Pfote auf den Pfad zum spirituellen Glück gesetzt. Meinst du nicht, kleine Schneelöwin?«

Als er mich wieder auf den Boden setzte, ergriff mich eine plötzliche Raserei, wie sie uns Katzen eben gelegentlich heimsucht – ganz besonders nach einem leckeren Happen und wenn wir in Feierlaune sind.

Ich machte einen Satz. Warf einen Blick über die Schulter. Schoss aus der Küche und den Flur hinunter, so schnell mich meine flauschigen Beine trugen. Das hatte ich seit vielen Wochen nicht getan. Als ich über den Läufer jagte, fühlte ich mich befreit. Erleichtert. Schmerzfrei.

Fühlte sich die Loslösung wirklich so wunderbar an? Hätte ich nur schon früher die erste Pfote auf den Pfad zum spirituellen Glück gesetzt!

Der Dalai Lama, der in der Küchentür hinter mir stand, brach in schallendes Gelächter aus.

Zweites Kapitel

Seid ihr außergewöhnliche Wesen, liebe Leser? Verfügt ihr über eine überdurchschnittlich scharfe Wahrnehmung? Über eine ausgeprägte Menschenkenntnis? Könnt ihr in den Geschicken eurer Mitmenschen dem Karma bei der Arbeit zusehen, so wie eine Katze von ihrem erhöhten Platz am Fenster alles überblicken kann, was sich im Innenhof unter ihr tut?

Wenn ihr jetzt den Kopf schüttelt, weil ihr überzeugt seid, dass euch diese Fähigkeiten fehlen – glaubt ihr dann wenigstens, dass ihr sie irgendwann entwickeln könnt?

Verzeiht mir diese persönlichen Fragen. Ihr sollt euch nicht unbehaglich fühlen, und zu nahe treten will ich euch damit auch nicht. Aber es ist eine traurige Tatsache, dass viele sich selbst und ihr Potenzial unterschätzen. Sie leben ihr Leben und haben keine Ahnung, wozu sie eigentlich fähig sind. Das ist tragisch.

Falls ihr es noch nicht mitbekommen hab, werdet ihr sicher bald merken, dass ich eine Katze mit einem gesunden Selbstbewusstsein bin. Mit falscher Bescheidenheit konnte ich noch nie etwas anfangen. Ich stehe zu meiner Schönheit und meinem unwiderstehlichen Charme und scheue mich nicht, zu behaupten, dass ich – von einer Ausnahme abgesehen – die mit Abstand beliebteste Kreatur in ganz Dharamsala bin.

Doch selbst mir war meine Außergewöhnlichkeit nicht vollends bewusst, ganz zu schweigen von meinem überwältigenden Potenzial. Einem Potenzial, das in euch, liebe Leser, in demselben Maß schlummert wie in mir – ob ihr es glaubt oder nicht.

Damit ich dies begriff, bedurfte es einer ganz bestimmten Verkettung von Ereignissen, die in einer ganz gewöhnlichen Nacht von Dienstag auf Mittwoch ihren Anfang nahm.

Ihr kennt doch sicher das Sprichwort: *Der frühe Vogel fängt den Wurm.* Der Dalai Lama ist ein glühender Anhänger dieser Weisheit, und damit er sie in die Tat umsetzen kann, geht er um eine Zeit ins Bett, zu der die meisten anderen Menschen wohl erst ihr Abendessen einnehmen. Dafür steht er um drei Uhr morgens auf, wenn die Welt am ruhigsten ist, und meditiert fünf Stunden lang.

Dieser Rhythmus gefällt mir ganz gut, obwohl ich nicht behaupten will, dass ich mich bei jeder seiner Mediationen zu ihm geselle. Gelegentlich tapse ich stattdessen durch die Finsternis zu meinem geliebten Fensterbrett und blicke auf den vom magischen Funkeln der Sterne erhellten Innenhof. Oder ich schleiche mich, von plötzlichem Heißhunger auf Kekse geplagt, in die Küche. Oder ich rolle mich einfach auf dem Teppich neben Seiner Heiligkeit zusammen und lausche mit einem wohlwollenden Schnurren den Mantras, die er flüsternd rezitiert.

In besagter Dienstagnacht – oder besser gesagt: an besagtem Mittwochmorgen – schliefen wir noch tief und fest, als mich ein Quietschen weckte. Es war so schrill, dass ich zunächst nicht wusste, ob ich wachte oder träumte. Ich hob den Kopf und lauschte in die stille Nacht. Mehrere Augenblicke lang störte kein Geräusch den Frieden der frühen Morgenstunden.

Doch da war es wieder. Es kam aus dem Gebäude! Ich sprang auf und lief aus dem Schlafzimmer, so schnell es meine schwachen Hinterbeine erlaubten.

Ich kannte dieses Geräusch. Es weckte meine Urinstinkte. Als ich die Tür zu den Gemächern Seiner Heiligkeit erreichte, wuchs sich das Quietschen zu einem regelrechten Chor aus. Doch damit hatte ich bereits gerechnet.

Ein unbezähmbarer Drang überkam mich, die Pfote auszustrecken und an der Wohnungstür zu kratzen. Einen Versuch war es wert, obwohl ich mir der Sinnlosigkeit meines Vorhabens bewusst war. Tagsüber fand sich immer jemand, der mir die Tür öffnete, falls ich sie geschlossen vorfand. Aber jetzt, mitten in der Nacht, war alles fest verrammelt und verriegelt und niemand in der Nähe.

Ich hob den Kopf und schnupperte. Bildete ich es mir nur ein, oder waren diese widerwärtigen Kreaturen bereits so nahe, dass ich sie sogar von hier aus riechen konnte? Das durchdringende Quietschen nahm zu. Ich wusste genau, was hier vor sich ging: Eine Ratte hatte sich in die Küche verirrt und etwas Essbares gefunden. Ich war genau in jenem Augenblick aufgewacht, in dem sie Alarm geschlagen hatte. Nun folgten ihre Artgenossen dem Ruf, und in wenigen Minuten würde die Küche Schauplatz einer wahren Invasion werden!

Mir blieb keine andere Wahl, als ins Schlafzimmer zurückzukehren und auf den schlummernden Dalai Lama zu springen. Er zuckte zusammen und wollte mich von sich wegschubsen. Ich trat über seinen Arm hinweg auf seinen Brustkorb und stupste ihn beharrlich durch die Decke hindurch an. Dann streckte ich die Pfote aus und tippte ihm auf die Wange. Zuerst sanft. Dann nachdrücklicher.

Als nichts davon den gewünschten Effekt hatte, miaute ich ihm flehentlich ins Ohr. *Das* rüttelte ihn wach! Er schrak hoch. »Was ist denn los, meine kleine Schneelöwin?«

Was los war? War er von meinem lauten Miauen etwa taub geworden? Sonst konnte ich mir beim besten Willen nicht erklären, weshalb er nichts von der Kakofonie aus der Küche mitbekam.

Ich sprang von seinem Bett und lief zur Schlafzimmertür, wo ich auf ihn wartete. Gemeinsam gingen wir zur Eingangstür zu unseren Gemächern. Das Quietschen spottete inzwischen jeder Beschreibung. Wie viele waren da unten bereits? Und was genau trieben sie dort für einen Unfug?

Entschlossenes Handeln war vonnöten. Sobald ich die Tür erreichte, kratzte ich daran.

»Aber nein, meine Kleine. Doch nicht jetzt. Es ist mitten in der Nacht.« Genau! Und zum ersten Mal, seit ich hier lebte, trieben Ratten ihr Unwesen.

Doch Seine Heiligkeit befand sich entweder noch im Halbschlaf oder schien nicht gewillt, angemessen auf die Dringlichkeit der Lage zu reagieren. Noch während ich an der Tür kratzte, wurde ich in die Luft gehoben, durch die Wohnung in einen kleinen Wäscheraum getragen und vorsichtig auf das Katzenklo gesetzt.

»So«, sagte der Dalai Lama. »Kein Grund, das Haus zu verlassen.« Er kehrte ins Bett zurück.

Postwendend lief ich wieder zur Tür, schlich davor herum, kratzte daran und peitschte mit dem Schwanz. Eine Weile lang kauerte ich auf dem Boden, schnupperte den Luftzug, der durch den schmalen Türspalt drang, und inhalierte den beißenden Gestank der Invasoren – ich war völlig machtlos.

Meine Empörung und Frustration wurden nur noch von meinem Erstaunen übertroffen. Anscheinend schien es Seine Heiligkeit nicht im Geringsten zu kümmern, dass sein Zuhause von einer Rattenplage heimgesucht wurde. Er tat so, als ginge ihn das alles gar nichts an!

Am nächsten Tag erreichte uns die unvermeidliche Nachricht, dass Ratten durch ein offen stehendes Fenster in die Speisekammer im Erdgeschoss gelangt waren und sich an mehreren Zuckertüten, Nüssen und frischem Obst gütlich getan hatten. Der Dalai Lama hob die Augenbrauen. Dann sah er mich mit nachdenklicher Miene an.

Ja, ich starrte mit einem kalten Blick aus meinen eisblauen Augen zurück. Habe ich nicht versucht, Euch zu warnen? Aber nein, Ihr wart ja nicht in der Lage, die Eindringlinge trotz ihres schrillen Quietschens wahrzunehmen. Stattdessen wurde ich aufs Katzenklo verbannt!

Wir Katzen sind äußerst flexibel und können uns an allen möglichen Orten zu Hause fühlen. Außerdem können wir abhängig davon, wo wir uns befinden und was wir tun, mühelos in verschiedene Rollen schlüpfen und völlig unterschiedliche Identitäten annehmen – wohl auch deshalb umgibt uns eine Aura des Geheimnisvollen und Mysteriösen: Das Einzige, womit man sicher rechnen kann, ist unsere Unberechenbarkeit.

Warum sonst sind so viele Katzen unter mehr als einem Namen bekannt? In meinem Fall bin ich in meiner Funktion als Wächterin auf der Fensterbank die »Schneelöwin« des Dalai Lama. Auf dem Aktenschrank im Assistentenbüro trage ich den etwas formelleren Titel der »Katze Seiner Heiligkeit«, abgekürzt KSH, so wie Seine Heiligkeit in der offiziellen Korrespondenz unter SH firmiert. Im Himalaja-Buchcafé nennt man mich »Rinpoche«, ein Titel, der üblicherweise hochverehrten Lamas des tibetischen Buddhismus vorbehalten ist und so viel wie »Kostbarkeit« bedeutet.

Es gibt noch einen weiteren Ort, an dem ich mich bevorzugt aufhalte, wenn auch besonders gerne während der Dämmerung – ein Balkon, von dem man einen bezaubernden Blick auf die Gipfel des Himalaja hat, wenn sich die satten Farben der untergehenden Sonne darin spiegeln. Dieser Ort ist die Yogaschule des Herabschauenden Hundes, wo ich beinahe so etwas wie ein Maskottchen geworden und unter dem Namen »Swami« bekannt bin. Und ja, gelegentlich werde ich sogar mit Blumen bekränzt.

Auf die Yogaschule war ich gestoßen, als ich Serena nach ihrer Schicht im Himalaja-Buchcafé beschattet hatte. Dass sie sich so gut wie jeden Abend nach der Arbeit ins Büro des Cafés zurückzog und kurz darauf in schwarzer Yogakleidung aus Bambusstoff wieder erschien, die Haare zu einem Pferdeschwanz zusammengebunden – das hatte mich neugierig gemacht. Und so beschloss ich an einem jener langen, langweiligen Tage, an denen der Dalai Lama wieder einmal verreist war und zu Hause nichts auf mich wartete, ihr zu folgen.

Den Anblick, der sich mir an jenem Abend am Gipfel eines steilen Hügels bot, werde ich nie vergessen. Auf einem Schild an einem bescheidenen Bungalow war in verblichenen Lettern zu lesen: »Yogaschule des Herabschauenden Hundes«. Man betrat einen Flur, in dem sich nichts als ein Schuhregal befand und der vor einem Perlenvorhang endete. Dahinter schloss sich ein sehr großer Raum an, von dem man einen atemberaubenden Ausblick auf den Himalaja hatte. Vor den zimmerhohen, geöffneten Glasschiebetüren stand ein Mann mit weißem, kurz geschnittenem Haar, einem gebräunten, alterslosen Gesicht und strahlend blauen Augen in der *Virabhadrasana*- beziehungsweise Krieger-2-Haltung.

»Wir haben Besuch«, hatte der Mann mit leichtem deutschem Akzent gesagt, sobald er mich in der Spiegelwand erblickt hatte.

Obwohl Katzen im Studio üblicherweise nicht geduldet wurden, machte man bei mir eine Ausnahme, da Ludo sofort die Verbindung zwischen uns gespürt hatte. Ludo hatte das Yogastudio Anfang der Sechzigerjahre gegründet. Er war auf Empfehlung von Heinrich Harrer – ja, der aus *Sieben Jahre in Tibet* – nach Dharamsala gekommen. Durch Harrer hatte Ludo auch den Dalai Lama kennengelernt, und dieser wiederum hatte ihm geraten, ein Yogastudio zu eröffnen. Im Laufe der Jahre hatte ich herausgefunden, dass Ludo und Seine Heiligkeit auf eine sehr tiefe Weise miteinander verbunden waren, und schließlich hatte ich auch meinen Platz in dieser Geschichte entdeckt.

Ein kleines, gerahmtes Foto von einem Lhasa Apso an der Wand lieferte den entscheidenden Hinweis darauf, woher die Yogaschule des Herabschauenden Hundes ihren Namen hatte. Der Kleine hatte dem Dalai Lama gehört, als dieser damals, im Jahr 1959, noch im Potala-Palast im tibetischen Lhasa residiert hatte. Durch gelegentlich aufgeschnappte Gesprächsfetzen und ungewöhnlich lebhafte Träume hatte ich mir zusammengereimt, was danach geschehen war.

Seine Heiligkeit war gezwungen gewesen, zu Fuß aus Lhasa zu fliehen. Zuvor hatte er eine vertrauenswürdige Freundin namens Khandro-la gebeten, sich um seinen geliebten Hund zu kümmern, da er ihm die Flucht vor den Soldaten der Roten Armee und die gefahrvolle Reise über die Berge nicht zumuten wollte. Doch ein Jahr später gab Khandro-la den Hund in die Obhut des Novizen Norbu. Dieser schloss sich einer Gruppe von Mönchen an, die Tibet verlassen und sich nach Indien durchschlagen wollten. Sobald er Dharamsala erreicht hatte, sollte Norbu dem Dalai Lama seinen Hund zurückgeben.

Doch es kam ganz anders.

Norbu und die anderen Mönche wurden von chinesischen Soldaten angegriffen. Beim Versuch, den Hund zu beschützen, wurde Norbu erschossen. Einer seiner Reisegefährten musste den Lhasa Apso aus dem Tragegeschirr schneiden, das noch um Norbus Leichnam hing.

Schließlich gelang dem Rest der Gruppe die Flucht nach Indien. Doch als sie Dharamsala erreichten, weilte Seine Heiligkeit gerade in Europa, wo er die Mächtigen der Welt auf die Not seines Volkes aufmerksam machte. Nach dem Austausch mehrerer Nachrichten wurde vereinbart, dass sich Ludo bis zur Rückkehr des Dalai Lama um den Hund kümmern sollte.

Wie sich herausstellte, hatte das arme Tier auf dem Weg durch die Berge eine Unterkühlung davongetragen und nicht mehr lange zu leben. Nur wenige Wochen später starb es.

Vor seiner Flucht aus Lhasa hatte der Dalai Lama seinem vierbeinigen Gefährten versprochen, dass sie sich wiedersehen würden. Und er hielt sein Versprechen, denn der Geist jenes Lhasa Apso wurde viele Jahre später im Körper eines Kätzchens wiedergeboren – eines Kätzchens, das Seine Heiligkeit von den Straßen Delhis rettete und das schließlich viele Namen und Titel tragen sollte, von denen einer »Meine Wenigkeit« lautet.

Ganz richtig, liebe Leser – ich war ein Hund! Darüber kann ich noch so oft nachgrübeln: Dass ein so prächtiges und wohlgeratenes Wesen wie ich einst ein zotteliger Köter war, scheint mir nach wie vor unvorstellbar. Andererseits gibt es keine bessere Lektion in Gleichmut: Wie kann man anderen Wesen mit Vorurteilen, Hass und

Feindseligkeit begegnen, wenn man weiß, dass man vor nicht allzu langer Zeit selbst eines von ihnen war?

Diese Offenbarungen meine Vergangenheit betreffend waren zwar interessant, hatten aber noch weitere und gewichtigere Fragen aufgeworfen. Wenn ich bis zu meinem Tod im Jahr 1960 der Hund Seiner Heiligkeit gewesen war und vor sieben Jahren als Katze Seiner Heiligkeit wiedergeboren wurde – wo hatte ich in der Zwischenzeit gesteckt? Und, was mindestens genauso wichtig war: Wer war ich gewesen? Der Dalai Lama hatte keine anderen Haustiere gehabt. Wohin also hatte mich mein Karma geschickt? War ich in der Nähe derjenigen gewesen, zu denen ich auch in diesem Leben eine so innige Verbindung pflegte?

Solche tiefschürfenden Fragen wurden häufig auf dem großen Balkon der Yogaschule des Herabschauenden Hundes erörtert, der sich hinter den breiten Glastüren befand. Dorthin zog es mich nun eines Tages, als ich nicht länger allein sein wollte – Seine Heiligkeit war wieder einmal auf Reisen.

Es war ein schöner Frühsommerabend. Der Yogaunterricht war gerade beendet. Mehrere der Schüler traten wie üblich auf den Balkon, füllten Becher mit grünem Tee und machten es sich auf den vielen Teppichen, Kissen und Polstern bequem. Vor ihnen vollzogen die majestätischen Berge des Himalaja ihr ganz eigenes Abendritual. Auf den eisbedeckten Gipfeln spiegelten sich die Farben der Sonne in all ihrer Pracht – den Anfang machte ein warmes, sich allmählich vertiefendes Gelb, das den Bächen, die vor dem lapislazuliblauen Himmel die

Felswände hinabflossen, die Anmutung schmelzenden Goldes verlieh.

Wie immer, wenn sich die Schüler um Ludo versammelten, wechselten die Gesprächsthemen ungezwungen vom Privaten ins Philosophische und wieder zurück. Und wie immer suchte ich mir ein gemütliches Plätzchen bei Serena oder Ludo – den beiden fühlte ich mich ganz besonders eng verbunden.

An diesem Abend drehte sich die angeregte Unterhaltung um den legendären Yogi Tarchin, der vor Kurzem sein jüngstes Meditationsretreat beendet hatte und vor zwei Tagen in Dharamsala angekommen war. Er hatte Quartier bei den Cartrights gefunden, guten Freunden von Serena, die ihn schon seit Langem unterstützten.

»Stimmt es, dass er hellsehen kann?«, fragte Ewing, ein langjähriger Yogaschüler.

»Hast du Yogi Tarchin *tatsächlich* kennengelernt?«, fragte Flavia, eine Brasilianerin, die erst seit Kurzem hier war, und starrte Serena ungläubig an.

»Ich habe gehört«, warf Franc, der Inhaber des Himalaja-Buchcafés, ein, »dass er mit übermenschlicher Geschwindigkeit große Entfernungen zurücklegen kann.«

»Das nennt sich *Lung-gom-pa*«, sagte Ludo. »Nur die erfahrensten Meditationsmeister sind dazu fähig.«

Serena sah sich um – alle blickten sie erwartungsvoll an. »Ich habe viele Geschichten über Yogi Tarchin gehört. Natürlich nie aus seinem Mund. Er spricht nicht über solche Dinge …«

»Ein wahrer Meister behält seine *Siddhis* – seine magischen Kräfte – für sich«, bestätigte Ludo.

»Da ich ihn kenne, seit ich etwa zehn Jahre alt war«, fuhr Serena fort, »weiß ich ganz zweifellos, dass er Dinge wahrnimmt, die die meisten Menschen nicht wahrnehmen. Er hat seine Konzentrationsfähigkeit durch Meditation so weit erhöht, dass sein Verstand völlig klar ist. Und mit klarem Verstand sieht man auch klar, oder nicht? Insofern könnte man durchaus behaupten, dass er hellsichtig ist.« Sie sah sich unter den Anwesenden auf dem Balkon um.

Diese nickten.

»Soll das heißen …« – Flavia sah erst Serena und dann Ludo an – »dass diese magischen Kräfte, diese Siddhis, keine besondere Gabe sind, die man von Geburt an hat? Jeder kann sie entwickeln?«

»Manche Menschen werden mit diesen Fähigkeiten geboren«, sagte Ludo in seinem typisch förmlichen Ton. »Aber sie entstehen auch dann, wenn wir unsere Konzentrationsfähigkeit entwickeln.«

»Also können wir alle Hellseher werden?«

Ludo schüttelte zweideutig den Kopf. »Wir nehmen uns nicht vor, Hellseher zu werden. Das ist nicht unser Ziel, sondern eher ein« – er zuckte mit den Schultern – »Nebeneffekt. Eigentlich wollen wir unsere Konzentration schärfen. Höhere Konzentration besänftigt die Unruhe des Geistes. Für die meisten von uns ist der Verstand wie eine Schneekugel.« Er tat so, als würde er eine dieser Kugeln mit der Hand schütteln. »Unaufhörliche Gedanken, Gefühle, Eindrücke. Erfahrene Meditationsmeister wie Yogi Tarchin, die ihren Geist zur Ruhe bringen können, nehmen die Realität ganz anders war.«

Während Ludos Schüler schweigend seine Worte verdauten, blickte ich zum Himalaja auf. Die Sonne verschwand hinter dem Horizont gegenüber, und die Gipfel aus flüssigem Gold färbten sich allmählich kirschrot.

Ludo fuhr fort. »Um es mit den Worten des unerreichten Tilopa auszudrücken:

Wenn du mit wachen Augen nach nichts suchst

Und dann mit deinem eigenen Geist den eigenen Geist betrachtest,

Verschwinden alle Unterscheidungen,

Und du gelangst zur Buddhaschaft.«

Eine Weile lang schien es, als befänden sich alle auf dem Balkon in genau diesem Moment – frei von allen Gedanken und umgeben vom strahlenden Glanz der Dämmerung. Dieser Augenblick war flüchtig und doch zeitlos, erfüllt von unendlichen Möglichkeiten, als hätten Tilopas Worte selbst die Transzendenz heraufbeschworen, von der in ihnen die Rede war.

»Wie schön«, sagte Serena nach geraumer Zeit.

Die anderen stimmten murmelnd zu. »Also legen wir es nicht bewusst darauf an, Fähigkeiten wie Hellsehen und andere Siddhis zu erhalten. Sie sind eine Folge des Loslassens«, sagte Flavia.

»Ganz genau!«, sagte Ludo. »Wir alle müssen loslassen – und ganz besonders müssen wir aufhören, uns mit uns selbst zu beschäftigen.«

»Die Ursache all unserer Seelenqualen«, fügte Serena nachdrücklich hinzu.

Dabei fiel mir ihr Besuch bei Seiner Heiligkeit vor nicht allzu langer Zeit wieder ein. Wie zerknirscht sie sich dafür entschuldigt hatte, die Beherrschung verloren zu haben. Wie sie uns die wahren Gründe für ihr Elend geschildert hatte.

Und ich erinnerte mich an die Worte des Dalai Lama: Die Reise zur inneren Weiterentwicklung beginnt erst, wenn wir Verantwortung für die Ursachen unserer Gefühle übernehmen. Und die liegen eben nicht in der äußeren Welt, sosehr wir das auch glauben – oder vielleicht auch glauben wollen. Sondern in unseren Herzen und unserem Geist. Loslösung bedeutet, sich von den wahren Ursachen des Leids abzuwenden. Das erste Geheimnis des Glücks.

»Im Loslassen liegt große Weisheit«, sagte Ludo.

»Und Frieden«, pflichtete Serena ihm bei.

Die sanfte Abendbrise, die durch das Kangra-Tal wehte, trug nicht nur den Duft der Himalajakiefern, sondern auch die Gerüche der vielen Abendmahlzeiten mit sich, die in den Häusern rund um uns herum zubereitet wurden. Mehrere Schüler standen auf und verabschiedeten sich von Ludo, indem sie ein dankbares *Namaste* flüsterten und die Hände vor dem Herzen zusammenlegten.

Serena und Franc blieben sitzen. Ich folgte ihrem Beispiel, schließlich hatte ich es nicht eilig. Ich genoss noch eine Weile die lebendige, atmende Gegenwart der Berge, deren tiefrote Gipfel sich mit zunehmender Dämmerung purpur färbten.

»Das hier ist wirklich einer meiner absoluten Lieblingsplätze.« Serena lehnte am Balkongeländer und deutete auf die sich scheinbar ins Unendliche fortsetzenden Bergketten.

Die anderen folgten ihrem Blick. »Bevor ich gehe, hätte ich gerne die Gewissheit, dass die Schule auch ohne mich fortbesteht«, vertraute Ludo ihnen schließlich an.

»Wo gehst du denn hin?«, fragte Franc.

Ludo sah ihn mit überraschter Miene an. »Ich werde sterben«, sagte er mit teutonischer Direktheit.

»Aber du bist doch noch rüstig«, sagte Serena und hob energisch die Hände.

»Ich bin fünfundsiebzig«, sagte Ludo. »Noch bin ich bei guter Gesundheit, doch wie wird es in der Zukunft sein? Wer übernimmt die Schule, wenn ich nicht mehr unterrichten kann?«

»Du hast doch sehr fähige Schüler.«

»Ja, und dieses Privileg weiß ich auch zu schätzen.« Er nickte. »Doch jeder meiner Schüler hat sein eigenes Leben, seine Arbeit und seine Familie. Die Leitung einer Yogaschule ist eine Vollzeitstelle.«

Serena und Franc dachten schweigend darüber nach.

»Außerdem geht es um Vertrauen. Jedes Jahr suchen viele sehr kompetente Yogalehrer diese Schule auf.«

Da hatte er recht. Seine Heiligkeit zog nicht nur fromme Buddhisten, sondern überhaupt Suchende in Sachen Spiritualität an wie ein Magnet. Und darunter waren nicht wenige, die Yoga als Form der Meditation schätzten. Deshalb war es nicht verwunderlich, dass sie sich früher oder später auch in die Yogaschule des Herabschauenden Hundes verirrten.

»Viele haben die besten Absichten und möchten gerne bleiben. Aber haben sie auch den nötigen Geschäftssinn? Und wer garantiert, dass sie auch das lehren, was unsere

Schüler lernen wollen?« Aus dem Halbdunkel war Ludos Kichern zu hören. »Man könnte das auch aus einer anderen Perspektive betrachten. Als ich vorhin vom Loslassen sprach, habe ich nicht zuletzt mich selbst damit gemeint. Wir lehren, was wir selbst am dringendsten lernen müssen, nicht wahr? Ich rede mir ein, dass ich nur das Beste für meine Schüler will, doch in Wahrheit geht es mir um mein eigenes Ego.«

»Ja, das Ego«, sagte Serena. »Es ist aalglatt und Meister darin, seine wahren Motive hinter angeblich so noblen Absichten zu verbergen.«

»Das geht mir auch oft so«, sagte Franc ungewöhnlich nachdenklich. »Ich rede mir ein, dass ich etwas aus Mitgefühl tue, doch dann kommen mir Zweifel. Wisst ihr, der Franc, der damals nach Dharamsala kam – der alte Franc –, wollte unbedingt anders sein als alle anderen. Deshalb die Buddhismus-Masche, die Einweihungsbändchen und Initiationen, die Mala-Gebetsketten und der rasierte Schädel. Ich wollte als jemand ganz Besonderes wahrgenommen werden. Doch dann habe ich Geshe Wangpo kennengelernt und begriffen, wie sinnlos das Ganze war. Niemand interessiert sich dafür, ob du Buddhist bist oder nicht – am allerwenigsten die anderen Buddhisten. Wen wollte ich damit also beeindrucken? Nach und nach kam ich zu der Erkenntnis, dass es um innere Veränderung geht. Und dann habe ich so einiges in meinem Leben umgekrempelt.«

Ich bemerkte, dass sich im Yogastudio etwas bewegte. Dann teilte sich der Perlenvorhang, jemand trat ein, blieb kurz stehen und ging dann auf den Balkon zu, auf dem wir saßen. In der Dunkelheit fiel es Franc sichtlich leichter, uns sein Herz auszuschütten.

»Aber in letzter Zeit frage ich mich, ob ich mich wirklich so stark geändert habe. Ich ertappe mich bei denselben selbstbezogenen und letztendlich verhängnisvollen Gedanken, die auch der alte Franc gedacht hat. Genau wie du sagst, Ludo: Ich rede mir ein, etwas aus einem bestimmten Grund zu tun, dabei ist der wahre Grund ein völlig anderer. Und ist es schon immer gewesen.«

»Da sprichst du uns allen aus der Seele«, sagte Serena mitfühlend.

»Wahre innere Veränderung …«, gab Ludo zu bedenken, »ist eine Lebensaufgabe.«

»Hmm.« Franc klang nicht überzeugt. »Das deprimiert mich sehr. Ich war seit Monaten nicht in der Lage, meine Dharma-Texte zu lesen. Das Meditieren fällt mir zunehmend schwer. Manchmal frage ich mich, was das Ganze überhaupt soll.«

»Hast du schon mit Geshe Wangpo darüber gesprochen?«, fragte Ludo.

Franc schnaubte. Der Lama aus dem Namgyal-Kloster war bekannt für seine energische Präsenz – und dafür, keinen Müßiggang zu dulden. »Ich weiß schon, was der mir raten würde«, sagte er. »Hier sind *mehr* Begeisterung und *mehr* Geduld angebracht!«, imitierte er ihn.

Bis auf das Licht, das aus dem Studio fiel, lag der Balkon völlig im Dunkeln. Die Sonne hatte sich für heute verabschiedet, und nun ließ das zarte Licht des aufgehenden Mondes die Eiskappen des Himalajas erglühen wie flüssiges Silber.

»Wenn ich nur wüsste, wie ich meiner Dharma-Praxis neues Leben einhauchen könnte«, sagte Franc nach langem Grübeln.

»Hüte dich vor deinen Wünschen«, sagte kurz darauf eine warme, aber auch leicht schalkhafte Stimme.

Serena erkannte den unerwarteten Gast als Erste. »Yogi Tarchin!«, rief sie, sprang auf und lief auf ihn zu, um ihn zu begrüßen.

Yogi Tarchin war barfuß, da er seine Schuhe im Flur abgestellt hatte. Mit der Baumwollhose und dem hellen Hemd mit Mandarinkragen unterschied er sich in nichts von den anderen Männern, denen man abends in den Straßen Dharamsalas begegnete, und doch war seine machtvolle Präsenz unmittelbar und deutlich zu spüren. Sobald sich Serenas und Tarchins Blicke trafen, hellte sich seine Miene so schlagartig auf, dass nicht nur der ganze Balkon, nein sogar der ganze Abend und nicht zuletzt der Himalaja selbst von seiner Freude erfüllt zu sein schienen.

Während sich die beiden umarmten, standen auch Ludo und Franc auf. »Bitte, bleibt doch sitzen«, sagte der Gast, aber es war zu spät – schon umarmten ihn auch die beiden Männer herzlich. Ihre tief empfundene Freude war mehr als ansteckend.

Yogi Tarchin sah auf mich herab. »Aha, auch die Katze Seiner Heiligkeit beehrt uns ein weiteres Mal mit ihrer Anwesenheit.« Er kicherte, was sein Ziegenbärtchen zum Hüpfen brachte.

»Wir haben gerade von dir gesprochen«, sagte Ludo. »Wir haben schon gehört, dass du dein Retreat beendet hast und wieder in der Stadt bist. Kann ich dir einen Tee anbieten?«

Yogi Tarchin senkte den Kopf. »Vielen Dank, Ludo, aber ich bin nur hergekommen, um Serena eine Nachricht zu überbringen.«

Ludo und Franc drehten sich zu Serena um – und ich auch. Eine Nachricht von Yogi Tarchin, der soeben ein dreijähriges Retreat beendet hatte? Welche tiefschürfende Einsicht hatte er ihr mitzuteilen? Welche erschütternde Offenbarung war ihm kraft seiner Hellsichtigkeit zuteilgeworden? Um welche obskure esoterische Wahrheit mochte es sich nur handeln?

Yogi Tarchin bemerkte unsere Neugier und blickte in Serenas funkelnde Augen. »Von deiner Mutter.«

Serena hob die Augenbrauen.

»Sie würde sich gerne den Mixer aus dem Himalaja-Buchcafé ausleihen. Außerdem kocht sie heute Abend bei den Cartrights und lässt fragen, ob du ihr helfen kannst.«

Serena schüttelte voller Verwunderung über diese profane Mitteilung ungläubig den Kopf. »Das sieht meiner Mutter ähnlich. Bitte verzeih, Rinpoche. Sie darf dich nicht als Botenjungen missbrauchen.«

Er kicherte und zuckte unbekümmert mit den Schultern. »Ich bin seit vielen Jahren gut mit deiner Mutter befreundet, außerdem ist es ein wunderschöner Abend für einen Spaziergang.« Er machte eine weit ausholende Geste, die die hohen Gipfel, die beleuchteten Fenster in den Wohnhäusern unten im Tal und die warme, nach Himalajakiefer duftende Nachtluft mit einschloss. Wie so oft in Gegenwart von Yogi Tarchin fühlten wir uns, als existierten wir in einer anderen, von der Zeit befreiten Dimension des unendlichen Wohlbefindens.

Er trat einen Schritt zurück und legte die Hände vor dem Herzen zusammen. »Danke, vielen Dank.« Er blickte uns nacheinander an.

»Dann mache ich mich mal auf den Weg«, sagte Serena als Reaktion auf Yogi Tarchins Nachricht.

Yogi Tarchin durchquerte mit Serena und Ludo das Studio. Hinter dem Perlenvorhang hielt er inne, während Serena ihre Sandalen anzog. Er drehte sich zu Ludo um. »Ich würde mich freuen, wenn du mit uns zu Abend isst.«

Diese unerwartete Einladung zauberte ein Lächeln auf Ludos Gesicht. »Das wäre ganz wunderbar«, sagte er. »Erleuchtete Gäste und die himmlischen Kochkünste von Mutter und Tochter Trinci. Weißt du, wenn es um europäische Küche geht, macht ihnen in ganz Himachal Pradesh niemand etwas vor!«

»Zweifellos«, kicherte Rinpoche und drückte Ludos Arm. »Eine Erinnerung an die alte Heimat?«

»In der Tat.«

»Vielleicht solltest du dir mal überlegen, einen wohlverdienten Urlaub in Deutschland zu machen.« Rinpoche sah ihn vielsagend an.

Das schien Ludo zu überraschen. Rinpoche erteilte nur selten so konkrete Ratschläge. Und wenn er es tat, dann – so durfte man annehmen – aus Gründen, die er als Yogi viel deutlicher vor Augen hatte als die meisten anderen.

»Meine Schwester versucht schon seit Jahren, mich zu so einem Urlaub zu überreden«, murmelte Ludo nach einer kurzen Pause. »Vielleicht wird es wirklich langsam Zeit.«

»Die Familie ist sehr wichtig.« Rinpoche nickte ernst. »Meinst du nicht auch, KSH?« Er kraulte meine Brust. »Wie läuft es zu Hause, Serena?«

»Gut.« Sie nickte. »Sid und ich haben geheiratet, während du im Retreat warst.«

»Und Zahra wird immer größer?« Es klang eher nach einer Feststellung als nach einer Frage.

Serenea kicherte. »Ja. Sie ist jetzt ein richtiger Teenager.«

Er massierte meine Stirn mit seinen Fingernägeln, genau wie ich es mochte. Dann richtete er sich auf. »Mutter und Tochter sind sich ganz offensichtlich sehr nahe.«

Serena warf sich eine Fleecejacke um die Schultern. »Sprichst du in der Zwielichtsprache?« Damit meinte sie die besondere Ausdrucksweise voller Symbole und Metaphern, derer sich die tibetischen Buddhisten gelegentlich bedienen, um die wahre Bedeutung ihrer Rede hinter einem Schleier aus Mehrdeutigkeiten zu verbergen.

»Ganz und gar nicht. Das war sehr wörtlich gemeint.«

Wirklich?, fragte ich mich. Und wen genau meinte er mit Mutter und Tochter?

Ludo verabschiedete sich von ihnen, dann verließen sie die Schule und traten auf die Straße hinaus.

»Ich freue mich sehr, dass du wieder in Dharamsala bist, Rinpoche.« Sie umarmte ihn noch einmal. »Ich habe dich vermisst, aber du warst immer ...« Sie legte die Hand auf ihr Herz.

Er nahm die Hände vor der Stirn zusammen, und als er sie wieder ansah, war es, als würde sich grenzenlose, bedingungslose Liebe aus seinem Herzen zu einer Welle auftürmen und über sie hereinbrechen.

Dann trennten sich ihre Wege. »Bis bald!«, rief er ihr hinterher. »Und allen Wesen, die an diesem Tag geboren sind, wünsche ich alles Gute zum Geburtstag.«

Mehrere Tage später hielt ich gerade mein übliches Spätvormittagsnickerchen auf dem Aktenschrank im Assistentenbüro, als mich der beinahe unmerkliche, aber auch unverwechselbare Duft von Rasierwasser der Marke Kouros weckte. Ich hob den Kopf, schnupperte, sprang auf Tenzins Schreibtisch und überquerte die Tischplatte, wobei ich darauf achtete, dass mein prächtiger, flauschiger Schwanz über Tenzins Hände auf der Tastatur glitt. Dann lief ich nach unten.

Und tatsächlich – als ich in die Küche kam, standen die Türen weit offen, und Franc lud kistenweise frisches Gemüse aus einem Lieferwagen. Kurze Zeit später folgte ihm Serena mit einer weiteren Kiste. Anscheinend hatte sich ein prominenter Gast angesagt, weshalb sie nun die Vorräte aufstockten.

»Uff!«, keuchte Serena, nachdem sie mehrere weitere Kisten, Kartons und Schachteln mit Gewürzen aus dem Wagen geholt hatten.

Ich hatte es mir auf der kleinen Treppe bequem gemacht, von wo aus ich für gewöhnlich das Treiben in der Küche zu beobachten pflege. Serena wischte sich mit dem Handrücken über die Stirn. »Durst?«, fragte sie Franc.

Er nickte. »Gegen ein Glas Wasser hätte ich nichts einzuwenden.«

Sie stellte zwei Gläser auf die Arbeitsfläche und öffnete den Kühlschrank.

»Alles klar?«, fragte Franc.

»Aber sicher. Wieso?« Sie goss Wasser in ein Glas und reichte es ihm.

Franc nahm einen tiefen Schluck. »Du kommst mir heute anders vor als sonst. Munterer.«

Serena lächelte ihn fragend an. »Ist das so offensichtlich?«

»Na los«, sagte er und setzte seinerseits ein verschwörerisches Lächeln auf. »Raus mit der Sprache.«

»Ich habe soeben einen Großauftrag für die Gewürzmischungen erhalten.« Ihr Grinsen wurde noch breiter. »Ein ehemaliger Konkurrent von uns kann keine Gewürzlieferanten mehr auftreiben, dafür verfügt er über ein exzellentes Vertriebsnetzwerk. Und wir haben Gewürze ohne Ende, tun uns aber mit der Auslieferung schwer.«

»Also eine Win-win-Situation?«

»Ganz genau!« Sie schüttelte ungläubig den Kopf. »Das kam alles so plötzlich, dass ich es immer noch nicht fassen kann. Aber es ist eine unglaubliche Erleichterung.«

»Das sehe ich.« Franc nickte. »Und ich freue mich sehr für dich. Wie kam dieser Deal zustande?«

Sie hielt einen Augenblick inne und runzelte die Stirn. »Das ist das Merkwürdigste an der Sache. Eigentlich ist Yogi Tarchin dafür verantwortlich. Vor ein paar Tagen hat er etwas gesagt ...«

»Beim Yoga?« Franc sah sie interessiert an.

Serena nickte. »Ich wollte gerade gehen, da rief er mir noch etwas hinterher. Er hat allen an diesem Tag Geborenen alles Gute zum Geburtstag gewünscht. Völlig zusammenhanglos und irgendwie schräg, aber so ist Rinpoche nun mal.«

Franc nickte zustimmend.

»Später am Abend erhielt ich eine automatische Erinnerung, dass Dionné Delaney Geburtstag hatte, eine alte Kollegin aus London. Sie wohnt immer noch dort. Wir kamen gut miteinander aus, waren uns aber nicht so nahe, dass ich ihr unter anderen Umständen zum Geburtstag gratuliert hätte, aber dann habe ich ihr doch kurz geschrieben.

Sie antwortete umgehend, und ich habe mir ihr Profil angesehen. Sie arbeitet inzwischen als Leiterin der Einzelhandelssparte eines Lebensmittelkonzerns. Eigentlich wollten sie das gesamte Gewürzangebot einstellen, weil sie keine Lieferanten auftreiben konnten, aber jetzt …« Serena war ganz aufgeregt.

Franc schüttelte den Kopf. »Wer hätte gedacht, dass eine einfache Yogastunde so weitreichende Konsequenzen hat?«

»Stimmt«, sagte Serena, dann bemerkte sie seinen Gesichtsausdruck. »Was?«

Franc nickte. »Du bist nicht die Einzige, die eine Yogi-Tarchin-Erfahrung gemacht hat.«

»Du auch? Was hat er zu dir gesagt?«

»Hüte dich vor deinen Wünschen.«

»Ach ja, richtig. Auf dem Balkon. Was sollte das denn heißen?«

»Das war mir zu diesem Zeitpunkt noch nicht klar, doch ich wusste, dass er mir irgendetwas damit sagen wollte. Als ich mich in jener Nacht schlafen legte, hatte ich einen unglaublich realistischen Traum. Yogi Tarchin war an meiner Seite und führte mich. Na ja, eigentlich hatte er die Gestalt von Manjushri angenommen, aber ich wusste genau, dass es Yogi Tarchin war.«

»Unglaublich! Und wo hat er dich hingebracht?«

»An zwei Orte, oder besser: Daseinsbereiche. Zuerst an einen wirklich grässlichen Ort, eine Art Kriegsgebiet, wo die Menschen auf den Boden geworfen, mit Metallseilen ausgepeitscht und schließlich von Ungeheuern zerstückelt wurden.«

Serena verzog das Gesicht.

»Und die ganze Zeit über hat Yogi Tarchin immer denselben Satz wiederholt: *Der Körper ist nicht nötig. Der Körper ist nicht nötig.* Und dann waren wir in einem riesigen Ofen. Wir gingen hindurch, und Yogi Tarchin deutete auf dies und das, aber ich hatte keinen Schimmer, was er mir da zeigen wollte. Dann hörte ich ein leises Wimmern, und da sah ich, dass sich im Feuer Kreaturen befanden. Ich konnte sie in den Flammen kaum erkennen. Es schien, als würden sie dort unaufhörlich gefoltert.«

»War es ein Albtraum? Aus dem Daseinsbereich der Hölle?«

Franc nickte. »Anfangs schon. Doch dann änderte sich plötzlich alles, und wir waren im Bereich der Devas mit palastartigen Häusern und ihren unglaublich schönen Bewohnern. Sie mussten nur zwinkern, und schon manifestierte sich alles, was ihr Herz begehrte. Yogi Tarchin war immer noch bei mir und sagte ständig: *Der Körper ist nicht nötig.* Die weisesten Bewohner dieses herrlichen Ortes beteten darum, als Mensch wiedergeboren zu werden, denn dort, wo sie waren, gab es keinen Grund, sich spirituell weiterzuentwickeln, und auch keine Lehrmeister. Es war ganz wunderbar dort, aber auch völlig sinnlos.« Franc sah Serena an. »Ich sehe es immer noch ganz deutlich vor mir. Als müsste ich nur die Augen schließen, um wieder dorthin zu gelangen.«

»Und … ergab das einen Sinn? Für dich?«

»Aber natürlich! Ich verstand vollkommen, was da um mich herum vor sich ging! Mit *Der Körper ist nicht nötig* meinte Yogi Tarchin, dass ich diese lebhaften Eindrücke erleben konnte, ohne dass ich meinen Körper dazu brauchte. Irgendwie wusste ich ja, dass dieser zu Hause im Bett lag. Und doch roch ich das verbrannte Fleisch der Gefolterten. Ich hörte die Musik, die von den Blumen in den Gärten der Devas ausging. Das alles kam mir völlig lebensecht vor.

Und da verstand ich: Wenn wir sterben, überdauert unser Geist, auch wenn wir keinen Körper mehr haben. Genau wie in einem Traum, wo wir einfach alles so lebensecht erfahren, als wären wir hellwach. Mehr noch. Es ist sogar hyperreal und am Ende doch ein Produkt unseres Geistes. Wir nehmen wahr, was auch immer in unserem Geist auftaucht. Wir haben keinen Körper, der uns mit einer anderen Realität verbindet. Unsere Realität ist genau das, was uns unser Verstand zeigt. Sonst nichts.«

Serena nickte.

»Und da begriff ich: Wenn wir diesen menschlichen Körper verlassen« – er schüttelte den Kopf – »dann nehmen wir nur unseren Geist und unsere geistigen Angewohnheiten mit. Vom Augenblick unseres Todes an haben unsere Besitztümer, unsere Leistungen oder unser Ansehen keine Bedeutung mehr. Das Einzige, was dann zählt, sind unsere Denkgewohnheiten.«

Serena dachte darüber nach. »›Hüte dich vor deinen Wünschen‹, hat Yogi Tarchin gesagt«, bemerkte sie schließlich.

Franc nickte.

»Und was hast du dir gewünscht?«

»Auf dem Balkon habe ich dir und Ludo erzählt, dass ich mit der Meditationspraxis nicht weiterkomme. Dass ich mich nicht mehr motivieren kann, weißt du noch?« Er setzte eine reuige Miene auf. »Ich habe gesagt, dass ich meiner Dharma-Praxis neues Leben einhauchen wollte. Das fiel mir aber erst nach dem Aufwachen wieder ein.«

»Dieses Problem hat sich jetzt ja wohl erledigt.« Serena zwinkerte ihm zu.

»Wenn man so etwas aus eigener Anschauung kennt, begreift man erst so richtig, wie außergewöhnlich dieses Leben ist, wie außergewöhnlich *wir* sind. Was für eine einzigartige Möglichkeit, unsere Zukunft zu gestalten.«

Serena lächelte.

Ich miaute leise.

»Genau«, sagte Serena. »Verblüffend, das alles. Besonders die Kreaturen, die wir auf dem Weg kennenlernen.«

An diesem Abend geschah es erneut. Diesmal waren die Eindringlinge noch dreister als zuvor und warteten noch nicht einmal bis Mitternacht ab. Das Quietschen erhob sich bereits, als Seine Heiligkeit mit Tenzin und Oliver bei der abendlichen Besprechung saß, und zwar in voller Lautstärke.

Sofort sprang ich von meinem Platz auf der Fensterbank auf, sträubte das Fell und eilte durch den Raum. Da saßen drei erwachsene Männer, hellwach und im Vollbesitz ihrer geistigen Kräfte. Wollten sie etwa untätig bleiben, wenn unten Ratten ihr Unwesen trieben?

Sie unterhielten sich in aller Seelenruhe weiter, ohne dem Spektakel Beachtung zu schenken. Sprachen allen Ernstes über die anstehende New-York-Reise Seiner Heiligkeit, als wäre alles in schönster Ordnung.

Ich stieß ein langes, drohendes Miauen aus. Die Männer sahen zu mir herüber.

»Was ist denn, KSH?«, fragte Tenzin.

Die Nagetiere wurden zusehends zahlreicher und lauter. Als sich nach mehreren Augenblicken noch immer niemand bemüßigt fühlte, etwas zu unternehmen, kratzte ich wie schon ein paar Nächte zuvor an der Tür.

Und wie schon zuvor stand der Dalai Lama auf und kam zu mir herüber, um mich hochzuheben. Doch diesmal war ich vorbereitet. Sobald ich seine Hände auf mir spürte, sprang ich aus seinem Griff, huschte durch den Raum und versteckte mich unter dem Schreibtisch. Dort konnte er mich nicht erreichen, sosehr er die Arme auch nach mir ausstreckte. Wenn er es denn darauf angelegt hätte. Was er in diesem Augenblick aber nicht tat.

Ich wartete ab. Er setzte die Besprechung fort. Warum, um alles in der Welt, schmiedeten sie Reisepläne und verschlossen ihre Ohren vor der Plünderung und Zerstörung, die sich in ihrer unmittelbaren Nähe abspielte? Als ich wieder unter dem Schreibtisch hervorkam und mich ihnen näherte, hörte ich, dass sich das aufgeregte Quietschen der Ratten in panisches Kreischen verwandelte. Und dann hörte es plötzlich auf.

Wenige Augenblicke später klopfte es laut. Oliver stand auf und öffnete einer aufgelösten Mrs. Trinci die Tür.

»Sie sind wieder da!«, heulte sie und warf die Arme in die Höhe. »Ratten! Ich habe sie auf frischer Tat ertappt. Ein Dutzend! *Mamma mia!* Der Biskuitboden für den Trifle morgen ist ruiniert!«

Obwohl Mrs. Trincis explosives Temperament in den letzten Jahren etwas abgekühlt war, stellte es nach wie vor eine Naturgewalt dar. Die Augen glühten mit einer Leidenschaft, wie man sie im Namgyal-Kloster nur selten fand.

»Das tut mir sehr leid, Mrs. Trinci.« Der Dalai Lama entschuldigte sich, als hätte er persönlich die Ratten in die Küche gelassen.

»Aber nicht doch, Eure Heiligkeit. Das ist doch nicht Eure Schuld.« Sie warf einen Blick auf den Teppich, in dessen Mitte ich kauerte. »Wäre doch nur mein kleiner *tesorino*, mein kleiner Schatz, hier gewesen — die Bestien hätten sofort Reißaus genommen!«

»Sie hat immerhin an der Tür gekratzt«, bemerkte Tenzin nach einer Weile.

Der Dalai Lama nickte. »Das hat sie diese Woche schon einmal gemacht. Sie hat mich mitten in der Nacht geweckt und war sehr aufgeregt. Die Ratten sind nicht zufällig in der Nacht von Dienstag auf Mittwoch in die Vorratskammer eingedrungen?«

Mrs. Trinci nickte. »*Si, si.*«

Alle drehten sich zu mir um. »Vielleicht ist die KSH hellsichtig?«, meinte Tenzin ehrfürchtig. »Was, wenn sie eigentlich gar keine Katze ist?«, fügte er nach weiterem Nachdenken hinzu.

O ja!, dachte ich. Eine großartige Idee! Die Buddhas und Bodhisattvas sind ja bekannt dafür, sich in verschiedenster Gestalt zu zeigen, um den Menschen zu helfen. Was, wenn ich tatsächlich eine Bodhi*katz*va war, eine wunderbar plüschige Manifestation des Erleuchtungsgeistes? Mit *dieser* Vorstellung konnte ich mich durchaus anfreunden.

»Ich glaube, dass es eine weitaus profanere Erklärung dafür gibt«, sagte Oliver.

Alle wandten sich ihm zu. Auch ich fixierte ihn mit meinen eisblauen Augen.

»Katzen haben viel schärfere Sinne als wir«, sagte er. »Sie können um zwei Oktaven höhere Töne wahrnehmen als der Mensch, also ist es gut möglich, dass sie die Ratten beide Male gehört hat. Wahrscheinlich hat sie sich gefragt, warum wir nichts unternehmen.«

Was sollte ich mit dieser Information anfangen? Dass ich Töne hören könnte, die die Menschen nicht hörten, war ja ganz interessant, aber die erste Erklärung hatte mir irgendwie besser gefallen.

»Sie ist also hellhörig, könnte man sagen«, bemerkte der Dalai Lama und erlöste mich so aus meinem Dilemma.

»Wenn ein Mensch einen Frequenzbereich ähnlich der KSH hören könnte, würden wir das als übermenschlich bezeichnen.«

»Ultraschallgehör«, sagte Oliver.

»Wie Superman«, fügte Tenzin hinzu.

»Mit geheimen Kräften«, ergänzte der Dalai Lama kichernd.

An diesem Abend, als ich mit untergeschlagenen Pfoten auf der Bettkante lag, hatte Seine Heiligkeit endlich etwas Zeit für mich. Er ließ einen Augenblick lang das Buch sinken, in dem er las, und sah zu mir herüber. »Ist es nicht wunderbar, wie viele verschiedene Arten des Bewusstseins es auf der Welt gibt, Schneelöwin?«

Er meinte die Unterhaltung am frühen Abend, die sich um die Ratten und mich gedreht hatte.

»Die eigene Wahrnehmung hält man meist für nichts Besonderes, aus der Sicht eines anderen mag sie dagegen außergewöhnlich erscheinen. Das Wichtigste ist, dass jeder von uns die Möglichkeit hat, seinen Geist und seine Fähigkeiten weiterzuentwickeln, um anderen und sich selbst zu helfen.«

Ich beobachtete ihn beim Sprechen. Für mich war seine Stimme das beruhigendste und tröstlichste Geräusch auf der Welt.

»Was für eine Verschwendung, sich selbst als gewöhnlich zu begreifen, wenn doch das Gegenteil der Fall ist. Was für eine Verschwendung, die einmalige Gelegenheit dieses Lebens nicht wahrzunehmen. Loslösung bedeutet nicht nur, sich von den Ursachen des Leids *abzuwenden;* es bedeutet auch, sich dem *zuzuwenden,* was wir wirklich sind. Über das Gewöhnliche hinauszublicken und unsere Buddhanatur zu erkennen.«

Dabei fiel mir Francs Traumreise durch die verschiedenen Lebensbereiche ein. Er hatte aus erster Hand erfahren, dass außer unserem Geist und unseren mentalen Gewohnheiten nichts übrig bleibt. Dann dachte ich an Serenas Erkenntnis, dass die Ursache ihres Unglücks nicht außen, sondern innen zu suchen gewesen war – und an ihre veränderte Realitätswahrnehmung, sobald sie ihre Anhaftung losgelassen hatte.

Doch wo hörte das »Innere« auf, und wo fing das »Äußere« an? ›Unsere Realität ist das, was uns unser Verstand zeigt‹, hatte Franc gesagt. Hieß es deshalb, dass ein erleuchtetes Wesen, egal unter welchen Umständen, ständig wachsende Glückseligkeit erfährt?

Der Dalai Lama schloss behutsam sein Buch, legte es auf den Nachttisch und faltete die Hände vor dem Herzen. »Deshalb suchen wir Zuflucht bei Buddha, Dharma und Sangha«, murmelte er und schloss die Augen. »Wir sagen: ›Ja, ich habe eine Buddhanatur, ich besitze einen Verstand, der zur vollständigen Erleuchtung fähig ist. Danach will ich streben, sowohl um meiner als auch um aller anderen willen gleichermaßen, ohne Ausnahme.‹ Das ist der erste Schritt auf unserem spirituellen Weg. Das erste von vier Elementen, die wir jedes Mal erblicken, wenn wir das Bild eines Buddhas betrachten.«

Ach ja?, fragte ich mich. Seit Seine Heiligkeit dies zum ersten Mal erwähnt hatte, hatte ich die Buddhastatuen und Wandbehänge genauestens studiert, beim besten Willen aber keine wie auch immer gearteten vier Elemente erkennen können. Weder hielten die Buddhas vier bestimmte Gegenstände in der Hand, noch waren sie mit vier unterschiedlichen Ornamenten geschmückt. Worum es sich bei diesen vier Elementen handelte, blieb ein Rätsel – dessen Lösung ich, so hoffte ich, zu gegebener Zeit erfahren würde.

Eine Weile meditierte er in der Stille. Nun ja, völlig still war es nicht, da ich dankbar vor mich hin schnurrte. Gib es denn eine bessere Begleitmusik, wenn man über den Erleuchtungsgeist nachdenkt?

Der Dalai Lama schaltete das Licht aus.

»Gute Nacht, meine kleine Bodhikatzva«, murmelte er wie jede Nacht.

Und wie jede Nacht schnurrte ich, bis wir beide eingeschlafen waren.

Am nächsten Morgen saß der Dalai Lama an seinem Schreibtisch, als Tenzin in Begleitung eines unerwarteten Gastes erschien.

»Ich will Euch nicht lange aufhalten. Ich fahre mehrere Wochen lang in die alte Heimat und wollte mich nur von Euch verabschieden.«

Es war Ludo. Er verließ Dharamsala nur alle paar Jahre, versäumte es jedoch nie, seinem lieben Freund vorher Lebewohl zu sagen.

Seine Heiligkeit stand auf. Die beiden Männer verbeugten sich voreinander, sodass sich ihre Stirnen in Zuneigung und gegenseitiger Hochachtung berührten.

»Es wird sicher eine gute Reise«, sagte der Dalai Lama. »Sehr nützlich!«

Dem Dalai Lama zufolge war Nützlichkeit eine der höchsten Tugenden.

Yogi Tarchin hatte Ludo auf dem Balkon der Yogaschule des Herabschauenden Hundes den Ratschlag gegeben, nach Deutschland zu fahren. Ein Ratschlag, den Ludo ganz offensichtlich ohne weitere Verzögerung in die Tat umgesetzt hatte.

Ludo blieb nur ein paar Minuten, um über gemeinsame Freunde in Deutschland zu plaudern, dann verabschiedete er sich und ging rückwärts zur Tür – die traditionelle tibetische Art, Respekt zu zeigen.

Kurze Zeit später beobachtete ich von meiner Fensterbank aus, wie er das Gebäude verließ, den Innenhof durchquerte und in ein wartendes Taxi stieg.

Wie viel sich doch seit jenem Abend auf dem Balkon verändert hatte. Und dabei waren nur wenige Tage vergangen. Serena hatte ihre Geschäftsprobleme gelöst, die so schwer auf ihr gelastet hatten. Franc war mit einem heilsamen Schock aus seiner Lethargie gerissen worden und konnte sich nun wieder auf seine Dharma-Praxis konzentrieren. Ludo war auf dem Weg in einen wohlverdienten Urlaub in der alten Heimat. Nur die Worte über die Nähe von Mutter und Tochter, die Yogi Tarchin an mich gerichtet hatte, blieben rätselhaft.

Als ich an jenem kristallklaren Himalaja-Morgen das tägliche Treiben im Innenhof des Namgyal-Klosters beobachtete, zerbrach ich mir den Kopf darüber, was er wohl damit gemeint hatte. Und von wem er überhaupt gesprochen hatte.

Drittes Kapitel

Man könnte meinen, dass eine so weithin bekannte Katze mit so vielen Namen wie ich einen weiteren Titel kaum zur Kenntnis nehmen würde. Doch wenn ihr das denkt, liebe Leser, dann täuscht ihr euch!

Denn dieser Name war anders als alle anderen. Er wurde mir nicht aufgrund meines Mitbewohners verliehen (KSH), auch war er nicht das Resultat gewisser Umstände (Swami) oder meiner vorteilhaften Gene (Schönste Kreatur auf Erden). Nein, diesen Namen habe ich mir ehrlich verdient, weil ich einer Berufung gefolgt bin. Und er sorgt für tiefe Glückseligkeit – eine Glückseligkeit, die sich fundamental von der kurzlebigen, wenn auch beträchtlichen Freude über, sagen wir, ein Tellerchen mit Mrs. Trincis gehackter Hühnerleber unterschiedet.

Dabei hätte ich meine neue Berufung niemals entdeckt, wäre ich nicht eines milden Dienstagabends über den Innenhof in den Tempel des Namgyal-Klosters spaziert.

Wie gerne würde ich berichten, dass mich der Ruf Geshe Wangpos, der zu den verehrtesten Lamas des

Klosters gehörte, an jenem Abend von der Fensterbank gelockt hätte. Doch bedauerlicherweise war es lediglich simple Neugier, die mich antrieb.

Franc und Serena waren in der Vergangenheit regelmäßig zu Geshe-las Lehrvorträgen am Dienstagabend gekommen, hatten sich aber in den letzten Monaten kaum noch blicken lassen. Nun interessiere mich, ob die von Yogi Tarchin ausgelösten Ereignisse der letzten Woche sie dazu bewegt hatte, wieder einmal auf den Sitzkissen im Tempel Platz zu nehmen.

Während sich Seine Heiligkeit lebhaft mit Oliver über die Übersetzung eines neuen Buches unterhielt, schlich ich mich nach unten, über den gepflasterten Innenhof und die gegenüberliegende Treppe hinauf. Dann sprang ich in eine Nische im hinteren Teil des Tempels, die im Lauf der Jahre zu meinem Stammplatz geworden war. Von hier aus konnte ich alles beobachten, was in diesem außergewöhnlichen Raum vor sich ging.

Der Abend war meine liebste Tempelbesuchszeit. Wenn es dunkel wurde, erweckte ein wahres Meer der als Opfergabe dargebrachten Butterlampen die goldenen Gesichter der Buddhastatuen mit ihrem flackernden Licht zum Leben. Die Wandbehänge und anderer Zierrat flatterten leicht in der Abendbrise und erfüllten den Raum mit *Prana*. An diesem ganz besonderen Ort konnte man die Anwesenheit, die Energie der unzähligen Buddhas und Bodhisattvas förmlich *spüren*. Ihre erleuchteten Geister wurden von den heiligen Gegenständen und den Ritualen, die hier stattfanden, angezogen wie Gänse von einem Lotossee. Je mehr Zuhörer eintrafen und auf den kastanienbraunen Meditationskissen Platz nahmen, desto stärker wurde dieses Gefühl der Kontaktfreude und Offenheit.

Geshe Wangpos Dienstagsvorlesungen basierten auf dem Lamrim oder »Pfad zur Erleuchtung« – dem wichtigsten Text der Lehrtradition der buddhistischen Schule seiner Heiligkeit. Obwohl es sich beim Großteil der Anwesenden um Mönche aus dem Namgyal-Kloster handelte, standen die Vorlesungen auch den gewöhnlichen Bürgern Dharamsalas offen. Und in der Tat nahmen einige von ihnen daran teil: Ich sah Sam, der den Buchladen des Himalaja-Buchcafés leitete, und seine kanadische Frau Bronnie, außerdem Ewing Klipspringer und Merrilee aus dem Yogaunterricht. Ludo, der sonst immer erschien, fehlte heute aus bekannten Gründen. Serena traf kurz nach mir ein. Sie war völlig verwandelt – der Stress, der sie dazu gebracht hatte, davonzustürmen und den Dalai Lama einfach stehen zu lassen, war wie weggeblasen. Anscheinend hatte diese Episode eine Veränderung unausweichlich gemacht, die schon längst überfällig gewesen war: Sie hatte losgelassen. Franc folgte unmittelbar darauf und setzte sich auf ein Kissen neben sie. Ich sah, wie sich die beiden zulächelten.

Schließlich betrat Geshe Wangpo den Tempel durch den Haupteingang, und das leise Gemurmel machte augenblicklich einer stummen Ehrfurcht Platz. Wie viele Tibeter war er stämmig und muskulös von Gestalt, doch er verströmte nicht nur unbändige Kraft, sondern auch noch eine weitere faszinierende Qualität: unermessliche Güte.

Geshe Wangpo nahm seinen Platz auf dem Lehrer-thron ein. Nach den üblichen Lamrim-Rezitationen be-fand sich der Verstand der Anwesenden in meditativer Versenkung, und Geshe-la ließ den Blick über die er-wartungsvollen Gesichter schweifen. »Heute möchte ich über eine Praxis sprechen, die einen der Grundbausteine des tibetischen Buddhismus darstellt, und inwiefern sie sich von anderen Traditionen und buddhistischen Linien unterscheidet«, sagte er. »Uns stehen viele ausgezeichnete Praktiken oder geistige Werkzeuge zur Verfügung – un-terschiedliche Praktiken für Menschen mit unterschiedli-chem Temperament. Unsere Tradition kennt keine Ein-heitsgrößen!«

Leises Gekicher erfüllte den Raum. Mir fiel auf, wie verschieden die Persönlichkeiten von Franc, Ludo, Mrs. Trinci und Oliver waren – und trotzdem hatte jeder von ihnen sein Leben durch die Ausübung unterschiedlicher Dharma-Praktiken verändert.

»Es ist völlig egal, welche Meditationspraxis oder Tech-nik euch zusagt – solange ihr dieses zentrale Prinzip nicht beherzigt, ist sie nur von begrenztem Wert.«

Geshe Wangpo hatte die Fähigkeit, seine Lektionen dergestalt zu präsentieren, dass man ihm gebannt zuhörte. Es war, als würde er eine spannende Geschichte erzäh-len, die seinen Zuhörern den Atem raubte. Selbst wenn sie glaubten, bereits alles zu wissen, hingen sie doch an seinen Lippen und warteten gespannt darauf, dass er ihre Vermutungen bestätigte.

»Im Buddhismus wird Liebe als der Wunsch defi-niert, anderen zur Glückseligkeit zu verhelfen. Es ist eine immer gültige Wahrheit, dass wir danach trachten müssen, für das Glück anderer zu sorgen. Wer gibt, der wird empfangen.«

Er ließ den Blick über die vor ihm sitzenden und gebannt lauschenden Mönche und anderen Teilnehmer schweifen. »Doch über die Liebe möchte ich heute nicht sprechen.« Seinen blitzenden Augen konnte sich keiner im Raum entziehen.

»Im Buddhismus definieren wir Mitgefühl als den Wunsch, andere von ihrem Leid zu befreien«, fuhr er fort. »Durch die Liebe entsteht der Wunsch, andere mögen Glückseligkeit erfahren, obwohl sie mit Sorgen beladen und mutlos, verärgert oder einsam sind oder sich sonst in einer Notlage befinden. Durch die Herausbildung von Mitgefühl werden wir zur Hilfe motiviert. Ohne Mitgefühl wären wir teilnahmslos. Durch Mitgefühl entwickeln wir Einfühlungsvermögen. Wir können uns vorstellen, wie es ist, in der Haut der anderen zu stecken, und wollen ihr Leid mildern, als wären wir selbst damit geschlagen. Doch so ehrenhaft das auch sein mag« – er machte eine Pause – »heute soll es auch nicht um das Mitgefühl gehen.«

Das Röhren einer Harley-Davidson, die über eine Straße in der Nähe bretterte, störte den Frieden des Tempels. Doch sobald der Lärm vorüber war, schien die Ruhe noch viel tiefer. Es war wie ein die Luft reinigendes Gewitter oder wie die Erleichterung, wenn ein schriller Autoalarm endlich verstummt und einem einige Augenblicke der vollständigen Ruhe vergönnt sind.

»Ich habe Liebe und Mitgefühl an den Anfang meines Vortrags gestellt, weil sie die Voraussetzungen für die

Praxis sind, über die ich eigentlich mit euch sprechen will. Den Beweggrund, aus dem wir überhaupt etwas tun.

Als ganz gewöhnliche Lebewesen stoßen wir an Grenzen, wenn wir anderen helfen wollen. Wir können einem Freund in Trauer oder Enttäuschung zur Seite stehen, doch wir können nicht verhindern, dass er auch in Zukunft trauern wird oder Enttäuschungen hinzunehmen hat. Wir können Bedürftigen finanziell unter die Arme greifen, aber kein Geld der Welt schützt sie beispielsweise vor emotionalen Rückschlägen oder Krankheiten.

Im Leben begegnen wir vielen verschiedenen Problemen. Jeder von uns muss mit einer sich ständig verändernden Welt zurechtkommen. Solange wir in der Alltagsrealität aus Geburt, Altern, Krankheit und Tod gefangen sind, müssen wir mit Unwägbarkeiten und Schwierigkeiten leben. Wir müssen damit leben, dass die einzige Sicherheit darin besteht, irgendwann in der Zukunft alles, was wir besitzen und geleistet haben, und jeden, den wir lieben, zu verlieren. Wir werden dieses Leben verlassen und die Realität niemals wieder auf diese Weise wahrnehmen.

Ein tibetischer Buddhist kann ein solches Schicksal nicht hinnehmen, weder für sich noch für andere. Wir wollen mehr, als den anderen nur vorübergehend zur Seite zu stehen. Wir wollen mehr als nur begrenzte Hilfe. Wir wollen eine *langfristige* Lösung.«

Ich sah mich im Tempel um. Aller Augen waren erwartungsvoll auf Geshe Wangpo gerichtet.

»Man bezeichnet Buddha als erleuchtet, weil er dauerhafte Erfüllung und Freiheit gefunden hat. Zwei

Jahrtausende vor der Quantenphysik erkannte er bereits, dass die scheinbar greifbare Realität in Wahrheit nur eine Projektion unseres Verstandes ist. Wenn wir unseren Verstand verändern, verändern wir auch unsere Wirklichkeitserfahrung. Man könnte sagen, dass Buddha das ultimative Selbstentfaltungsprogramm entwickelt hat, mit dem wir nicht nur die konventionelle Realität, das gewöhnliche Leben und den Tod überwinden, sondern auch einen Zustand der ewigen Glückseligkeit erreichen können.

Und das wollen wir sowohl für uns selbst als auch für andere. Keine Notbehelfe, die sich an einer unzureichenden Realitätsvorstellung orientieren. Sondern eine dauerhafte Lösung, die darauf gründet, wie die Dinge in Wahrheit sind.«

Geshe-la beugte sich vor und senkte bedeutungsschwer die Stimme. »Der Wunsch, Erleuchtung um aller Lebewesen willen zu suchen, wird als *Bodhichitta* bezeichnet. Das ist unsere wichtigste Praxis. Indem wir uns wünschen, anderen zum Glück zu verhelfen und sie nicht nur kurzfristig, sondern dauerhaft vom Leid zu befreien, machen wir Bodhichitta zu unserer Lebensaufgabe. Wir wollen die Buddhaschaft erlangen, um allen anderen Lebewesen dabei zu helfen, ebenfalls diesen Zustand zu erreichen. Eine selbstlosere und weitsichtigere Absicht ist unvorstellbar.«

Geshe Wangpos Fazit war so erhebend, dass es wie eine Welle durch den Tempel rauschte und ein Lächeln auf die Gesichter derjenigen Anwesenden zauberte, die diese Schlussfolgerung bereits erahnt hatten.

»Bodhichitta ist nicht nur die größte vorstellbare Form von Altruismus, sondern auch in sich selbst eine direkte Ursache der Erleuchtung.« Der Lama bedachte sein Publikum mit einem milden Lächeln. »Warum ist das so?«

Aus der ersten Reihe waren mehrere gemurmelte Antworten zu hören. »Karma«, sagte ein Mönch schließlich mit fester, klarer Stimme.

Geshe Wangpo nickte. »Sehr gut. Wenn unsere Handlungen von Bodhichitta motiviert sind, hat ein und dieselbe Tat völlig andere Auswirkungen. Wie ihr sicher wisst, gehören zu den Faktoren, die dem Karma sein Gewicht verleihen, nicht nur das Objekt, sondern auch – was viel wichtiger ist – die Absicht.

Durch Bodhichitta reinigt man sich am gründlichsten von allem Negativen und sammelt am effektivsten positive Wirkungen an, da das *Objekt* unserer Motivation jedes lebende Wesen im Universum ist. Wir wollen nicht nur einer Person, einer Gruppe von Menschen oder anderen Kreaturen helfen. Nein! Es geht um *alle* Lebewesen, und die sind unzählig.« Er wartete, bis seine Zuhörer diese Worte verarbeitet hatten.

»Und was die Absicht angeht: Wir wollen, dass sie erleuchtet werden – eine edlere Motivation kann es nicht geben. Wir wollen nicht nur, dass Kranke gesund werden, Mittellose das bekommen, was sie brauchen, oder Unglückliche Trost finden. Wir sorgen uns nicht allein um die Bedürfnisse dieses Lebens, des Hier und Jetzt, sondern wollen, dass alle *dauerhaft* vom Samsara befreit werden und vollständige und vollkommene Erleuchtung finden. Es heißt, dass selbst ein Körnchen, das man mit ehrlicher Bodhichitta-Absicht einem Vogel zu fressen gibt, unabsehbare Konsequenzen hat. So mächtig ist Bodhichitta. Ja,« – und damit wandte sich Geshe Wangpo wieder dem Mönch zu – »Karma ist eine Ursache dafür, dass uns Bodhichitta zur Erleuchtung führt. Gibt es noch weitere?«

Mir war schon früher aufgefallen, dass Geshe Wangpo während seines Unterrichts lieber das Publikum miteinbezog, als lange Monologe zu halten. Das hatte zur Folge, dass die Veranstaltung weniger einem Vortrag als einem Gespräch ähnelte, an dem die Zuhörer aktiv teilnehmen konnten.

Ich konnte die vielen Antworten auf die Frage nicht so richtig verstehen, doch irgendwann rief er: »Ganz genau! Wir sind, was wir denken. Und wenn wir uns mit Bodhichitta vertraut machen und unsere alltäglichen Handlungen danach ausrichten, üben wir Schritt für Schritt unseren Verstand und gewöhnen ihn an den Erleuchtungsgeist, wie Bodhichitta auch genannt wird.

Für den Anfang müssen wir nicht anders handeln als zuvor, doch wir sollten uns dabei nach Möglichkeit auf die Bodhichitta-Motivation besinnen. Wenn wir beispielsweise Tee für einen Freund zubereiten oder eine Münze in eine Spendenbüchse werfen, besinnen wir uns: *Möge diese Handlung Ursache meiner Erleuchtung um aller Lebewesen willen sein.* Je öfter wir diesen Satz wiederholen, desto stärker wird er Teil unseres Gewohnheitsdenkens, genau wie die Maske irgendwann zur Person selbst wird. Das ist buddhistische Psychologie.« Er lächelte. »Im Westen nennt man das Lernen am Modell – wir orientieren uns in unserem Verhalten an jemandem, der das Ziel, das wir uns gesetzt haben, bereits erreicht hat. Das ist genau dasselbe.«

»Aber wenn ich das tue, komme ich mir irgendwie unehrlich vor.« Dieser unverwechselbare Tennessee-Akzent gehörte Merrilee, einer langjährigen Schülerin Ludos in der Yogaschule des Herabschauenden Hundes. »Ich hätte die Münze doch sowieso in die Büchse geworfen.«

Geshe Wangpo sah zu ihr hinüber und nickte. »Besonders in der Anfangsphase müssen wir unserem Bodhichitta auf die Sprünge helfen.« Er verstummte und setzte ein boshaftes Grinsen auf. »Zunächst ist es mehr Schein als Sein! Fake it till you make it.«

Hier und da ertönte Gelächter im Raum.

»Die Bedeutung von Bodhichitta zu verstehen ist eine Lebensaufgabe. Wir müssen ebendort anfangen, wo wir gerade stehen. Mit der Zeit wird unser Vertrauen auf Bodhichitta durch Zuhören, Nachdenken und Meditieren den Punkt erreichen, an dem es von Herzen kommt. Ganz spontan. Und dann werden unsere Handlungen ein wahrer Quell der Freude für uns und für andere.«

Eine Zeit lang dachten alle in der Gönpa schweigend über seine Worte nach. Nur die Zierknöpfe am unteren Abschluss der Thangkas schlugen in der sanften Brise, die durch die Fenster wehte, leicht gegen die Wand. Sonst war alles ruhig.

Dann durchbrach eine Stimme die Stille: »Aber wer bin ich denn, dass mir die Erleuchtung zuteilwerden sollte?« Sie gehörte einem jungen Mann, allem Anschein nach einem Rucksacktouristen aus Europa. Ich hatte ihn noch nie zuvor im Tempel gesehen. Er saß aufrecht auf seinem Meditationskissen, hatte verwuscheltes schwarzes Haar, olivfarbene Haut, feine Gesichtszüge und war von einer melancholischen Aura umgeben.

Geshe Wangpo sah ihn mit durchdringendem Mitgefühl an. »Wer bist du denn, dass sie dir *nicht* zuteilwerden sollte? Auch Buddha war einst ein gewöhnlicher Mann. Ein fehlbarer Mann. Zum Glück für uns hat er nicht nur die Erleuchtung erlangt, sondern uns auch noch den schnellsten Weg dorthin gezeigt.« Geshe Wangpo erwiderte unverwandt den Blick des jungen Mannes, und irgendwie beschlich mich der Eindruck, als würde ihn irgendetwas dazu anleiten, die folgende Erklärung nicht nur an ihn, sondern an alle Zuhörer zu richten.

»Die Vorstellung, nicht fähig zur Erleuchtung zu sein, ist genau das – nur eine Vorstellung. Ein Gedanke. Ein Konzept, das jeder realen Grundlage entbehrt. Und weil diese Vorstellung keinen Nutzen für dich hat« – er zuckte mit den Schultern – »solltest du sie loslassen. Verleihe ihr keine zusätzliche Kraft, indem du ihr deine Aufmerksamkeit schenkst. Gestehe ihr keine Wirklichkeit zu, die sie gar nicht besitzt.«

Wie so oft, wenn ich hochgelehrten Lamas lauschte, kam es mir auch an diesem Dienstagabend im Tempel bei Geshe Wangpo so vor, als wäre die Erleuchtung tatsächlich möglich, als wäre sie zum Greifen nah, als müsste man nur von einem Raum in den anderen treten. Dies lag zweifellos nicht nur an Geshe-las Worten, sondern auch an seiner Präsenz. Er vermittelte uns eine winzige Ahnung davon, wie sich die Erleuchtung anfühlen musste, und damit traten alle Alltagssorgen und profanen Gedanken in den Hintergrund. Stattdessen empfand man tiefen und zeitlosen Frieden.

Dieses durch die Weisheit von Bodhichitta hervorgerufene Gefühl verließ mich auch in der nächsten Zeit nicht.

Ein paar Tage später sprang ich gerade auf die Fensterbank, um die morgendlichen Sinneseindrücke zu genießen, als mir plötzlich ein verführerischer Duft in die Nase stieg. Ein Duft, der einst fester Bestandteil meines Lebens gewesen war, den ich jedoch seit Monaten nicht mehr wahrgenommen hatte. Ein Duft, den ich beinahe vergessen hatte. Ich konnte nicht anders – ich musste mich auf die Suche nach seinem Ursprung machen.

Ich lief die Treppe hinunter, durchquerte den Innenhof und schlüpfte durch das Palasttor. Doch anstatt mich wie sonst nach rechts in Richtung Himalaja-Buchcafé zu wenden, schlug ich die entgegengesetzte Richtung ein. Ein kurzes Stück die Straße hinunter befand sich auf derselben Seite wie das Namgyal-Kloster ein kleiner Garten und dahinter ein Altenheim.

Den liebevoll gepflegten Garten mit seinen üppigen Blumenbeeten und dem sorgfältig gestutzten Rasen hatte ich bereits kurz nach meiner Ankunft in Dharamsala erkundet. Eine stattliche Zeder ragte in seiner Mitte auf. Darunter stand eine Holzbank, auf der aber nur selten jemand saß.

Irgendwann hatte ich herausgefunden, dass derjenige, der sich mit solcher Hingabe um den Garten kümmerte, niemand anders war als ein Mann, den ich in meinen Anfangstagen im Namgyal-Kloster als meinen ganz persönlichen Erzfeind betrachtet hatte: der Chauffeur seiner Heiligkeit. Ich hatte den großen, stämmigen Mann zunächst für ungehobelt und unfähig zu jener diplomatischen Freundlichkeit gehalten, die die übrigen Mitarbeiter Seiner Heiligkeit auszeichnete. An einem meiner ersten Tage im Namgyal hatte ich eine Maus unter den Bodendielen gehört. Es war mir gelungen, sie zu fangen. Triumphierend war ich mit dem Schädling im Maul in das Assistentenbüro stolziert. Doch dort hatte plötzlich jeder alles liegen und stehen lassen, um die Maus – die noch lebte – zu retten und sich über mein ungebührliches Betragen zu empören. Der Chauffeur Seiner Heiligkeit hatte mich nur kurz angesehen und prompt einen Spitznamen für mich parat gehabt: Mausie-Tung.

Diesen Namen hatte ich sofort gehasst – und schlimmer noch: Weil er so teuflisch gut passte, hatte ich große Angst gehabt, ihn nicht mehr loszuwerden und auf ewig mit diesem Übel assoziiert zu werden. Ich schlich beleidigt davon. Dabei richtete sich mein Zorn selbstverständlich nicht gegen mich selbst, weil ich so sklavisch meinen Instinkten gefolgt war und darüber das Prinzip der Gewaltlosigkeit vergessen hatte. Nein, es war ja viel einfacher, wütend auf den Chauffeur zu sein. Glücklicherweise erfuhr der Spitzname keine nennenswerte Verbreitung: Der Chauffeur blieb der Einzige, der mich so nannte.

Im Lauf der Jahre lernte ich ihn besser kennen und sah ihn bald in einem ganz anderen Licht. Seine massige Statur mochte insbesondere einer kleinen Katze mit schwachen Beinchen bedrohlich vorkommen, sein Wesen jedoch war von großer Freundlichkeit. Er kümmerte sich aus reiner Herzensgüte um das kleine Stück Niemandsland neben dem Altenheim, um den Bewohnern in ihren letzten Lebenstagen eine Freude zu machen.

Der auf den ersten Blick so schroffe Riese hatte auch mir etwas Gutes tun wollen, obwohl mir das anfangs völlig entgangen war. Doch als er den Garten angelegt hatte, hatte seine liebende Güte nicht allein den Bewohnern des Altenheims gegolten. Vor mehreren Jahren hatte mich genau dieser Duft aus dem Schlaf gerissen, der auch heute Morgen meine Aufmerksamkeit erregt hatte. Damals hatte mich mein Instinkt direkt in jenen Garten und zu mehreren Pflanzen mit herzförmigen Blättern und weißen Blüten geführt. Erst später erfuhr ich, dass es sich um Katzenminze handelte – und dass sie der Chauffeur zu meiner ganz persönlichen Erquickung gepflanzt hatte.

Heute mühte ich mich also wie damals die wenigen Steinstufen hinauf, die von der Straße in den Garten führten, überquerte den Rasen zu dem Blumenbeet, aus dem der betörende Duft aufstieg. Ich kaute auf den grünen Halmen herum, leckte an den Stängeln und rieb mein Gesicht an den Blättern. Ein unbezähmbarer Drang überkam mich, und ich warf mich mitten in das Beet, wobei ich Stiele zerquetschte und Blüten auf mich regnen ließ.

Doch das war mir völlig egal. Ich gab mich hemmungslos meinem Verlangen nach diesem berauschenden Duft hin, streckte mich inmitten der Katzenminze aus, rollte mich wieder zusammen, schnurrte und frohlockte und genoss jeden wonnigen Augenblick!

Irgendwann ließ die Anziehungskraft des Duftes nach. So war es immer. Anstatt mich weiter durch die Katzenminze zu rollen, genoss ich träge die Nachwirkung des rauschhaften Zustands.

Eine halbe Stunde später kroch ich aus dem Beet und schüttelte die Blätter von mir ab. Nach einer kleinen Katzenwäsche sah ich zum Altenheim hinüber. Erst jetzt bemerkte ich, dass auf der Terrasse eine Gruppe von sechs Bewohnern in Korbstühlen neben einem Teewagen saß. Etwas weiter entfernt hatten es sich zwei weitere Senioren gemütlich gemacht. Selbstverständlich waren sie mir auch bei meinen früheren Besuchen aufgefallen, doch ich hatte ihnen keine große Beachtung geschenkt – schließlich saßen sie stumm und steif wie die Statuen da. Nur gelegentlich hob einer seine Teetasse oder setzte sie wieder ab. Ich pflegte zwar nach meiner Katzenminze-Ekstase in wohliger Zufriedenheit den Garten zu durchstreifen, die Terrasse des Altenheims dagegen war mir nie besonders interessant erschienen.

Was heute jedoch meine Aufmerksamkeit erregte, waren weniger die Senioren selbst, sondern das, was sich hinter ihnen befand: eine offen stehende Tür!

Eine gläserne Schiebetür, die bis dato stets verschlossen gewesen war, wovon ich mich selbstverständlich bei früheren Besuchen überzeugt hatte. Mehr als einmal hatte ich meine Nase an der Scheibe plattgedrückt und vergeblich zu erkennen versucht, was sich hinter dem getönten Glas und den Vorhängen wohl befinden mochte. Doch vergebens. Heute aber standen mir Tür und Tor offen. Konnte es eine deutlichere Einladung geben?

Ich kletterte den sanft ansteigenden kleinen Steingarten hinauf und schlich durch ein Blumenbeet. Sobald ich zwischen den Schmucklilien auftauchte, gerieten die zum Morgentee auf der Terrasse versammelten Senioren in helle Aufregung.

»Was für eine schöne Katze!«, rief eine.

»Hübsche Fellzeichnung«, bemerkte eine weitere.

»Sind ihre Augen wirklich blau?«, fragte ein Dritter.

Versteht sich, dass ich als Schönste Kreatur auf Erden anhimmelnde Bewunderung bis zum Überdruss kenne. Manchmal wünsche ich mir sogar, inkognito durch die Straßen ziehen zu können wie eine ganz gewöhnliche, triste Katze von unbestimmter Fellfarbe. Aber nein! Wo ich auch hinkomme, dreht man sich nach mir um.

Doch dass auch die Altenheimbewohner auf der bisher so ruhigen Terrasse plötzlich auf mich deuteten und aufgeregte Rufe ausstießen, erstaunte mich aus einem einfachen Grund: Ich hätte sie nicht für dazu fähig gehalten. Darüber hinaus hatte ich sie stets nur als Einheit betrachtet, als eine homogene Gruppe, deren Mitglieder sich nicht groß voneinander unterschieden. An diesem Morgen begriff ich, dass es sich um Individuen handelte. Mit eigenen Namen. Ich blieb auf der Terrasse stehen und ließ mich von einer alten Dame – Rita, wie ich später herausfinden sollte – streicheln und mir Komplimente für meinen flauschigen Schwanz machen, bevor ich mich zu meinem eigentlichen Ziel weiterbewegte – in das Altenheim hinein.

Ich fand mich in einem großen Aufenthaltsraum wieder. An den Wänden standen Stühle, Sofas und niedrige Tische mit Zeitschriften, den aktuellen Tageszeitungen und Lampen, die warmes Licht spendeten. Geschmackvolle Bilder hingen an den Wänden. Am bemerkenswertesten fand ich jedoch die zehn Personen, die statuengleich in ihren Sesseln saßen. Irgendwann hatte ich einmal jemanden von einem Wachsmuseum reden hören – genau so stellte ich mir die Figuren dort vor. Einige hatten den Kopf auf der Rückenlehne des Sessels abgelegt, anderen war er zur Seite gekippt. Wieder andere starrten teilnahmslos ins Nichts. Sie regten sich kaum.

Als ich mich weiter umsah, fiel mir nur eine Frau auf, die nicht im Halbschlaf dahindämmerte. Geeta saß ganz alleine da und bewegte den Mund, als würde sie mit jemandem sprechen. Doch es war kein Laut zu hören.

Christopher – ein großer Mann mit einem weißen Haarschopf – bemerkte mich als Erster. »Eine Katze!«, rief er so begeistert aus, als hätte soeben die Königin von Saba höchstselbst den Raum betreten.

Christopher hatte mehr oder weniger ein ganzes Sofa für sich allein in Beschlag genommen. Da ich nicht hinausgeworfen werden wollte, ohne mich gründlich umgesehen zu haben, belohnte ich seine Begeisterung, indem ich hinüberlief und zu ihm aufs Sofa sprang. Ohne zu zögern, streckte er die Hand aus und streichelte mich kichernd.

»Ach, das bringt Erinnerungen zurück!«, sagte er mit brüchiger Stimme, von Gefühlen überwältigt. »Unser Jack ist vor mehr als zwanzig Jahren gestorben. Seither habe ich keine Katze mehr gestreichelt …«

Ich sah ihn mit meinen großen, saphirblauen Augen an und bemerkte, dass sich seine mit Tränen füllten. Seine großen, von Altersflecken übersäten Hände zitterten, und sein Jackett mit den ausgefransten Ärmeln hatte auch schon bessere Zeiten gesehen.

Normalerweise hätte ich mich schnell wieder aus seinen Armen gewunden, doch er streichelte mich mit solcher Gemütsregung, dass ich unwillkürlich an Geshe-las Lektion von letztem Dienstag erinnert wurde. Und daher dachte ich: *Möge diese Handlung Ursache meiner vollständigen Erleuchtung um aller Lebewesen willen sein.* Ein Gedanke, bei dem mir die Behandlung, die mir soeben widerfuhr, sofort um einiges angenehmer vorkam, liebe Leser. Ich schmiegte mich sogar an ihn und schnurrte.

»Ach, ein richtiger Engel!«, verkündete Christopher.

Auch die anderen erwachten nun aus ihrer Lethargie. Mehrere versuchten, mich mit Handbewegungen und Zungenschnalzen zu sich zu locken. Ich rieb mich noch einmal an Christophers Brust und seinem Arm, wobei ich die Haare meines cremefarbenen Fells großzügig darauf verteilte, dann verließ ich das Sofa und kehrte auf den Teppich zurück.

Die anderen Heimbewohner riefen nun noch lauter und winkten energischer. Ich entschied mich für eine muntere Frau im Rollstuhl, die auf ihren Schoß klopfte. Aufgrund meiner schwachen Hinterbeine kann ich nicht besonders gut springen, doch Yvette war so begeistert von mir, dass sie die mangelnde Anmut gar nicht bemerkte. Sie streichelte mich eifrig. »Ach, nun sieh sich einer diese Augen an«, säuselte sie.

Weitere alte Damen standen auf und humpelten zu mir herüber. Die Hände mit den vielen Ringen, der schlechte Atem und die allgemein stickige und nach Medikamenten riechende Luft waren alles andere als angenehm. Doch wie schon auf dem Sofa des Alten wiederholte ich die Bodhichitta-Motivation: *Möge diese Handlung Ursache meiner vollständigen Erleuchtung um aller Lebewesen willen sein.* Und wieder kam es mir gar nicht mehr so schlimm vor, zum Zentrum der Aufmerksamkeit erklärt und geknetet und gedrückt zu werden.

Und Aufmerksamkeit erregte ich, so viel war sicher. Ein Bewohner verkündete, dass ich ganz ohne Frage der Höhepunkt des Tages sei. Ach was, wies ihn ein weiterer schnell zurecht – der Woche! Vielleicht sogar des Monats! Das Interesse, die Freude und Begeisterung im Raum waren deutlich zu spüren. Jetzt saß keiner mehr herum wie eine Wachsfigur. Alle hatten nur noch Augen für mich.

Ich verließ Yvettes Rollstuhl und gesellte mich zu mehreren Senioren auf einem Sofa – fest entschlossen, mich an jeden Anwesenden zu schmiegen und dabei die Bodhichitta-Motivation zu wiederholen. Hatte Geshe-la nicht gesagt, dass sich diese Absicht umso stärker in unseren Gedanken festsetzt, je öfter wir sie wiederholen? Aus der Maske wird die Person selbst. Buddhistische Psychologie. Noch während ich die Absicht wiederholte, spürte ich, dass ich mehr tun wollte. Hätte ich mich doch nur vervielfältigen können, um mich um jeden Einzelnen zu kümmern.

Einer Legende zufolge war Avalokiteshvara, der Buddha des Mitgefühls, kurz davor, das Nirwana zu erreichen, als er sich umsah und ein Kaninchen in Nöten erblickte. Er brachte es nicht über sich, das Tier weiter leiden zu lassen, und so sagte er Amitabha Buddha, dass er zurückkehren und dem Kaninchen helfen musste. Dabei bemerkte Amitabha, dass es im Samsara viele leidende Wesen gab. Um Avalokiteshvara bei seinem Vorhaben zu unterstützen, verlieh ihm Amitabha tausend Hände und Arme.

Hätte ich in diesem Moment doch nur tausend Pfoten und flauschige Schwänze gehabt!

Während ich meine Runde drehte, bemerkte ich eine blasse, ausgezehrte Frau, die ganz allein in einem Sessel in einer Nische saß. Sie hatte Luftschläuche in der Nase und schien kaum noch die Kraft aufzubringen, ihren Kopf zu heben. Ihre Hände hingen schlaff an den Seiten herab, doch ihre freundlichen, interessierten Augen waren auf mich gerichtet.

Ich lief zu ihr hinüber und sprang auf das Kissen neben ihr. Sie trug nur einen dünnen Morgenmantel. Ihre Arme waren spindeldürr, die Wangen eingesunken. Auf ihrer Stirn zeichneten sich deutlich die Adern unter der Haut ab. Doch als sie mich mit dankbarer Herzlichkeit anblickte, änderte sich ihre Miene, und durch ihr Lächeln war sie wie verwandelt.

Sie hob einen Arm und streichelte mich. Ich schnurrte wohlig und so laut ich konnte, während ich erneut die

Bodhichitta-Motivation wiederholte. Dabei lauschte ich den Kommentaren der Umstehenden.

»Sie hat seit Monaten nicht gelächelt«, sagte eine Stimme.

»Ich hätte nicht gedacht, dass sie ihre Hände überhaupt noch bewegen kann«, warf eine zweite ein.

»Sie hat immer über ihre Katzen gesprochen, als wären es ihre Kinder«, fiel einer dritten ein.

So ging es immer weiter, und es wurde immer lauter im Aufenthaltsraum, bis eine weitere Stimme den Lärm übertönte – eine klare, etwas jüngere, aber sehr durchsetzungsfähige Stimme.

»Wir haben Besuch?« Ich sah eine matronenhafte Altenpflegerin in weißer Uniform, die mich mit kühlem Blick musterte.

»Sehen Sie sich mal Hilda an!«, rief ein Heimbewohner. »Wir wussten gar nicht, dass sie ihre Arme noch bewegen kann.«

»Das Tier sollte nicht so nahe bei ihr sein.« Die Pflegerin kam immer näher heran »Sie hat bereits Atembeschwerden. Sie könnte einen allergischen Schock bekommen!«

»Sie ist Katzen gewohnt. Sie hatte jahrelang welche«, warf eine zitternde Stimme ein.

»Sie liebt Katzen!« Christopher sprach das Offensichtliche aus.

»Aber diese kommt doch ... direkt von der Straße«, sagte die Pflegerin und deutete auf die offen stehende Tür. »Sie könnte alle möglichen Krankheiten mit sich herumschleppen.«

Ich warf ihr einen herrischen, gebieterischen und gleichzeitig vernichtenden Blick zu. Krankheiten? Ich? Sie wusste wohl nicht, wen sie hier vor sich hatte.

»Hier geht es ja hoch her!«, stellte eine weitere Stimme fest. Sie gehörte einem Mann mit einem Stethoskop um den Hals, der den Raum durch denselben Flur betrat wie die Pflegerin vorhin. Er warf uns einen Blick zu. »Verstehe«, sagte er.

»Es ist sicher besser, wenn wir das Tier entfernen«, sagte die Pflegerin.

»Wie kommen Sie denn auf die Idee, Mrs. Chapman?«

»Nun ja … der Asthmakranken wegen.«

Der Mann sah sich mit liebenswürdigem Blick um. »Hat hier jemand eine Katzenallergie?«

»Ja, ich!«, sagte die Pflegerin.

»Ich meinte eigentlich die Bewohner. Ihnen kann ich bei Bedarf gerne ein Antihistaminikum verschreiben.«

In der Vergangenheit war mir erst eine einzige Person mit einer Katzenhaarallergie begegnet. Die allerdings hatte mir das Leben sauer gemacht und sogar versucht, mich aus dem Himalaja-Buchcafé zu verbannen. Doch so weit war es dank der Geistesgegenwart des Oberkellners Kusali nicht gekommen. Trotzdem – seither hegte ich katzophoben Menschen gegenüber ein gesundes Misstrauen.

»Hilda hat bereits Atembeschwerden«, bemerkte die Pflegerin.

»Aber sehen Sie sich die Frau doch an«, sagte der Arzt. »Sie ist wie verwandelt.«

Mrs. Chapman legte den Kopf schief. »Ja.« Allmählich wurde ihr klar, dass sie auf verlorenem Posten stand. »Sieht wohl so aus.«

»Haustiere können eine sehr segensreiche therapeutische Wirkung haben. Freuen Sie sich nicht alle über unseren Gast?«, fragte er in die Runde.

Er erntete begeisterte Zustimmung.

Ich hatte zwar noch nicht viel Zeit auf Hildas Stuhl verbracht, doch ich spürte, dass sie müde wurde. Ich sprang herunter und lief durch den Raum zur Tür. Unter dem enttäuschten Seufzen der Heimbewohner entschwand ich ebenso unvermittelt und geheimnisvoll, wie ich gekommen war.

Ich stattete dem Altenheim einen weiteren Besuch ab, liebe Leser. Nicht an demselben Tag, noch nicht mal in derselben Woche. Doch als ich in der darauffolgenden Woche auf meiner Fensterbank lag, roch ich abermals den unverwechselbaren, verführerischen Duft der Katzenminze. Da es ein wunderschöner, klarer Vormittag war, beschloss ich, dem Garten einen weiteren Besuch abzustatten. Erneut amüsierte ich mich prächtig und bemerkte dabei auch wieder die alten Leute auf der Terrasse.

Diesmal erfolgte ihre Reaktion weitaus schneller und begeisterter. »Sie ist zurück!«, rief ein Mann mit leuchtenden Augen, als ich noch halb in den Schmucklilien steckte. »Da drüben!« Er deutete auf mich.

Nur Augenblicke später versuchte jeder auf der Terrasse, mich zu sich zu locken. Ich ging von einem zum anderen, schmiegte mich innig an jedes Bein und wiederholte dabei meine Bodhichitta-Motivation. Dann entstand eine Unruhe im Aufenthaltsraum, als sich die alten Leutchen aus den Sesseln erhoben und auf den Weg zur Terrasse machten.

Ich ersparte ihnen die Mühe, indem ich ihnen entgegenkam. Von allen Heimbewohnern wollte ich ganz besonders eine wiedersehen, und die war nicht auf der Terrasse. Ich schlich durch die Tür, sah mich um, genoss das strahlende Lächeln und die winkenden Arme, die freudigen und sogar flehentlichen Rufe.

Sie saß an genau derselben Stelle wie beim letzten Mal, reglos und offensichtlich auch nicht mehr in der Lage zu sprechen. Und doch war ihr Blick erneut voll warmer Zuneigung. Ich steuerte direkt auf sie zu.

»Ach, Hilda ist die Glückliche«, rief Yvette ohne den kleinsten Funken Missgunst, als freute sie sich insgeheim über die Richtung, die ich eingeschlagen hatte.

»Genau wie beim letzten Mal«, sagte eine andere.

»Da hat sie sich von allen streicheln lassen«, bemerkte eine Dritte.

»Wer? Hilda?«, fragte ein Mann mit gespielter Ahnungslosigkeit.

»Christopher, du Frechdachs«, ermahnte ihn jemand.

Und so wechselten die schlagfertigen Bemerkungen hin und her, während ich zu Hilda hinaufsprang und schnurrte, als sie mich streichelte. Ich stieß leicht mit dem Kopf gegen ihr Herz, sah ihr dann in die Augen und spürte, wie sehr sie den Kontakt mit einer Katze vermisst hatte und wie überaus erfreut sie über meinen Besuch war. Und währenddessen wiederholte ich ständig meine Bodhichitta-Motivation.

Als ich meine Runde drehte, erkannte ich gewisse Bewohner an dem Stoff der Kleidung, die sie trugen, am Klirren eines Armbands oder einem bestimmten Gesichtsausdruck. Wieder nahm ich sie nicht als anonyme Gruppe, sondern als Individuen wahr. Ich spürte, was jeder von ihnen fühlte, wenn er mich auf dem Schoß hatte, mein Fell an seinem Arm spürte, mich schnurren hörte, und ich begriff, welch große Freude ich ihnen allen bereitete. Und dabei, liebe Leser, überkam mich selbst auch eine tiefe Glückseligkeit, die von ganz anderer Natur war als die Freude über die Katzenminze, die einem das Wasser im Mund zusammenlaufen und die Haut kribbeln lässt. Nein, es war das Gefühl tiefen Wohlbefindens, das sich einstellt, wenn man gibt und nicht nimmt. Wenn man sich den Herzen und Köpfen der anderen in Liebe verbunden fühlt.

Doch nicht jeder im Altenheim war bereit für eine solche Verbindung. Noch nicht, zumindest. Es dauerte nicht lange, da kam Mrs. Chapman, um nach der Ursache der Unruhe zu sehen. Sobald sie mich erblickte, hatte sie ihre Antwort. Sie brachte es zwar nicht über sich, mich vom Schoß einer im Rollstuhl sitzenden Dame zu entfernen, besonders begeistert über meinen Anblick war sie aber auch nicht.

Dies änderte sich erst, als ich mich Christopher zuwandte. Der »Frechdachs« war etwas jünger als die anderen und hatte ein schelmisches Funkeln in den Augen.

Als ich auf seinen Schoß sprang, bemerkte ich kleine Farbflecken auf seiner Cordhose. Seinen Fingern haftete ein starker, aber nicht unangenehmer Geruch an, den ich schon bald erkannte: Ölfarbe.

Die Pflegerin sah nach ihren Schützlingen auf der Terrasse, während sich das muntere Treiben im Aufenthaltsraum fortsetzte. Kurz darauf betrat eine weitere Frau den Raum. Sie wirkte fröhlich, strahlte aber auch eine gewisse Strenge aus. Schnell hatte sie herausgefunden, wer für die Aufregung verantwortlich war, und kam auf mich zu.

»Also du bist das also. Von dir habe ich schon so viel gehört!«, rief sie, ging in die Hocke und streichelte mich. »Wirklich wunderschön. Sicher eine Rassekatze«, bemerkte sie.

Die Pflegerin war zurück und blickte über die Schulter der Frau.

»Sie hat richtig Leben in die Bude gebracht. So aus dem Häuschen waren die Bewohner noch nie.«

»Mrs. Chapman hat sie für uns aufgetrieben.« Christopher sah mit einem Funkeln in den Augen zur Pflegerin auf. »Das ist eine Therapiekatze.«

»Gute Idee, Claire!« Die Frau wandte sich zur Pflegerin um. »Eine echte Bereicherung. Ich hoffe, dass wir unsere vierbeinige Besucherin in Zukunft noch öfter begrüßen dürfen.«

Eine unerwartete Wendung, doch Mrs. Chapman strich nur zu gerne die Lorbeeren ein. »Sehr gern«, sagte sie. »Sie ist hier jederzeit willkommen.«

Mehrere Wochen später saß ich auf meiner Fensterbank, während der Dalai Lama, Tenzin und Oliver ihre Tagesabschlussbesprechung abhielten.

»Gibt es noch etwas Neues?«, fragte Seine Heiligkeit, nachdem die offiziellen Angelegenheiten abgehandelt waren.

Die drei Männer lehnten sich zurück. »Ja, es gibt eine Neuigkeit, was ein bestimmtes Mitglied Eures Haushalts angeht«, sagte Oliver belustigt.

»Ach ja?« Der Dalai Lama blickte mal wieder verschmitzt drein.

»Vor ein paar Tagen habe ich Marianne Ponter in der Stadt getroffen – Ihr wisst schon, die Leiterin des Altenheims gleich in der Nähe.« Er deutete mit dem Kopf in die entsprechende Richtung.

»Aber natürlich.«

»Sie hat mir von einer großen Neuerung dort erzählt. Seit Jahren versuchen sie schon, das Interesse der Heimbewohner zu wecken, Konversation und Aktivität zu fördern.«

»So bleibt man jung«, bemerkte Seine Heiligkeit.

»Ganz genau.« Oliver nickte. »Sie haben alles Mögliche ausprobiert. Brettspiele, Computerspiele, Ausflüge, Tai-Chi. Doch nichts war annähernd so effektiv wie die Besuche einer Therapiekatze.«

Der Dalai Lama und Tenzin sahen sich ratlos an.

»Angeblich ist das heutzutage das Mittel der Wahl in solchen Einrichtungen. Wenn die Bewohner Katzen oder Hunde haben, mit denen sie spielen können, erfüllt das das ganze Heim mit neuem Leben.«

Seine Heiligkeit und Tenzin nickten. »In Gegenwart unserer Haustiere«, bemerkte der Dalai Lama, »können wir ganz wir selbst sein. Wir müssen niemandem etwas vormachen.«

»Sie erinnern uns an unsere Kindheit«, fügte Tenzin hinzu.

»Marianne zufolge ist diese Therapiekatze ein ganz besonders hübsches Exemplar. Angeblich hat sie große blaue Augen und ein kohlschwarzes Gesicht. Und sie humpelt leicht.«

Alle drei wandten sich zu mir um.

»Marianne sagt, dass sie ausgezeichnet mit den Patienten arbeitet, insbesondere mit den gebrechlicheren. Eine Bewohnerin beispielsweise hat sich seit Wochen kaum bewegt, brachte aber genug Energie auf, um die Therapiekatze zu streicheln.«

»Therapiekatze.« Nun hatte auch Seine Heiligkeit den neuen Titel ausgesprochen. Er sah mich an. »Wir Buddhisten können natürlich auch einfach Bodhikatzva sagen.«

Die Männer lachten.

»Es freut mich, dass sie eine Quelle der Liebe und des Mitgefühls ist«, fuhr der Dalai Lama fort. »Wenn dies vom Bodhichitta motiviert ist, dann stellt es eines der wichtigsten Elemente unserer Praxis dar.«

»Ein weiteres der vier Elemente, die Ihr bereits erwähnt habt.« Damit schlug Oliver den Bogen zu dem Gespräch, das sie vor nicht allzu langer Zeit geführt hatten.

»Ah, richtig«, sagte Seine Heiligkeit lächelnd. »Die vier Geheimnisse des Glücks.«

Kurz darauf verabschiedeten sich die Assistenten. Seine Heiligkeit kam zur Fensterbank herüber, und wir genossen eine Weile lang in Stille die Gesellschaft des anderen. Er musste mir weder zu meinem erleuchteten Handeln gratulieren noch mich zu größeren Anstrengungen ermutigen. So gering mein Beitrag auch gewesen sein mochte – ich hatte am eigenen Leib das herzerwärmende Gefühl erfahren, das sich bei der Ausübung von Bodhichitta einstellt. Selbst wenn es am Anfang tatsächlich mehr Schein als Sein gewesen sein mochte, waren die Resultate durchaus spürbar. Warum sollte ich also damit aufhören wollen?

»Und damit kommen wir zum zweiten Element, an das wir erinnert werden, wenn wir einen Buddha sehen ...«, sagte der Dalai Lama lediglich und betrachtete den Wandbehang, auf dem Shakyamuni Buddha abgebildet war. »Siehst du auch genau hin, meine kleine Schneelöwin?«

Und wie ich hinsah. Ich suchte verzweifelt nach den vier Elementen. Doch ich konnte immer noch nichts erkennen.

Am nächsten Morgen stattete ich dem Altenheim einen weiteren Besuch ab. Diesmal ließ ich sogar die Katzenminze links liegen, stattdessen lief ich schnurstracks über den Rasen und den Steingarten hinauf. Dann zwängte ich mich durch die Schmucklilien und stand auf der Terrasse, wo ich wie ein geliebter Freund begrüßt wurde.

Sobald ich den Aufenthaltsraum betreten hatte, suchte ich Hilda und ließ mich auf der Armlehne ihres Sessels nieder. Sie streichelte mich. »Schätzchen«, sagte sie plötzlich laut und deutlich.

Zu behaupten, dass daraufhin alle in helle Aufregung gerieten, wäre noch maßlos untertrieben, liebe Leser. Es war das erste Wort, das Hilda in mehr als zwei Jahren gesprochen hatte!

Als ich das Altenheim wieder verließ, war ich bester Laune. Nicht nur, weil ich die zweite Pfote auf den Pfad zum spirituellen Glück gesetzt hatte. Nein, ich freute mich auch noch auf etwas anderes.

Anstatt zum Namgyal-Kloster zurückzukehren, wandte ich mich in die entgegengesetzte Richtung und lief weiter die Straße entlang, bis ich den Stadtrand erreichte. Der Weg war von hohen Kiefern gesäumt, alles war mit üppigem Grün bewachsen. Über breite Einfahrten gelangte man zu den Anwesen, die so weit von der Straße abgesetzt waren, dass ich nur einen Giebel hier und ein Dach dort erkennen konnte.

Tara Crescent Nummer 21 war zu einem meiner Lieblingsplätze auf der ganzen Welt geworden. Als ich dort ankam, eilte ich direkt die Einfahrt hinunter. Hier wohnten Serena, ihr Mann Sid und Zahra, Sids Tochter aus erster Ehe.

In der Küche im Namgyal hatte ich mehrere Gesprächsfetzen zwischen Mrs. Trinci und Serena aufgeschnappt und daraus geschlossen, dass das Schuljahr vorbei war und Zahra vor zwei Tagen aus dem Internat gekommen war. Dabei hätte ich sie nicht einmal belauschen müssen, ich hätte es auch so gespürt. Meine katzeneigene Intuition hätte mich auf diese Veränderung, diesen Energieschub aufmerksam gemacht, und es hätte mich wie magnetisch die Straße hinauf zu der Villa gezogen, die ich zum ersten Mal betreten hatte, als die Renovierungsarbeiten noch in vollem Gange gewesen und Sid und Serena noch nicht eingezogen waren.

Die Auffahrt machte eine Kurve, und zum ersten Mal seit Monaten erblickte ich das Haus, einen weitläufigen Bungalow mit Souterrain, der vollständig von einer breiten Veranda umgeben war. Einen ganz besonderen Blickfang stellte jedoch der efeubewachsene Turm dar, der zwei Stockwerke hoch über dem Nordflügel des Hauses aufragte. Ganz oben befand sich ein Raum mit großen Panoramafenstern in alle vier Himmelsrichtungen.

Dieser Raum gehörte Zahra und mir – der ideale Ausguck, um die Sonne, den Mond, die Sterne und die schneebedeckten Gipfel des Himalaja zu betrachten. Hier hatten wir es uns zu allen Tages- und Jahreszeiten bequem gemacht und schöne gemeinsame Stunden verbracht, und von hier konnten wir nicht nur wie Devas aus den höheren Daseinsebenen die Welt von oben betrachten, sondern auch den Duft der Himalajakiefern und Wildblumen genießen, der durch die geöffneten Fenster strömte. In Kombination mit den Glocken und dem Gesang, die vom weit entfernten Namgyal-Kloster zu uns drangen, entstand eine ganz besondere Atmosphäre. Ich konnte es kaum abwarten, heute mit Zahra im Turmzimmer zu sitzen.

Auf der Hälfte der Auffahrt hörte ich bereits ihr charakteristisches Lachen aus dem Haus schallen und beschleunigte meinen Schritt. Wenn sie aus dem Internat nach Hause kam, fiel unser Wiedersehen immer ganz besonders fröhlich aus. Voller Vorfreude lief ich über den Rasen neben der mit Schotter bedeckten Auffahrt.

Das Haus war nicht mehr weit, da blickte ich auf und sah ihn – den grausamen Kater, der mich vor mehreren Wochen vor Mr. Patels Laden angegriffen hatte! Ich erkannte den großen, muskulösen Körper sofort. Sein Gesicht konnte ich nicht sehen, da er sich im Sonnenschein zusammengerollt hatte und döste. Mitten auf dem Verandatisch. Als wäre er hier zu Hause.

Viertes Kapitel

Wie angewurzelt blieb ich stehen. Ich traute meinen Augen kaum.

Da fläzte sich dieser Kater faul in der Morgensonne. Seine Vorderpfoten hingen über die Kante des Holztisches, und mit den geschlossenen Augen sah er aus wie die Familienkatze. Der Herr des Hauses. Der König in seinem Reich.

Ich weiß nicht, wie lange ich wie gebannt dastand und ihn anstarrte. Jeden Augenblick konnte der Unhold die Augen öffnen, und dann würde er mich unweigerlich erblicken und mir hinterherjagen.

Gleichzeitig hoffte ich inständig, dass etwas geschehen würde, um mich aus dieser misslichen Lage zu befreien – dass beispielsweise Zahra aus dem Haus treten und der grässlichen Scharade ein Ende machen würde.

Plötzlich landete etwas lautstark neben mir auf dem Rasen. Ein Erdklumpen, der unmittelbar in meiner Nähe in tausend Krümel zersprang! Kaum hatte ich mich berappelt, rauschte auch schon das nächste Geschoss heran und verfehlte nur knapp meine Pfote.

Ich blickte auf. Ein Gärtner in Arbeitskluft stand auf der anderen Seite des Rasens und holte mit dem Arm aus, um erneut mit Dreck nach mir zu werfen!

Meine Instinkte gewannen die Oberhand. Ich machte kehrt und trat den Rückzug an. Ein direkter Treffer wäre fatal – er konnte mich von meinen schwachen Hinterbeinen holen oder womöglich sogar ganz außer Gefecht setzen.

Ein weiterer Erdklumpen explodierte neben mir. Ich lief schneller als jemals zuvor in meinem Leben, schneller, als ich es je für möglich gehalten hätte. In diesem verrückten, nervenzerreißenden Augenblick war keine Zeit zum Innehalten, keine Zeit, um einen klaren Gedanken zu fassen. Ich kannte nur noch Furcht und den überwältigenden Drang zur Flucht.

Der Gärtner verfolgte mich nicht. Je weiter ich mich von ihm entfernte, desto weniger Wurfgeschosse feuerte er auf mich ab. Erst als ich mich der Kurve in der Einfahrt näherte, hinter der das Haus außer Sicht geriet, wagte ich einen Blick über die Schulter. Der Gärtner hatte sich nicht von der Stelle bewegt, aber den Arm drohend zum Wurf gehoben.

Mir entging allerdings nicht, dass der Kater nun aufrecht auf dem Verandatisch saß und mich genau beobachtete. Meinen Rückzug mit jenen boshaften gelben Augen verfolgte.

Ich hielt erst inne, als ich die Straße erreicht und meinem Instinkt gehorchend unter den Kiefern Schutz gesucht hatte. Nur langsam machte sich die Erkenntnis in mir breit, dass ich vorerst außer Gefahr war.

Dann lief ich weiter, etwas langsamer als zuvor, aber doch schneller als gewöhnlich. Aufgewühlt und durcheinander irrte ich ziellos durch die Gegend. Was nun? Die schreckliche Entdeckung vor Serenas Haus hatte mich völlig aus der Bahn geworfen. Ich war verängstigt, irritiert und mit meinen Nerven am Ende.

Ich lief weiter, bis ich den Garten neben dem Altenheim passierte. Dann kam der Zaun des Namgyal-Klosters in Sicht. Das Adrenalin, das durch meinen Körper kreiste, versetzte mich in eine innere Unruhe, die es mir unmöglich machte, irgendwo zu verweilen. Instinktiv und ohne Plan lief ich am Kloster vorbei und den Hügel hinunter.

Da es auf Mittag zuging, war es wohl die Macht der Gewohnheit, die mich an den Läden vorbei und zu einem ganz bestimmten Ort führte, an den man bei einer aus geselligem Murmeln bestehenden Hintergrundmusik und einem leckeren Happen der gerade aktuellen *plat du jour* so richtig abschalten konnte. Dieser Ort, liebe Leser, war natürlich das Himalaja-Buchcafé.

Als ich dort eintraf, herrschte Hochbetrieb. So gut wie alle Tische waren mit Mittagsgästen besetzt. Immer noch etwas durcheinander schlüpfte ich durch die Schwingtür mit den Messinggriffen. Zur Rechten, wo die Wände reich mit Brokatthangkas geschmückt waren, befand sich der Essbereich mit Korbstühlen und weißen Tischdecken. Zur Linken führten hinter dem kunstvoll geschnitzten Empfangspult aus Teakholz mehrere Stufen zum gut sortierten Buchladen hinauf. Unter besagtem Pult dösten Francs treu ergebene Hunde in ihren Körben – die

Französische Bulldogge Marcel und der Lhasa Apso Kyi Kyi. Wir begrüßten uns, und sobald sich unsere feuchten Nasen berührten, kehrte ich ins Hier und Jetzt zurück und konnte zumindest etwas Abstand zu meinem soeben erlittenen Trauma gewinnen.

Ebenfalls aus Gewohnheit näherte ich mich dem Zeitschriftenregal neben der Treppe, die zum Buchladen führte, und kletterte auf das oberste Brett, wo ich zwischen der *Vogue* und der *Vanity Fair* zu thronen pflegte. Das war mein Stammplatz, von dem aus ich in den letzten sieben Jahren das Treiben im Café beobachtet hatte und auf dem mich unzählige Touristen fotografiert hatten. Selbst an einem so angenehmen und sicheren Ort, an dem ich zu meiner Freude stets bewundert wurde, fiel es mir heute schwer, zur Ruhe zu kommen. Jetzt, wo keine unmittelbare Gefahr mehr drohte, ereilte mich eine bittere Erkenntnis: Ich war bei Serena nicht länger willkommen.

Serena und Sid hatten den Kater adoptiert oder zumindest in ihr Haus aufgenommen. Und ganz offensichtlich hatten sie ihr Personal angewiesen, alle anderen Katzen sofort zu vertreiben. So viel also zu der innigen freundschaftlichen Verbindung, die ich immer zu den dreien verspürt hatte. Eine Verbindung, von der ich bis eben geglaubt hatte, dass sie auf Gegenseitigkeit beruhte.

Serena hatte nichts von der neuen Katze in ihrem Leben erzählt. Andererseits belauschte ich nicht jedes einzelne Gespräch, das sie führte. Bedeutete dies, dass ich niemals wieder jenes schöne Haus, jenen Turm zwischen Sonne, Mond, Bergen und Sternen betreten würde? Dass ich niemals wieder Zahras Gesellschaft genießen, niemals wieder gemeinsam Zeit mit Nichtstun verbringen, niemals wieder die sorglose Wärme unserer so unerklärlich tiefen Verbindung spüren würde?

Dem Schock folgte ein Gefühl von Leere und Verlust, das mich ins tiefste Unglück gestürzt hätte, wäre in diesem Augenblick nicht Kusali, der Oberkellner, erschienen und hätte mir mit seiner üblichen Effizienz einen kleinen Teller mit Fisch in Käsesoße gebracht – als Tagesgericht gab es heute köstlich würzigen, cremigen Fish Pie. Sobald mir der Duft in die Nase stieg, bekam ich großen Hunger. Alle Sorgen waren wie weggeblasen, als ich den Kopf senkte und mich mit großem Appetit über den Fisch hermachte.

Wir Katzen pflegen mehrmals am Tag mausgroße Mahlzeiten zu uns zu nehmen. Zugegeben, die Portionen im Himalaja-Buchcafé waren normalerweise etwas mehr als mausgroß und ähnelten vom Volumen oft dem einer relativ fetten Ratte. Nachdem ich mich nach dem Genuss des Fish Pies ausgiebig gesäubert hatte, überkam mich nicht zuletzt eine den Anstrengungen des Vormittags geschuldete Erschöpfung, gepaart mit einem angenehmen Sättigungsgefühl. Ja, es war definitiv Zeit für eine Siesta. Ich faltete fein säuberlich die Pfoten unter meinen Körper, nahm, wie Ludo es wohl ausgedrückt hätte, die »Croissant-Haltung« ein und ließ mich vom Schlaf übermannen.

Als ich wieder aufwachte, herrschte im Café die übliche Ruhe nach dem Trubel der Mittagszeit. Da hörte ich eine Unterhaltung hinter mir, wo zwei um einen Beistelltisch gruppierte Sofas eine Sitzecke bildeten, von der aus man sowohl den Buchladen als auch das Restaurant überblicken konnte. Ich erkannte die Stimmen von Franc, Bronnie (Sams Frau) und Angie (der neuen Verkäuferin, die Sam kürzlich eingestellt hatte). Als der Name »Mrs. Williams« fiel, spitzte ich die Ohren.

Mrs. Williams hatte einen Ruf wie Donnerhall, obwohl sie selbst noch keinen Fuß in das Himalaja-Buchcafé gesetzt hatte. Alles hatte vor wenigen Wochen mit Sam und Bronnies Umzug seinen Anfang genommen. Die beiden hatten sich nach einer größeren Wohnung mit Gästezimmer umgesehen, damit sie Familie und Freunde einquartieren konnten, doch wie den meisten jungen Paaren fehlte es auch ihnen an Geld. Daher konnten sie ihr Glück gar nicht fassen, als sie eine helle, geräumige Dreizimmerwohnung fanden – mit Panoramafenster im Wohnzimmer, von dem man einen fantastischen Ausblick auf den Himalaja hatte, und das alles für einen mehr als fairen Preis. Dass die Miete so niedrig war, machte sie nicht stutzig – im Gegenteil: Sie konnten es kaum erwarten, den Vertrag zu unterzeichnen, mit dem sie sich verpflichteten, die Wohnung für die nächsten zwölf Monate zu mieten.

Sie ahnten nichts von der Mieterin der Erdgeschosswohnung. Als ihnen der Makler die Wohnung zeigte, erhaschten sie einen kurzen Blick auf einen hochgewachsenen jungen Mann, der den Gemeinschaftsflur im

Erdgeschoss betrat. Sie hatten angenommen, dass er allein oder mit einer Freundin oder Lebenspartnerin dort wohnte, und nicht weiter darüber nachgedacht. Warum auch? Sie waren geistig schon vollauf mit der Möblierung ihrer gemütlichen neuen Wohnung beschäftigt. Welcher Raum sollte das Schlafzimmer, welcher das Gästezimmer sein? Sie sahen sich schon köstliche Mahlzeiten vor dem offenen Panoramafenster einnehmen, während sich im Hintergrund die Sonne über die atemberaubenden Berggipfel senkte.

Der Umzug selbst war eine anstrengende und langwierige Tätigkeit, die mehrere Fahrten, das Schleppen schwerer Möbel und blank liegende Nerven beinhaltete. Schließlich brachen sie auf dem unbezogenen Bett – sie hatten keine Ahnung, in welchem Umzugskarton die Laken waren – zusammen und schliefen, bis sie ein durchdringender Gestank weckte. Zuerst vermuteten sie seinen Ursprung in der Küche, doch bald fanden sie heraus, dass er von unten zu ihnen heraufdrang. Wie sich herausstellte, war Mrs. Williams eine große Freundin des Kippers, einer intensiv riechenden britischen Variante des Räucherherings. Ihre Küche befand sich direkt unter der von Sam und Bronnie, und nichts hielt den Gestank und den Lärm, den sie dort produzierte, davon ab, nach oben zu steigen. Was auch immer Mrs. Williams in ihrer Küche zubereitete, roch man auch in der Wohnung darüber. Flucht stellte die einzige Möglichkeit dar, dem penetranten Geruch zu entgehen, und so blieb Sam und Bronnie nichts anderes übrig, als ihr Frühstück morgens vor der Arbeit im Himalaja-Buchcafé einzunehmen.

Als sie am ersten Tag in der neuen Wohnung von der Arbeit kamen – Sam aus dem Buchladen, Bronnie aus dem gemeinnützigen Bildungswerk, in dem sie tätig war –, ließ sich die Haustür, die in den gemeinsamen Flur führte, nicht öffnen. Oder nur teilweise. Irgendjemand hatte früher am Tag den Flur mit alten Möbeln und allem möglichen Kram vollgestellt: zwei ausgediente Fahrräder, ein Vogelbad aus Beton, ein rostiges Bettgestell, das hochkant an der Wand lehnte, und unzählige Kartons voller unidentifizierbarer, in Plastikfolie gewickelter Gegenstände. Sie mussten sich durch die Haustür, die nur einen Spalt weit aufging, und den engen Gang quetschen, der durch das Sammelsurium bis zur Wohnung im Erdgeschoss und der Treppe zu ihrem neuen Heim führte.

Bronnie und Sam gelangten schnell zu demselben Schluss: Die Nachbarn in der Wohnung unter ihnen zogen aus. Bedeutete das, dass sie nun Ruhe vor dem Kipper-Gestank hatten? Würde der neue Nachbar eine geringere olfaktorische Belastung darstellen?

Bronnie hatte für ihr erstes Abendessen in der neuen Wohnung etwas ganz Besonderes vorbereitet. Sie stellte Blumen auf den Tisch und zündete zwei Teelichter an. Sam legte leise, romantische Jazzmusik auf und schenkte ihnen Wein ein, und gemeinsam bereiteten sie das von ihnen so geliebte Wokgemüse zu. Als sie sich gerade zum Essen hingesetzt hatten, ging die Streiterei los. Die laute Stimme einer älteren Frau dröhnte mit der Plötzlichkeit eines Vulkanausbruchs los. Kurz darauf gab ein junger Mann ebenso lautstark Antwort. Bronnie und Sam wurden unfreiwillig Zeugen einer heftigen Auseinandersetzung.

Worum es genau ging, war unklar – die Stimmen waren zwar laut, aber die Worte dabei nicht zu verstehen. Sam und Bronnie hätten allerdings nur die Wohnungstür öffnen müssen, um alles so gut zu hören, als befänden sie sich mit den Streitenden im selben Raum. Doch am Lauschen hatten sie kein Interesse.

Das Wortgefecht wurde immer heftiger und drohte zu eskalieren. Die Frau schrie richtiggehend und bezeichnete den Mann als »Nichtsnutz«. Er brüllte zurück, dass sie ein »undankbares Miststück« sei, und machte auch sonst von Kraftausdrücken reichlich Gebrauch. Die Lautstärke stieg.

Sam blickte der verschreckten Bronnie in die Augen. »Soll ich …?«, fing er in demselben Augenblick an, als Bronnie »Könntest du mal nach unten gehen?« fragte.

Sam stand auf und ging zur Tür, als die Streitenden plötzlich verstummten. Das junge Paar nahm seine Mahlzeit in betretenem Schweigen ein.

Nun war es amtlich: Die Nachbarn, die unter Bronnie und Sam wohnten, kamen direkt aus der Hölle. Mehrere Tage später wurde klar, dass Mrs. Williams und ihr Sohn Barry trotz der vielen Sachen, mit denen sie den Flur zugestellt hatten, nicht daran dachten auszuziehen. Viel schlimmer: Sie waren Messies. Die Haufen im Flur wuchsen täglich, immer weitere in Tüten und Schachteln verpackte Gegenstände wurden auf die größeren Kartons getürmt. Als Sam Barry zum ersten Mal vor der Haustür begegnete, verlieh er seiner Besorgnis Ausdruck, dass der vollgestellte Hausflur im Brandfall ein Sicherheitsrisiko darstellen konnte. Barry forderte ihn auf, sich bitte um seine eigenen Angelegenheiten zu kümmern. Allerdings in weniger höflichen Worten.

Der Kipper kam drei- bis viermal die Woche auf den Tisch, was Sam und Bronnie verlässlich in die Flucht schlug. Auch die lautstarken Auseinandersetzungen fanden mit schöner Regelmäßigkeit statt. Sie stellten, mit Vorliebe nach Alkoholkonsum, die Lieblingsbeschäftigung von Mrs. Williams und ihrem streitlustigen Sohn dar. Als sie einmal noch spät in der Nacht keine Ruhe geben wollten, fühlte sich Sam bemüßigt, nach unten zu gehen, an ihre Tür zu klopfen und um Ruhe zu bitten. Dies hatte zwar den gewünschten Effekt, dafür fand er, als er am nächsten Tag nach Hause kam, einen Brief vor, den man ihnen unter der Tür durchgeschoben hatte. Es handelte sich um ein siebenseitiges, boshaftes Pamphlet über Meinungsfreiheit, das Recht auf eine lebendige Debattenkultur sowie eine längere Tirade auf die degenerierte Rebellenkolonie, die sich USA schimpfte.

In ihrer Not wandten sich Sam und Bronnie an den Hausverwalter, der sich jedoch nicht groß für ihre Probleme interessierte. Er erinnerte sie daran, wie günstig sie die große Wohnung mit Himalaja-Blick bekommen hatten, und vergaß auch nicht zu erwähnen, dass sie bei einem vorzeitigen Auszug die ersten sechs Monatsmieten zu bezahlen hatten – ob sie nun in der Wohnung wohnten oder nicht. Erst als sie ihm Fotos von dem vollgestopften Flur schickten und auf die Einschränkung des Fluchtwegs im Brandfall hinwiesen, schien er etwas zu unternehmen. Jedenfalls suchte sich Mrs. Williams daraufhin einen neuen Abstellplatz für ihren Krempel, wenn auch nicht für lange.

Sam und Bronnie waren mit ihrem Latein am Ende. Sie konnten es sich nicht leisten, sechs Monate lang doppelte Miete zu bezahlen. Aber allmählich entwickelten sie eine Abneigung dagegen, abends nach Hause zu kommen. Dass ihnen ein Nachbar erzählte, ihr Haus sei weit und breit berüchtigt, stellte nur einen schwachen Trost dar. Anscheinend hatte es einen so schlechten Ruf, dass die Wohnung im ersten Stock über ein halbes Jahr lang leer gestanden hatte, und auch zuvor hatte es niemand dort länger als ein paar Wochen ausgehalten. Eine Mieterin hatte sogar nach nur zwei Nächten das Weite gesucht.

Bronnie hatte es sich zur Angewohnheit gemacht, auf dem Nachhauseweg im Himalaja-Buchcafé vorbeizuschauen. Dort setzte sie sich in den Personalbereich hinter dem Zeitschriftenregal, bestellte etwas zu trinken und wartete, bis Sams Schicht im Buchladen zu Ende war – in letzter Zeit schien er ziemlich beschäftigt und ließ sich bei der Erledigung seiner Aufgaben alle Zeit der Welt, um den unvermeidlichen Augenblick, in dem sie sich auf den Nachhauseweg machten, so lange wie möglich hinauszuzögern.

An einem solchen Abend stattete Geshe Wangpo dem Himalaja-Buchcafé einen seiner seltenen Besuche ab. Der Respekt einflößende Lama hatte jede Menge Lehrverpflichtungen und viele Verwaltungsaufgaben, womit ihm nur wenig Freizeit blieb. Trotzdem hatte er sich in der Vergangenheit schon des Öfteren im Café blicken lassen.

Und jedes Mal hatten diese scheinbar so unverfänglichen Besuche einschneidende Auswirkungen auf zukünftige Ereignisse gehabt.

Bronnie und Sam saßen nebeneinander, aber in einigem Abstand auf der Bank und starrten geistesabwesend auf ihre Handys. Als sie aufblickten, sahen sie plötzlich Geshe Wangpo vor sich.

Sofort sprangen sie auf, um der Höflichkeit Genüge zu tun, doch der Lama bedeutete ihnen mit einer Handbewegung, sich wieder zu setzen.

Sie baten ihn zu sich, und er nahm auf der Bank gegenüber Platz. Da Geshe Wangpo kein Freund des Small Talks oder der belanglosen Plauderei war, dauerte es nicht lange, bis er herausgefunden hatte, warum sie hier im Halbdunkel saßen und auf ihre Handys starrten, anstatt die atemberaubende Aussicht auf die Gipfel des Himalajas durch die Panoramafenster ihrer Wohnung zu genießen.

Sie erzählten ihm von Mutter und Sohn Williams. Von den Auseinandersetzungen und Unhöflichkeiten. Vom Gestank und der Unordnung. Dass der Flur eines Tages unpassierbar sein würde und sie ihre Wohnung nicht mehr würden verlassen können.

»Wir können es uns nicht leisten, noch einmal umzuziehen«, fasste Sam ihre Notlage zusammen. »Aber das Leben dort …«

»Wir wollen das Richtige tun«, pflichtete Bronnie bei. »Aber was ist unter diesen Umständen das Richtige? Sollen wir die Polizei rufen, wenn sie das nächste Mal streiten? Den Rechtsweg einschlagen?«

»Wir bemühen uns, Bodhichitta zu praktizieren«, sagte Sam, der das Problem von der intellektuellen Warte aus angehen wollte. »Wird deshalb von uns erwartet, das einfach so sang- und klanglos hinzunehmen?« Er machte eine verzweifelte Miene und zuckte mit den Schultern. »Der Dharma hält mich zu Mitgefühl und liebender Güte an. Heißt das auch, dass alle anderen machen dürfen, was sie wollen? Bedeutet Bodhichitta, auf sich herumtrampeln zu lassen?«

Geshe Wangpo sah die beiden mit so unnachgiebiger Strenge an, dass sie sofort verstummten.

»Das bedeutet es nicht.« Seine Stimme war ruhig, sein Tonfall jedoch nachdrücklich. »Und Idiotenmitgefühl kommt auch nicht infrage.«

Sam und Bronnie starrten ihn wie hypnotisiert an. »Idiotenmitgefühl?«, fragte Sam schließlich.

Geshe Wangpo beugte sich vor. »Mitgefühl ohne Weisheit«, sagte er lapidar. Dann lehnte er sich wieder zurück und ließ sie einige Augenblicke über seine Worte nachdenken. »Ihr erinnert euch doch an den Wandbehang im Tempel, auf dem Lama Tsongkhapa abgebildet ist? Der mit dem gelben Hut?«

»Natürlich.« Da war Sam ganz in seinem Element. »Zusammen mit seinen beiden Schülern Gyaltsab Je und Khedrub Je.«

»Sehr gut.« Geshe Wangpo nickte. »Weißt du, welche Tugend Lama Tsongkhapa symbolisiert?«

»Die Weisheit?«, mutmaßte Sam.

»Und seine beiden Schüler?«

Da konnte Sam nur den Kopf schütteln.

»Sie stellen das Mitgefühl und die Macht dar«, sagte der Lama. »Diese drei gehören immer zusammen. Mitgefühl, Weisheit und Macht. Mitgefühl und Macht ohne Weisheit ergibt Idiotenmitgefühl. Mitgefühl und Weisheit ohne Macht dagegen erreicht gar nichts.« Er zuckte mit den Schultern. »Alle drei zusammen sind vonnöten.«

Mit gerunzelter Stirn bedachte Sam die Konsequenzen, die daraus folgten. »Ich verstehe noch immer nicht so richtig«, sagte er nach einer Weile, »was das mit unseren Nachbarn zu tun hat.«

Geshe-la spitzte die Lippen. »Momentan« – er sah Sam und Bronnie gleichmütig an – »habt ihr sehr wenig Macht. Wenig Einfluss. Wenn sich das ändert – und das kann schnell geschehen, besonders unter Nachbarn –, dann müsst ihr diese Macht mit Weisheit und Mitgefühl ausüben.«

Er lehnte sich wieder zurück.

»Und bis dahin können wir gar nichts tun?«, fragte Bronnie.

Der Lama sah sie mit mildem Lächeln an. »Bis dahin …«, sagte er, »passt gut auf euren kostbaren Schatz auf.«

Die beiden sahen ihn verwirrt an.

»Das Wichtigste an einem kostbaren Schatz ist, die betreffende Person als solchen zu erkennen. Wie viele eurer Freunde bieten eine ähnliche Gelegenheit, euch in Geduld zu üben, wie Mrs. Williams?«

Sie schüttelten den Kopf.

»Wie viele eurer Liebsten stellen euren Gleichmut auf ähnliche Weise auf die Probe?«

Sams Mund verzog sich zu einem Schmunzeln. Bronnie blickte weiter elend drein.

»In unserem Leben begegnen wir nur wenigen Menschen wie Mrs. Williams. Und wenn es so weit ist, ist es weise zu versuchen, diese Erfahrung anders zu bewerten und die Möglichkeiten zu erkennen, die so eine Situation bietet.«

»Und ich hatte gehofft, Ihr könntet irgendein Wunder bewirken, damit sie sich ändert«, sagte Bronnie.

»Was denn für ein Wunder?«, fragte Geshe Wangpo.

»Ich weiß auch nicht.« Bronnie schüttelte den Kopf. »Dass sie nach Australien zieht. Oder in einer Rauchwolke verschwindet.«

Geshe Wangpo quittierte diese nicht ganz ernst gemeinten Vorschläge mit einem Augenzwinkern. »Eine Rauchwolke.« Er nickte grinsend. »Das wäre in der Tat ein Wunder. Gelegentlich werden von den Lamas ja Wundertaten wie Gedankenlesen, in die Zukunft sehen und so weiter verlangt. Aber das ist nur Kinderkram. Unwichtig. Sein Herz zu ändern, *das* ist ein viel größeres Wunder. Aber das könnt nur ihr allein bewerkstelligen«, sagte er. »Aus meinen Vorträgen wisst ihr bereits« – er deutete in Richtung Namgyal-Kloster – »wie das *tonglen* zu praktizieren ist: auf Mitgefühl beruhende Meditation, bei der man visualisiert, wie man jemandes Leid lindert und ihm zur Glückseligkeit verhilft.«

»Mrs. Williams' Leid lindern?«, fragte Bronnie und rümpfte die Nase.

»Ihr zur *Glückseligkeit* verhelfen?« Sam war schockiert.

Geshe Wangpo nickte.

»Aber sie ist so eine zutiefst unsympathische Person«, sagte Sam.

»Deshalb ist sie ja auch ein so kostbarer Schatz. Seinen Freunden Glückseligkeit zu wünschen ist einfach. Oder sich vorzustellen, ihr Leid zu lindern. Das ist auch einfach. Selbst Kriminelle mögen ihre Freunde. Diebe, Mörder – auch sie kümmern sich um ihre Liebsten. Dazu braucht es keinen inneren Reifeprozess.

Wahres Bodhichitta ist weder parteiisch noch voreingenommen. Wir wünschen nicht manchen die Glückseligkeit und anderen nicht. Wie ihr seht, ist Gleichmut eine wichtige Tugend. Und um sie zu kultivieren, müssen wir sie an Menschen wie Mrs. Williams üben.«

Nach einer längeren Pause schüttelte Bronnie den Kopf. »Um ehrlich zu sein, Geshe-la: Ich glaube nicht, dass ich das fertigbringe. Wie viele Abende haben sie und ihr Sohn uns schon ruiniert! Es ist furchtbar anstrengend, dort zu wohnen, wenn ständig gestritten wird! Sie sind völlig unberechenbar.«

»Ja, ja.« Er streckte den Arm aus und drückte tröstend ihre Hand. »Aber stell dir vor, du könntest Mrs. Williams von ihrem Leid und den wahren Ursachen ihres Leids befreien. Ihr zerrüttetes Verhältnis zu ihrem Sohn. Ihr Anhaften an den vielen Krempel. Ihr ichbezogenes Leben. Stell dir einfach vor, du könntest ihr Glückseligkeit und die wahren Ursachen der Glückseligkeit vermitteln. Liebende Güte anderen gegenüber – ihre Nachbarn eingeschlossen. Nicht-Anhaftung an alte Fahrräder und Vogelbäder. Was für eine Nachbarin wäre sie dann?«

»Die ideale«, sagte Bronnie.

»Seht ihr« – er zuckte mit den Schultern. »Das ist gar nicht so schwer. Mrs. Williams ist ein leidender Mensch. Und womöglich hat sie nicht das richtige Werkzeug, um sich mit ihrem Schmerz auseinanderzusetzen. Ihr schon. Ihr wisst, wie ihr das Leid, das sie euch gibt, für eure Praxis nutzt. Um euer inneres Wachstum voranzutreiben.«

Sam und Bronnie verdauten eine Weile lang schweigend seine Worte. »Wenn wir *tong-len* praktizieren und uns dabei auf Mrs. Williams konzentrieren – wird das die Energie im Haus verändern?«

»Meinst du damit, dass sie aufhören wird, mit ihrem Sohn zu streiten oder stinkenden Fisch zu braten?«, fragte Geshe Wangpo unverblümt.

»Ja, so etwas in der Richtung.« Sam knirschte mit den Zähnen.

»Vielleicht«, sagte der Lama. »Vielleicht aber auch nicht.« Er lehnte sich wieder zurück und blickte die beiden milde an. »Ihr seid doch intelligente junge Menschen. Gebildet. Ihr wisst, dass die Wahrnehmung eines Vorfalls weniger vom Vorfall selbst als vielmehr vom Geist des Erlebenden abhängt, oder nicht?«

Sie nickten.

»Und ich zeige euch, wie ihr eure Wahrnehmung ändert – indem ihr euren Geist ändert.«

Das war nun schon einen Monat her. In der Zwischenzeit hatte ich immer mal wieder Neuigkeiten in Bezug auf Mrs. Williams erhalten. In den Tagen nach Sam und

Bronnies Begegnung mit Geshe Wangpo hatte sich die häusliche Situation dramatisch zum Besseren verändert. Es wurde weniger gestritten und es gab auch weniger Hering. Ob sich das *tong-len* tatsächlich auszahlte?

Doch dann erreichte eine Woche der heftigen Auseinandersetzungen ihren Höhepunkt, als Barry Williams aus dem Haus stürmte und die Tür so heftig zuknallte, dass die Gerümpeltürme im Flur in sich zusammenfielen. Sam und Bronnie brauchten am nächsten Morgen über zwanzig Minuten, um sich einen Pfad zur Tür zu bahnen.

Tong-len konnte also keine Wunder über Nacht vollbringen, doch Sam bemerkte dennoch eine Veränderung. So frustrierend die ganze Angelegenheit auch war – die Meditationspraxis machte alles erträglicher. Sie hörten nach wie vor laute, aggressive Stimmen. Sie rochen nach wie vor den stinkenden Räucherfisch. Sie konnten sich immer noch nur mit Müh und Not durch den Flur zwängen. Doch Sam und Bronnies Wut und ihre Feindseligkeit Mrs. Williams gegenüber ließen nach. Sie machten sich klar, wie schlimm es sein musste, in der Haut ihrer Nachbarin zu stecken. Und hin und wieder tat sie ihnen sogar leid.

Als ich an diesem Nachmittag also den Namen der Nachbarin hörte, war ich gespannt auf die neuesten Entwicklungen. Ich verließ das Zeitschriftenregal, schlich die Treppe zum Buchladen hinauf und hüpfte neben Franc auf das Sofa. Ihm gegenüber saßen Bronnie und Angela, die neue Verkäuferin – eine sportliche, junge Rothaarige aus Bronnies Heimatstadt Vancouver, deren blasse Haut sich bei jeder noch so geringen Aufregung rötete. Marcel und Kyi Kyi dösten unter dem Tisch. Franc kraulte meinen Nacken, während sie sich weiter unterhielten.

»Seit zwei Tagen ist es völlig ruhig«, erzählte Bronnie. »Wahrscheinlich ist sie weggefahren.«

»Und der Sohn?«, fragte Franc.

»Wir glauben, dass er gar nicht bei ihr wohnt. Er kommt sie nur ungefähr dreimal die Woche besuchen.«

»Und dann streiten sie?«, fragte Franc.

Bronnie nickte.

»Vielleicht ist sie in den Urlaub gefahren?«, schlug Angela optimistisch vor und ließ das Buch über Waldwanderungen in Indien sinken, in dem sie soeben noch geblättert hatte.

»In einen langen Urlaub bei ihren Verwandten in England«, fügte Franc hinzu.

»Verbunden mit einer zeitintensiven Schiffsreise.« Angela kicherte.

»Auf einem sinkenden Schiff«, meinte Franc.

»Also Franc!« Rote Flecke erschienen auf Angelas Hals. »Das hört sich aber gar nicht erleuchtet an.«

»Ist es bedauerlicherweise auch nicht.« Er sah sie mit müdem Blick an. »Ich bin Buddhist, aber kein Buddha. Das wirst auch du früher oder später bemerken.«

In diesem Augenblick erschien Sam mit einem bunten Tulpenstrauß in einem Weidenkorb in der Eingangstür.

»Die sind nicht für dich«, rief er Bronnie im Näherkommen zu. Dann stellte er den Korb auf den Tisch und setzte sich neben mich. »Ich wollte gerade die Wohnung verlassen, als es klingelte. Lieferung für Mrs. Williams.« Er deutete mit dem Kopf auf die Blumen.

»Und warum bringst du sie hierher?«, fragte Bronnie verwirrt.

»Sieh dir die Nachricht an.«

Im Strauß steckte eine Karte mit einer handgeschriebenen Nachricht. Bronnie las laut vor. »Ich habe von deinem Sturz gehört, das tut mir sehr leid. Hoffentlich geht es deinem Bein bald besser und du bist schnell wieder mobil und wohlauf. Alles Liebe, Millie.«

Bronnie machte eine ratlose Miene. »Ich versteh's immer noch nicht.«

Auch die anderen sahen Sam fragend an.

»Sie ist nicht zu Hause«, sagte er. »Offenbar schon seit Tagen nicht. Und der Nachricht nach zu schließen liegt sie im Krankenhaus.« Nun deutete er mit dem Kinn in Richtung der nahe gelegenen Unfallklinik. »Geshe Wangpo hat gesagt, dass wir Macht, Weisheit und Mitgefühl brauchen, um etwas zu bewirken, weißt du noch? Bis jetzt hatten wir keine Macht. Aber er hat auch gesagt, dass sich die Lage verändern kann.«

Bronnie nickte, war aber immer noch so schlau wie zuvor.

»Vielleicht ist das die Veränderung, die wir brauchen«, fuhr Sam fort. »Ich könnte die Blumen zu ihr ins Krankenhaus bringen, was meinst du?«

Aller Augen richteten sich auf den Strauß aus Tulpen in verschiedensten Rosa- und Violettschattierungen mit zwei roten Blüten in der Mitte.

»Als Friedensangebot?« Jetzt war bei Bronnie der Groschen gefallen.

»Ganz genau«, sagte Sam.

»Das wäre bestimmt eine nette Überraschung für sie«, bemerkte Angela.

»Das Letzte, was sie von ihren Nachbarn erwartet«, fügte Franc hinzu.

»Und ohne Geshe Wangpo wohl auch das Letzte, was ich von mir erwarten würde«, pflichtete Sam ihm bei. »Nun, einen Versuch ist es wert.«

An diesem Nachmittag verließ ich das Himalaja-Buchcafé in einem Zustand höchster Wachsamkeit. Obwohl der Weg zurück zum Namgyal nur kurz und mir wohlbekannt war, hatte mich die Begegnung mit dem Kater am Morgen tief verunsichert. Er hatte mich zwar nur ein einziges Mal so richtig bedroht, doch dass er sich erdreistet hatte, einen meiner Lieblingsplätze zu besetzen, beunruhigte mich zutiefst. Anscheinend war er nicht auf der Durchreise, sondern schien sich zu einer permanenten Gefahr auszuwachsen, die jederzeit hinter einer Mauer oder einer Tür lauern konnte. Und was, wenn dann niemand in der Nähe war, um mir zu Hilfe zu eilen?

Mit zum Zerreißen gespannten Nerven und in Alarmbereitschaft versetzten Schnurrhaaren schlich ich durch die spätnachmittäglichen Straßen, wobei ich darauf achtete, zu allen Seiten genug Abstand zu halten, damit er mich nicht hinterrücks überfallen konnte – und dass genug Leute in der Nähe waren, die im Notfall eingreifen konnten. Bildete ich es mir nur ein, oder beobachteten mich bedrohlich funkelnde Krateraugen, als ich das

Namgyal-Kloster erreichte und durch das extra für mich geöffnete Fenster im Erdgeschoss schlüpfte?

An diesem Abend saß ich auf meinem angestammten Platz und schaute auf den Innenhof hinaus. Die Fenster in den Mönchsquartieren glühten als orangefarbene Rechtecke in der Dunkelheit; die Frühsommerbrise trug einen Hauch von Nag-Champa-Räucherstäbchen mit sich, hob ihn immer höher, über das goldene Tempeldach hinweg und in den von Sternen übersäten Nachthimmel.

Das war für mich die schönste Tageszeit von allen. Ich war allein mit Seiner Heiligkeit, und wir verbrachten einen ungestörten Abend. Er saß an seinem Schreibtisch und las in einem Buch, ich dachte über die Ereignisse des vergangenen Tages nach.

Allmählich ließ die Aufregung über den Vorfall vor Serenas Haus etwas nach, doch das Gefühl der Leere, weil der Kater meinen Platz dort eingenommen hatte, ließ sich nicht so leicht verdrängen. Wie hatte sich diese häusliche Gemütlichkeit so schnell in einen Albtraum verwandeln können? Unweigerlich fielen mir Sam und Bronnie und ihr Kampf mit Mrs. Williams ein.

Da kam mir ein unbequemer Einfall: Konnte es sein, dass Geshe Wangpos Rat auch mich betraf? Daran hatte ich bisher noch gar nicht gedacht, und jetzt war es mir unmöglich, nicht daran zu denken.

Konnte ich meine Realitätswahrnehmung ändern, indem ich geistige Veränderungen vornahm? Sollte ich diesen Kater etwa als kostbaren Schatz begreifen? Dass diese Methode bei Sam und Bronnie im Fall von Mrs.

Williams sinnvoll war, stand außer Frage. Sie mussten sich Geshe Wangpos Rat selbstverständlich zu Herzen nehmen. Aber wie verhielt es sich bei mir und dem Kater? Konnte ich dieser wilden Bestie, die sich so schamlos in die Herzen meiner Nächsten gestohlen hatte, tatsächlich Glückseligkeit wünschen? War ich dazu in der Lage? Wollte ich das überhaupt?

Während ich noch über diese verdrießliche Vorstellung nachgrübelte, drehte sich der Dalai Lama auf seinem Stuhl um, damit er mich ansehen konnte. »Diese Zeilen haben mir immer besonders gut gefallen.« Er hatte seine vom regen Gebrauch abgegriffene Ausgabe von Shantidevas *Leitfaden für die Lebensweise eines Bodhisattva* aufgeschlagen.

»Wenn allein schon der Gedanke,
Die Kopfschmerzen anderer lindern zu wollen,
Eine hilfreiche Absicht ist,
Die grenzenlose Verdienste zur Folge hat,
Was gilt dann für den Wunsch,
Das unermessliche Leid
Jedes einzelnen Lebewesens zu vertreiben
Und sie alle zu zahllosen guten Eigenschaften zu führen?
Dieser Geist, den Lebewesen von Nutzen zu sein,
Der in anderen nicht einmal zu ihrem eigenen Wohle entsteht,
Ist ein außergewöhnliches Juwel eines Geistes,
Dessen Geburt ein Wunder ohnegleichen ist.«

Wie so oft hatte Seine Heiligkeit genau das Thema angesprochen, über das jemand in seiner unmittelbaren Nähe nachdachte. In diesem Fall war ich dieser jemand, und ich wusste auch, wer mit »jedes einzelne Lebewesen« im Besonderen gemeint war.

»Ein außergewöhnliches Juwel eines Geistes‹. Was für ein treffender Ausdruck, findest du nicht, kleine Schneelöwin?«, fragte er, verließ den Schreibtisch und setzte sich zu mir. »Bodhichitta mit wahrem Gleichmut zu betreiben kann eine große Herausforderung darstellen. Schon möglich, dass wir allen Lebewesen Glückseligkeit wünschen – von ein, zwei Ausnahmen abgesehen. Doch diese ein, zwei Ausnahmen sind unter Umständen ganz besondere Fälle. Vielleicht sind gerade sie diejenigen, die uns dabei helfen können, jenes außergewöhnliche Juwel eines Geistes zu polieren. Damit seine wahre Schönheit zum Vorschein kommt.«

Als er die Hand ausstreckte, um mich zu streicheln, spürte ich etwas äußerst Seltsames. Ich empfand die segensreiche Ausstrahlung Seiner Heiligkeit, mit der er alle in seiner Gegenwart erfüllte. Doch diesmal war das Gefühl anders, als würde sich meine Perspektive um eine Winzigkeit ändern, sodass sie sich einerseits nicht von der gewöhnlichen unterschied, mir andererseits aber erlaubte, alles mit vollkommener Objektivität zu betrachten. Ich war nicht länger die Katze Seiner Heiligkeit – oder sonst ein individueller Verstand –, sondern ging in einem allumfassenden Bewusstsein auf und beobachtete alles von der Warte der liebenden Güte aus.

In diesem Zustand musste ich nur an einen Ort oder ein Lebewesen denken, und schon war ich dort. Angesichts meiner heutigen Erfahrungen versuchte ich es mit dem Kater und hatte eine kleine, verwundbare Kreatur vor mir, die sich genau wie jede andere Katze nach Sicherheit, einem Heim und regelmäßigen Mahlzeiten sehnte. Und in diesem Augenblick hatte ich das Gefühl, dass ihm nichts davon versagt bleiben sollte. Wieso sollte ich einer Katze Glückseligkeit wünschen und der anderen nicht? Warum sollte ihm keine Zufriedenheit vergönnt sein?

Dann wanderten meine Gedanken zu Mrs. Williams, und ich sah eine alte Frau, die gegen Impulse ankämpfte, die sowohl selbstzerstörerisch als auch anderen gegenüber schädlich waren. Ich sah jemanden, der isoliert in einer Welt lebte, die mit der Zeit immer kleiner wurde. Jemanden, der immer weiter in seiner Negativität versank.

Bedürftige Lebewesen gab es überall, das erkannte ich jetzt ganz deutlich. Lebewesen, die nach Glückseligkeit und Erfüllung strebten – manche mit Weisheit, andere mit Methoden, die nur in der Katastrophe enden konnten. In meinem Zustand der wohlwollenden Objektivität, der so umfassend war, dass er alles in den Himmeln und unteren Daseinsbereichen umfasste – den Kater, Mrs. Williams, ganz Dharamsala und das Universum darum herum –, hatte ich kein Interesse daran, etwas zu lenken oder zu kontrollieren. Ich hatte nicht das Bedürfnis, das zu ordnen, was nicht geordnet werden konnte, oder das zu beherrschen, was nicht beherrscht werden konnte. Stattdessen betrachtete ich lediglich die Erscheinungen, die wie in einem endlosen, himmlischen Tanz durch meinen von der liebenden Güte erhellten Geist zogen.

Und so schnell, wie ich in diesen Zustand erhoben worden war, kehrte ich auch in mein Dasein als KSH zurück. Und dabei begriff ich, welches Geschenk mir der Dalai Lama gemacht hatte. War mir ein kurzer Blick auf die Wirklichkeit vergönnt gewesen, wie er sie wahrnahm? Hatte er kurzzeitig den Schleier der Subjektivität gelüftet, weil er es in meiner Situation für angebracht hielt?

»Bodhichitta klingt zunächst einmal sehr einleuchtend«, sagte Seine Heiligkeit leise. »Der Wunsch, allen Lebewesen mögen zahllose gute Eigenschaften zukommen, auch. Zweifellos süße Worte, doch sind sie nicht einfach zu erreichen. In gewisser Weise hängt Bodhichitta, das zweite Prinzip, von der Loslösung, dem ersten Prinzip, ab. Erst wenn wir uns von Hass und Anhaftung lösen – was nur gelingen kann, wenn wir dem einen keinen Vorzug vor dem anderen geben und niemandem mehr mit Vorurteilen begegnen –, können wir uns ehrlichen Herzens für *jedes* Lebewesen, ohne Ausnahme, die vollständige Erleuchtung wünschen.«

In der Woche darauf saß ich eines Nachmittags an meinem üblichen Platz im Himalaja-Buchcafé. Gerade war nicht viel los. Zu den wenigen Gästen zählte der junge Europäer, der während Geshe Wangpos Vortrag »Aber wer bin ich denn, dass mir die Erleuchtung zuteilwerden sollte?« gefragt hatte. In den letzten Tagen war er regelmäßig ins Café gekommen und hatte sich mit seinem Laptop in die Ecke gesetzt. Er wirkte abgelenkt, wenn er auf den Bildschirm starrte, und traurig, wenn er es nicht tat.

Plötzlich kam Franc die Treppe neben dem Zeitschriftenregal hinaufgerannt. Er war mehrere Tage in Delhi gewesen, und nun konnte er es gar nicht erwarten, von Sam – der gerade Bücher in die Regale sortierte – das Neueste über Mrs. Williams zu erfahren.

Sam berichtete, dass es gar nicht so einfach gewesen war, ihr die Blumen zu bringen. Im nächstgelegenen Krankenhaus war sie nicht gewesen, und er hatte eine Weile herumfragen und -telefonieren müssen, bis er erfahren hatte, dass sie in einer an ein Altenheim am anderen Ende der Stadt angeschlossenen Klinik lag. Es war ein großer, verwirrender Komplex, und er hatte einige Zeit gebraucht, bis er das richtige Zimmer gefunden hatte.

»Sie war nicht gerade begeistert, mich zu sehen«, berichtete Sam. »Kein Wort des Dankes, dass ich ihr die Blumen gebracht hatte, nur ein: ›Die können Sie dorthin stellen!‹. Ihr Bein war eingegipst. Ich sagte, wie leid es mir tat, dass sie einen Unfall gehabt hatte. Ein Koffer war auf sie gefallen, als sie in den Flur gegangen war. Sie hat mir gestanden, dass sie den ganzen Krempel schon vor Jahren hatte loswerden wollen.«

»Den Krempel im Flur?«, fragte Franc. »Ich dachte, sie wäre ein Messie.«

»Das dachte ich auch«, sagte Sam. »Ich habe ihr natürlich sofort angeboten, ihr beim Aufräumen zu helfen.«

»Und?«

»Das hat sie überrascht. Als hätte sie mit so etwas überhaupt nicht gerechnet. Ich wies sie darauf hin, dass sie mit Krücken niemals durch den Flur passen würde, solange ihr Kram noch dort war.«

Franc nickte.

»Darüber dachte sie eine Weile nach, dann gab sie ein zustimmendes Grunzen von sich. Allerdings müsste ich alles selbst machen. ›Ich kriege Seine Hoheit ja noch nicht mal dazu, die Tür zu schließen‹, hat sie gesagt.«

»Damit hat sie wohl ihren Sohn gemeint«, mutmaßte Franc. »Welche Tür denn?«

»Die Hintertür.«

Sam gab mit ungläubigem Kopfschütteln die Unterhaltung wieder, die er mit der alten Frau geführt hatte.

»Der Riegel ist ganz oben an der Tür angebracht«, hatte Mrs. Williams erzählt. »Ich kann ihn mit einem Stecken öffnen, aber nur, wenn Seine Hoheit sich dazu herablässt, abends vorbeizukommen und den Riegel wieder vorzulegen, der ist nämlich viel zu schwer für mich und viel zu hoch. Aber in unserem verrufenen Viertel muss man die Tür doch abschließen. Und dafür verlangt er auch noch ein Abendessen.«

»Ihr Sohn …?«

»Kommt dreimal die Woche vorbei, ja. Und selbst deshalb macht er mir Vorwürfe. Seiner eigenen Mutter!«

»Ihr Sohn kommt also dreimal in der Woche vorbei, nur um die Hintertür abzuschließen?«

»Das ist ja wohl das Mindeste, was man von diesem jämmerlichen Nichtsnutz verlangen kann!«

»Das könnten doch auch Bronnie und ich übernehmen. Sollen wir Ihnen abends die Hintertür abschließen?«

»Das würden Sie für mich tun?« Sie hatte ihn ungläubig angestarrt.

»Und was machen Sie an den anderen vier Tagen der Woche?«, hatte Sam gefragt. »Wenn niemand da ist, um Ihnen die Tür abzuschließen?«

»Da bleibt das Ding eben zu«, hatte sie gesagt, wenngleich auch in etwas weniger gewählten Worten. »Manchmal ist der Gestank in der Wohnung allerdings unerträglich!«

»Und wenn Sie einfach ein neues Schloss anbringen lassen …?«

»Das bezahlt der Vermieter nicht«, war sie ihm ins Wort gefallen. »Sehen Sie mich nicht so an«, hatte sie nach einer Weile gesagt. »Wir sind keine Millionäre!«

»Uff«, stöhnte Franc leicht überfordert, nachdem Sam geendet hatte. »Also ist es mit den hässlichen Auseinandersetzungen, dem Fischgestank und dem Müll im Flur bald vorbei?«

»Es sieht zumindest danach aus, ja«, pflichtete Sam ihm bei.

»Weil du ihr die Blumen gebracht hast.«

»Weißt du noch, was uns Geshe Wangpo über Weisheit, Mitgefühl und Macht erzählt hat? Manchmal braucht es eben einen Wendepunkt. Wenn sich die Macht verlagert, entstehen neue Möglichkeiten.«

»Und du hast die Gelegenheit ergriffen«, sagte Franc anerkennend.

»Ja, irgendwie schon.«

»Die meisten Menschen hätten die Blumen wohl einfach verwelken lassen.«

»Das hätte ich ohne Geshe Wangpos Rat auch getan. Und dann hätten wir niemals herausgefunden, was da unten tatsächlich vor sich ging. Selbstverständlich werden Bronnie und ich der alten Dame ein neues Schloss spendieren. Ein geringer Preis für friedliche Abende und fischfreie Vormittage.« Sams Augen leuchteten vor Vorfreude.

Franc nickte nachdenklich, dann erschien ein schelmisches Grinsen auf seinem Gesicht. »Selbstverständlich hat dieses Arrangement auch einen Nachteil«, sagte er.

»Einen Nachteil?«

»Aber sicher. Anscheinend läufst du Gefahr, deinen kostbaren Schatz zu verlieren!«

An diesem Abend saß ich vor dem geöffneten Fenster im ersten Stock, blickte auf den Innenhof hinaus, lauschte den friedlichen Gesängen der Mönche im Tempel und roch die Mischung aus Räucherwerk, Katzenminze und Frangipani, die die Brise mit sich führte. Wie ich so in die Dunkelheit starrte, stieg Unbehagen in mir auf. Jedes Mal, wenn sich im Schatten etwas regte, wenn ich eine Bewegung in der Nähe der Bäume bemerkte, fragte ich mich: War es der Kater? Ich hatte diese Welt so lange als mein Revier betrachtet, und jetzt konnte ich nicht einmal mehr ungestört die Straße hinauf zu meinem zweiten Zuhause gehen. Sogar auf dem kurzen Weg zum Himalaja-Buchcafé blickte ich mir ständig über die Schulter.

Wie Mrs. Williams war der Kater ein kostbarer Schatz. *Mein* kostbarer Schatz. Um meiner selbst willen musste ich mir Geshe Wangpos Ratschlag zu Herzen nehmen und ihn als ganz besonderes Lebewesen betrachten, das ich vom Leid befreien wollte und dem ich Glückseligkeit wünschte. Er war ein Lebewesen, das dazu diente, meinen Gleichmut, mein Mitgefühl und meine Liebe zu schulen.

Ja, das alles war mir bewusst. Doch würde es mir ebenso wie Sam gelingen, meine Wahrnehmung zu ändern? Oder würde ich meinen kostbaren Schatz nie loswerden?

Fünftes Kapitel

Fellpflege. Eine unerlässliche Aufgabe. Ist es nicht ein Luxus, liebe Leser, wenn man sie nicht selbst erledigen muss?

Genau diesen Gedanken hing ich eines Frühsommermorgens nach, als ich auf dem Schreibtisch im Assistentenbüro stand und Tenzin mit der wichtigsten Arbeit des Tages beschäftigt war: mein Fell zu bürsten. Tenzin erschien stets früh zum Dienst, und auch dem Aussehen nach war er der vollendete Diplomat: wie aus dem Ei gepellt und von einer Aura höchster Diskretion umgeben. An seinen Händen haftete stets ein leichter Geruch nach Karbolseife. Sobald er alles Nötige aus seiner Aktentasche geholt und die Post gesichtet hatte, die der Kurierdienst in aller Frühe gebracht hatte, holte er eine Bürste mit feinen Borsten aus der obersten Schublade. Ich wartete bereits mit erwartungsvoll erhobenem Schwanz an der Tischkante.

In den nächsten Minuten ließ er die Bürste sanft durch mein Fell gleiten und entfernte die großen cremefarbenen Haarbüschel, die ich sonst im Laufe des Tages im ganzen Haus auf den kostbaren Teppichen und bestickten Läufern verteilt hätte. Haarbüschel, die andernfalls in den Gemächern Seiner Heiligkeit wie Steppenläufer über die Treppen und durch die Flure gewirbelt wären. Haarbüschel, die ich zu dieser Jahreszeit in solchen Mengen absonderte, dass ich mich nur an das Hosenbein eines Würdenträgers schmiegen musste, um eine deutliche Spur zu hinterlassen – zweifellos ein willkommenes Andenken an den Besuch bei Seiner Heiligkeit. Tenzin, der in allen diplomatischen Angelegenheiten überkorrekt war, betrachtete diese morgendliche Säuberung als wichtige Maßnahme gegen solche katzeninduzierten Zwischenfälle.

Während sich Tenzin also die eine Flanke meines flauschigen Körpers hinauf- und die andere hinunterarbeitete, schenkte ich ihm ein ermutigendes Schnurren. Was für ein wunderbares Morgenritual! Die frische Himalaja-Luft drang durch das geöffnete Fenster. In den Bäumen davor zwitscherten Bartvögel und Drosslinge vor überschäumender Freude. Welche Möglichkeiten, welche Abenteuer mochten mich an einem solchen Tag erwarten? Wie um die Freude zu vervollkommnen, roch ich Kaffeeduft, und kurz darauf betrat Oliver das Büro. Auf dem Papptablett in seinen Händen balancierte er zwei große Flat Whites. Ja, liebe Leser, auch in Dharamsala ist es üblich, den Tag mit einer guten Tasse Kaffee zu begrüßen.

»Ah, die wichtigste Aufgabe des Tages!«, bemerkte Oliver und stellte das Tablett auf den Schreibtisch.

»Sieh mal, wie viel ich schon rausgebürstet habe. Dabei habe ich gerade erst angefangen.« Tenzin deutete auf eine mit meinem Fell halb gefüllte Papiertüte, dann hielt er die völlig von Haaren bedeckte Bürste in die Höhe. Nachdem er sich bei Oliver für den Kaffee bedankt und einen Schluck genommen hatte, setzte er die Fellpflege fort. »Unglaublich, diese Mengen.«

»Genug, um eine zweite Katze daraus zu machen«, scherzte Oliver.

Ich bedachte ihn mit einem kühlen Blick aus meinen blauen Augen. Für einen so intelligenten Mann sagte er ungebührlich oft ziemlich dämliche Dinge, was ich jenem rätselhaften Humor zuschrieb, den man gemeinhin als »britisch« bezeichnet.

»Das reicht ganz sicher für eine zweite Katze.« Tenzin zupfte ein weiteres Büschel aus der Bürste und stopfte es in die Tüte.

Oliver trank nachdenklich von seinem Kaffee. »So haarig sie auch ist, die KSH ist nicht ihr Fell.«

Tenzin warf ihm einen Blick zu, als hätte er soeben etwas höchst Bedeutsames von sich gegeben. »Genauso wenig ist sie ihre Krallen«, sagte er und weckte damit unangenehme Erinnerungen an den gestrigen Tag, als sich die beiden mit meiner Nagelpflege beschäftigt hatten. Seit dem Vorfall mit den zu langen Krallen achteten die beiden Männer sorgfältig darauf, dass sich so etwas nicht wiederholte.

»Oder ihre Zähne«, meinte Oliver. Erst vor ein paar Monaten hatte man mich zu einem Tierarzt namens Dr. Axel Munthe geschleppt, der mir einen brüchigen Zahn gezogen hatte – unter Betäubung, versteht sich.

»Oder überhaupt ein Körperteil«, sagte Tenzin.

Anscheinend spielten die beiden Männer ein Spiel, bei dem es darum ging, dem Offensichtlichen Ausdruck zu verleihen. Selbstverständlich war ich kein Körperteil! Auch wenn man mir jedes einzelne Organ zur Begutachtung entnahm – keines hätte man wohl als »Katze des Dalai Lama« bezeichnen können.

»Aber von ihren Körperteilen unabhängig ist sie auch nicht«, fuhr Tenzin fort.

»Allerdings. Und zum Glück ist sie auch kein Katzenfutter«, sagte Oliver mit spitzbübischem Grinsen.

Tenzin kicherte. »Oder Mrs. Trincis gehackte Hühnerleber – oder eine der Mahlzeiten, die man ihr unten im Himalaja-Buchcafé serviert.«

»Sie ist noch nicht mal Buttertoast!«, sagte Oliver nach einer Weile. Beide lachten. »Aber sie ist davon ebenso abhängig wie von ihren Körperteilen«, fügte er hinzu.

»Du bist, was du isst«, sagte Tenzin und nahm einen Schluck Kaffee. »Und trinkst.« Er hob den Becher.

Oliver nickte.

Anscheinend waren sie mit der merkwürdigen Analyse, die sie soeben durchführten, bestens vertraut. Auch mir kam sie vage bekannt vor, doch ich konnte sie nicht so richtig einordnen. Selbstverständlich war ich von meinen Körperteilen abhängig, aber ich war keiner davon. Und genau wie ich von Essen und Trinken abhängig war, war ich weder Nahrung noch Flüssigkeit. Das lag doch völlig auf der Hand – warum machten sie sich überhaupt die Mühe, es auszusprechen?

»Und vergessen wir nicht die am wenigsten augenfällige Form der Abhängigkeit«, sagte Oliver.

Tenzin legte die Bürste beiseite und beendete die morgendliche Körperpflege, indem er den Ansatz meiner Ohren mit den Fingerspitzen kraulte. Genau wie ich es mochte. »Die Abhängigkeit von den Projektionen des Verstandes?«, fragte er.

»Ganz genau.«

In diesem Augenblick erschien Mrs. Trinci mit einem Teller voll frischem Gebäck. »*Buon giorno!* Ein kleiner Leckerbissen für einen guten Start in den Tag?«

Sie war früh in den Palast gekommen, um das Mittagessen vorzubereiten, und hatte wie üblich eine Kleinigkeit für den Dalai Lama und seine Mitarbeiter gebacken.

Tenzin und Oliver brachten ihre Dankbarkeit überschwänglich zum Ausdruck, doch sobald Mrs. Trinci in das Büro getreten und mich erblickt hatte, waren die beiden Luft für sie. Sie schob den Teller ungefähr in Olivers Richtung und kam auf mich zu. »Schönste Kreatur auf Erden!«, rief sie begeistert aus und bedeckte mich mit Küssen. Eine Parfümwolke hüllte mich ein. »Wie geht es meinem kleinen *tesorino?*«

Ich lugte zwischen ihren Armen hervor. Oliver und Tenzin wechselten einen amüsierten Blick. »Kleiner *tesorino*«, wiederholte Oliver mit seinem englischen Akzent.

»Na und, was ist daran auszusetzen?« Mrs. Trinci plusterte sich herausfordernd auf.

»Bei uns heißt sie KSH.«

Sie zuckte mit den Schultern, als würde sie das nicht groß interessieren.

»Und im Altenheim ist sie als Therapiekatze bekannt«, sagte Tenzin.

»Wer hat recht?«, fragte Oliver. »Welche Version ist die richtige?«

Mrs. Trinci begriff, dass es sich hier um eine philosophische Frage handelte – immerhin meditierte sie seit mehreren Jahren. »Früher hätte ich gesagt, dass meine Version die richtige ist. Ganz ohne Frage!« Ihre Augen funkelten vor kaum zu unterdrückender Lebhaftigkeit. »Doch inzwischen weiß ich, dass es ebenso viele Versionen der Katze des Dalai Lama gibt wie Lebewesen, die sie wahrnehmen.«

»Da haben Sie vollkommen recht, Mrs. Trinci!« Oliver strahlte.

»Meine Version gefällt mir trotzdem am besten!«

Alle brachen in schallendes Gelächter aus.

An diesem Nachmittag beschloss ich, einmal mehr mein Ehrenamt im Altenheim auszuüben. Über die letzten sechs Wochen hinweg hatten mir die Besuche dort immer größeren Spaß gemacht, und je besser ich die Leute kennenlernte, umso erbaulicher fand ich ihre Gesellschaft.

Auf dem Weg dorthin herrschte natürlich wieder Kateralarm. Das Altenheim war zwar nur einen Katzensprung entfernt, doch seit der schicksalhaften Begegnung vor Serenas Haus war ich ständig auf der Hut vor ihm. Womöglich lauerte er ja direkt vor dem Tor des Namgyal-Klosters wie bei unserem ersten Zusammentreffen? Oder hatte sich sonst eines meiner Lieblingsplätze bemächtigt? Nach dem ersten kurzen Scharmützel hatte ich tagelang Schmerzen im Gesicht gehabt – wenn es zu einem richtigen Kampf kam, würde ich wohl weitaus schlimmere Verletzungen davontragen.

Deshalb war ich ganz besonders vorsichtig. Sah mich bei jedem Schritt um. Achtete darauf, dass zu allen Seiten genügend Platz war – und dass Menschen in der Nähe waren, die mir im Notfall zur Seite stehen konnten.

Schließlich erreichte ich den Garten. Ich war so damit beschäftigt, meine direkte Umgebung in Augenschein zu nehmen, dass es einen Moment dauerte, bis ich einen Blick auf die Bank unter der großen Zeder vor mir warf. Im Gegensatz zu sonst saß jemand darauf – jemand, der mir nicht unbekannt war. Ich hielt inne und musterte ihn genau: Es war der junge Mann mit dem wuscheligen schwarzen Haar und der sonnengebräunten Haut, der schon im Tempel und auch im Himalaja-Buchcafé gewesen war.

Er quittierte mein Erscheinen im Garten weder mit Interesse noch mit Abneigung. Er hatte einen Notizblock und einen Stift in der Hand, schrieb aber nicht, sondern starrte in die Ferne – oder auch einfach nur Löcher in die Luft.

Vorsichtig schlich ich über den Rasen, wobei ich einen großen Bogen um ihn machte. Ich wollte gerade über ein Beet in den Steingarten vordringen, als ich schnelle, trippelnde Schritte von der Straße her hörte. Kurz darauf erschienen Marcel und Kyi Kyi.

Franc führte sie gelegentlich auf dieser Strecke aus, und so war es auch heute Nachmittag. Die Hunde hatten mich gewittert, waren mir gefolgt und hofften nun, im Garten mit mir Fangen spielen zu können. Sie rannten auf mich zu und rechneten damit, dass ich mich auf den nächsten Baum retten würde.

Aber so eine Katze bin ich nicht, wie ihr ja bereits wisst – und ihr seid auch ganz bestimmt keine Leser, die sich für banale Hundeangelegenheiten interessieren. Anstatt meinen primitivsten Instinkten zu gehorchen, blieb ich unbeugsam stehen und starrte die beiden in Grund und Boden. Marcel, der mit einigem Schwung angelaufen kam, musste abrupt mit beiden Vorderpfoten abbremsen, um nicht mit mir zusammenzuprallen. Hinter ihm kam Kyi Kyi schlingernd zum Stehen und schaute verwirrt unter seinen buschigen Augenbrauen hervor.

Franc betrat kichernd den Garten. »Jungs, da habt ihr euch mit der falschen Katze angelegt!«, meinte er, während sich die Hunde im Rasen wälzten und so taten, als hätten sie mir lediglich Hallo sagen wollen. Ich bemerkte, dass Franc beim Gehen einen offenen Schnürsenkel hinter sich herschleifte.

»Verzeihen Sie die Störung.« Er wandte sich dem jungen Mann mit einem entschuldigenden Achselzucken zu.

»Sie stören mich nicht«, antwortete dieser mit europäischem Akzent. »Ich … sitze einfach nur da.«

»Schönes Plätzchen haben Sie sich ausgesucht«, sagte Franc und setzte sich in den kühlen Schatten am anderen Ende der Bank, um seinen Schuh zuzubinden.

Mit den ausladenden Zweigen, die sich beinahe über die gesamte Rasenfläche erstreckten, und dem knorrigen, uralten Stamm wirkte die Zeder fast wie ein Schutzschirm, der jeden, der darunter saß, vor Sonne oder Schnee bewahrte.

»Ich kenne Sie doch aus dem Café«, sagte Franc, nachdem er sich den Schuh zugebunden hatte. »Ich bin Franc, der Inhaber.«

»Conrad.« Der junge Mann hielt ihm ganz förmlich die Hand hin. »Mir gefällt Ihr Café ausnehmend gut. Ein Zufluchtsort – und ein Verbindungsglied zwischen Ost und West.«

»Vielen Dank.« Franc lächelte überrascht. »So schön hat es wohl noch niemand beschrieben. Aber ja, genau das ist unsere Absicht.«

Er sah sich den jungen Mann genauer an und schien zu einem Entschluss zu kommen. »Die Frage, die Sie vor Kurzem bei Geshe Wangpos Vortrag gestellt haben, war auch sehr scharfsinnig.«

Nun blickte Conrad überrascht drein. »Aber wer bin ich denn, dass mir die Erleuchtung zuteilwerden sollte?«, wiederholte er die Frage Wort für Wort. »Waren Sie auch da?«

Franc nickte.

»Diese Frage beschäftigt mich schon seit Jahren«, fuhr Conrad fort. »Sie ist überhaupt der Grund, der mich von Genf nach Dharamsala geführt hat.«

»Früher oder später muss sich jeder auf seiner Reise diese Frage stellen«, sagte Franc nach einer kurzen Pause. Besonders wir aus dem Westen haben in dieser Hinsicht gewisse Minderwertigkeitsgefühle. Wir halten uns für unfähig.«

»Deshalb fand ich Lama Wangpo auch äußerst beunruhigend.«

»Wirklich?« Franc hob die Augenbrauen.

»Er schafft es, dass ich mir irgendwie ... schmutzig vorkomme.«

»Das ist ganz bestimmt nicht seine Absicht.«

»Jahrelang wollte ich jemanden wie ihn treffen.« Conrads Blick schien in weite Fernen zu schweifen. »Einen echten Guru. Einen Yogi. Jemand, der die Wahrheit mit eigenen Augen gesehen hat und mir beibringen kann, sie ebenfalls zu erblicken. In der Schweiz liest man höchstens von solchen Leuten. Oder sie kommen zu Besuch und halten in einer großen Halle einen Vortrag, aber man kommt nicht an sie heran. Ich wollte immer in der Nähe eines solchen Lehrmeisters sein. Auf althergebrachte Weise zu seinen Füßen sitzen und von ihm lernen, ihm womöglich sogar mein Leben widmen. Deshalb bin ich nach Indien gekommen.

Ich habe gespart und gespart. Ich hatte einen zweiten Nebenjob und nach meinem Abschluss an der Uni sogar einen dritten. Sobald ich genug Geld zusammengekratzt hatte, bin ich hierhergeflogen. Und dann musste ich feststellen, dass das Licht, das von solchen Wesen ausgeht, unerträglich ist. Offensichtlich hatte ich mein altes Selbst nicht in Europa zurückgelassen. Es hat mich hierherbegleitet. In dieser Gönpa zu sitzen ist einfach zu viel für mich. Ich kann meine eigene Finsternis nicht überwinden.«

Conrad vergrub verzweifelt sein Gesicht in den Händen. Er wirkte wie am Boden zerstört. Franc sah den verzagten jungen Mann besorgt an. Seine Bemerkung zu Conrads Frage während des Vortrags hatte unverhofft dazu geführt, dass ihm Conrad das Herz ausgeschüttet hatte. Ganz offensichtlich hatte er dringend jemanden gesucht, dem er sich anvertrauen konnte. Als Alleinreisender hatte er sicher nur selten Gelegenheit, jemandem seine Gefühle zu offenbaren, der ihn auch ernst nahm.

Doch wie damit umgehen? Selbst Marcel und Kyi Kyi, die schnüffelnd die Bank umkreisten, wirkten etwas betreten. Franc war ratlos. In Dharamsala begegnete er zwar des Öfteren ernsthaften jungen Sinnsuchern (und immerhin war er selbst einmal einer gewesen), doch die Plötzlichkeit und Heftigkeit von Conrads Ausbruch hatten ihn regelrecht erschüttert.

»Dass wir uns für unzulänglich halten, ist ganz normal«, sagte Franc nach einer langen Denkpause.

Conrad schüttelte den Kopf und starrte wieder vor sich hin. Unzulänglich, so schien es, reichte als Beschreibung des Bildes, das er von sich hatte, bei Weitem nicht aus. Die Lage war viel ernster. Als er erneut das Wort ergriff, war der Schmerz in seiner Stimme unüberhörbar.

Er sah Franc in die Augen. »Ich habe meinen Bruder getötet.«

Franc erschrak.

»Auf einem Motorrad auf einem Gebirgspass nach Innsbruck.«

»Wenn Sie sagen ›getötet‹ …«

»Wir waren zu fünft auf drei Motorrädern unterwegs. Mein Bruder hatte kaum Fahrerfahrung, also saß er als Sozius hinter unserem Freund Stiegs. Da ich wusste, wie gerne er selbst mal ans Steuer wollte, ließ ich ihn am Nachmittag nach einer Pause auf meine Maschine steigen und fuhr selbst bei Stiegs mit.

Wir erreichten eine scharfe Kurve. Die Lichtverhältnisse waren schlecht und die Straße war vereist. Mein Bruder war der erste der Gruppe und viel zu schnell. Ich sah alles wie in Zeitlupe: Er geriet ins Schlingern, korrigierte zu stark und prallte schließlich frontal mit einem Lastwagen zusammen.«

Conrad bebte. »Über so etwas kommt man nur schwer hinweg«, sagte er nach einer langen Pause.

Franc nickte.

»Ich werde mir den Rest meines Lebens lang Vorwürfe machen. Was für eine Dummheit! Was für eine dämliche Entscheidung! Er war der Liebling meiner Mutter. Diese Schuld wird ewig auf mir lasten.« Er schluckte. »Ich habe nicht die leiseste Ahnung, wie ich diese Bürde loswerden könnte.« Er vergrub den Kopf in den Händen und sackte vornüber, bis sein Gesicht zwischen seinen Knien hing.

»Wie lange ist das her?«

»Am 15. Dezember werden es fünf Jahre.«

»Also haben Sie fünf Jahre lang …«

»Mit dieser Schuld auf dem Gewissen gelebt, ja. Von Sünde gezeichnet.« Conrad sah Franc untröstlich an. Dieser erwiderte mitfühlend den Blick. »Jetzt werden Sie mir sicher gleich raten, dass ich mir nicht die Schuld dafür geben soll«, murmelte Conrad, als Franc schwieg. »Das haben mir meine Freunde auch gesagt. Und meine Eltern. Und Geshe Wangpo würde es sicher auch sagen, wenn ich ihn fragen würde.«

Franc zuckte mit den Schultern, eine Geste, aus der Conrad nicht so recht schlau wurde.

»Meinen Sie nicht?«

»Ich habe schon vor langer Zeit aufgegeben, darüber zu spekulieren, was mein Guru wohl sagen würde. Meistens sagt er sowieso das, was man als Letztes von ihm erwarten würde. Wissen Sie, wenn wir unglücklich sind, können wir uns gedanklich so festfahren, dass wir keine Alternativen mehr zur Kenntnis nehmen. Andere Möglichkeiten, die Kreaturen mit größerer Weisheit deutlich vor Augen haben.«

Conrad runzelte die Stirn. »Dann *will* der Buddhismus, dass ich mir die Schuld gebe?«

»Das glaube ich nicht«, sagte Franc ruhig.

»Was sagt der Buddhismus dann?« Inzwischen war er so weit zusammengesackt, dass seine Hände die Schuhe berührten. Er erinnerte an einen geprügelten Hund.

Franc nahm sich die Zeit, um darüber nachzudenken. Als er schließlich etwas sagte, tat er dies mit fester Stimme, die mich an jemand anderen erinnerte – doch mir wollte einfach nicht einfallen, an wen. »Wenn ich Ihnen jetzt antworte, müssen Sie mir versprechen, mich bis zum Schluss anzuhören. Egal, wie seltsam es Ihnen auch vorkommen mag.«

Conrad zuckte mit den Schultern, als könne es Franc sowieso nicht mehr schlimmer machen, egal was er sagte.

»Dieses Selbst, das von Sünde gezeichnet und in Dunkelheit gehüllt ist – haben Sie jemals daran gezweifelt, wer dieses Selbst ist?«

»Nein«, antwortete Conrad wie aus der Pistole geschossen.

»Sie kennen es. Sie spüren es. Sie sind sich also seiner Anwesenheit bewusst?«

»Bedauerlicherweise ja.«

»Dann helfen Sie mir, es zu finden.«

Conrad gab einen vagen Laut der Zustimmung von sich.

»Vergessen Sie nicht – Sie müssen bis zum Ende durchhalten. Also.« Franc holte tief Luft. »Ist dieses schuldige Selbst der kleine Zeh Ihres linken Fußes?«

Conrad schüttelte energisch den Kopf. »Worauf wollen Sie hinaus?«

»Beantworten Sie einfach die Frage. Ja oder nein?«

»Nein. Natürlich nicht!«

»Ist es einer der anderen Zehen Ihres linken Fußes?«

»Es hat mit meinem linken Fuß nichts zu tun. Mit dem Bein auch nicht.«

»Und auch nicht mit dem rechten Fuß oder Bein, nehme ich an?«

»Ganz sicher nicht.«

»Na schön. Arbeiten wir uns weiter vor. Ist das Selbst eines Ihrer inneren Organe?«

Conrad blickte auf, da er Franc in Verdacht hatte, sich einen grausamen Scherz auf seine Kosten zu erlauben. Methodisch ging Franc die verschiedenen Teile des Oberkörpers, die Hände, Arme, Schultern, Hals und Kopf durch. Und endlich fiel mir ein, an wen er mich erinnerte – an Geshe Wangpo persönlich! Wenn mich nicht alles täuschte, nahm er genau dieselbe Analyse vor wie Geshe-la, wenn er Meditationen im Tempel anleitete. Daran hatte ich mich schon am Morgen vage erinnert, als Tenzin mein Fell gebürstet hatte. Franc war bereits seit vielen Jahren Geshe Wangpos Schüler und mit der Übung so vertraut, dass er sie nicht nur wiederholen konnte, sondern dabei auch das Wesen seines Lehrers übernahm – als wäre der Geist des Gurus irgendwie mit dem seines Schülers verschmolzen.

Genau auf diese Übung hatten auch Tenzin und Oliver am Morgen angespielt. Die KSH war nicht ihr Fell, ihre Krallen, ihre Zähne. Egal, ob das Selbst, das man finden wollte, das eines jungen Schweizers oder das einer überaus flauschigen Himalaja-Katze war, der Prozess war derselbe.

Wer wir auch sind, wir alle müssen uns diese Frage stellen. Sogar ihr, liebe Leser. Das Selbst, das Ursache so großer Seelenqualen sein kann, das Selbst, das über den Verlust von Liebe und Hoffnung trauert, dieses Selbst voller Angst und Beklemmung – wo genau steckt dieses lästige Selbst?

»Was ist mit Ihrem Gehirn?«, fragte Franc, sobald sie am oberen Ende seines Körpers angekommen waren.

»Nun … da vielleicht schon«, sagte Conrad.

»Ihr Gehirn ist ihr von Schuldgefühlen geplagtes Selbst?«, hakte Franc nach, der Conrads Unsicherheit spürte. »Wenn man Ihnen eine detailgetreue Kopie Ihres Gehirns neben den Gehirnen von zehn anderen Menschen zeigte, würden sie ihr Selbst dann ebenso zielsicher identifizieren können wie auf einer Fotografie von zehn Menschen?«

Conrad zuckte mit den Schultern. »Wahrscheinlich nicht. Aber wo sollte das Selbst sonst sein?«

»Vielleicht suchen wir am falschen Ort danach«, sagte Franc. »Vielleicht ist das Selbst ja keine physische Größe. Vielleicht ist es nur ein Aspekt unseres Bewusstseins.«

»Das klingt plausibel«, sagte Conrad, richtete sich auf und stützte die Ellenbogen auf die Knie.

»Also … fangen wir mit dem Sehbewusstsein an. Ist das ihr von Schuldgefühlen geplagtes Selbst?«

Conrad schüttelte den Kopf.

»Das Hörbewusstsein? Das Riechbewusstsein?« Franc zählte systematisch die Bewusstseinsarten aller fünf Sinne auf. Conrad verneinte jedes Mal, dann kamen sie zur letzten Form. »Jetzt ist nur noch ein Bewusstsein übrig«, sage Franc. »Das geistige Bewusstsein. Das ist der einzige Ort, an dem sich das Selbst noch verstecken könnte.«

Conrad blickte auf. »Dann muss es ja dort sein.«

Franc sah ihn skeptisch an. »Na schön. Das geistige Bewusstsein besteht aus mehreren Teilen. Vergessen wir nicht, dass wir das von Schuldgefühlen geplagte Selbst finden wollen. Das Sie, wie Sie eben sagten, sehr deutlich spüren. Dem Sie nicht entkommen können. Wird dieses Selbst eher in Ihren negativen oder in Ihren positiven Gedanken zu finden sein?«

»Das«, sagte Conrad, »ist eine sehr interessante philosophische Frage.«

»Um Philosophie geht es hier nicht«, entgegnete Franc. »Vorhin sagten Sie, dass Sie Ihr von Schuldgefühlen zerfressenes, von Sünde gezeichnetes Selbst mühelos identifizieren können …«

»Selbstverständlich!«

»Ist es dann in Ihren negativen oder positiven Gedanken?«

Conrad zuckte mit den Achseln. »In den negativen, schätze ich.«

»Okay.« Franc nickte. »Das Bewusstsein ist eine Aneinanderreihung mentaler Augenblicke. Ein Strom aus Gedanken, Eindrücken und Erfahrungen, einer nach dem anderen, den lieben langen Tag lang. Welcher negative Gedanke genau ist Ihr Selbst?«

»Das sind viele.«

»Sie haben viele Selbsts?«

»Natürlich nicht. Nur eines.«

Ich spürte, dass Conrads Interesse an der Übung geweckt war.

»Wenn Sie also sagen, dass Ihr Selbst in Ihren negativen Gedanken zu finden ist, welcher ganz bestimmte negative Gedanke ist dann das Selbst, das Sie so eindeutig zu sein glauben?«

Conrad blickte verwirrt drein. »Wie kann das sein? Wenn ich danach suche, kann ich es nicht finden.« Langsam schlich sich ein leises Lächeln auf sein Gesicht, als würde ihm die Wahrheit hinter dieser höchst merkwürdigen Analyse allmählich dämmern.

Franc ließ seine Worte einen Augenblick lang sacken. »Ihr Selbst ist also nicht in einem Teil Ihres physischen Körpers zu finden?«, fuhr er schließlich fort.

»Nein, auf keinen Fall.«

»Und es ist auch nicht in Ihrem Geist, Ihrem Bewusstsein …«

»Wenn ich danach suche, ist es … nicht mehr da!« Er machte eine erstaunte Miene.

»Sehr gut!« Franc lächelte ihn aufmunternd an. »Aber das Selbst spüren Sie nach wie vor?«

»Natürlich.«

»Aber wenn dieses Selbst kein dauerhaftes körperliches oder geistiges Phänomen ist, was ist es dann?«

Conrad setzte sich etwas gerader hin und dachte darüber nach. Dann umspielte ein Lächeln seine Mundwinkel. »Vielleicht ist es nur eine Vorstellung. Ein Konzept.«

Franc hob belustigt die Augenbrauen. »Das Selbst ist ein Konzept, sonst nichts«, bestätigte er. »Nur eine Vorstellung. Eine Idee, die kommt und geht. Eine Geschichte, die wir uns selbst über unsere sich ständig verändernde Realitätserfahrung erzählen. Abhängig davon, mit wem wir reden oder was wir essen und trinken, ändern sich die Vorstellung von unserem Selbst und das Gefühl dafür. Das beweist, dass es nicht von Dauer ist. Es ist nur ein Gedanke.«

Das Lächeln auf Conrads Gesicht wurde immer breiter.

»Wer denkt sich nur so etwas aus?«, fragte Franc. »Wieso reden wir uns ein, dass dieses erfundene Selbst etwas Dauerhaftes sein könnte, dass es schuldbeladen, von Sünde gezeichnet oder in Finsternis gehüllt ist – warum erschafft man eine so negative Fantasie?«

»Also existiert das Selbst gar nicht?«, fragte Conrad.

»Das geht nun etwas zu weit.« Franc hob einen Finger. »Dieses Konzept nennt sich ›Nihilismus‹ und ist ein Irrweg.«

»Aber wenn ich es suche, finde ich es nicht.«

»Sie müssen begreifen, dass es ein richtiges ›Ich‹ und ein falsches ›Ich‹ gibt. Mit dem richtigen ›Ich‹ bezeichnen Sie all das hier.« Er deutete mit dem Zeigefinger auf Conrad. »Ihren Körper, Ihre Vergangenheit, Ihre Vorlieben und

Abneigungen, alles, was das Konzept Conrad ausmacht. Wir Buddhisten bezeichnen dies als ›konventionell akzeptiertes Ich‹.

Davon zu unterscheiden ist das falsche ›Ich‹, die Vorstellung, dass es ein von Körper und Geist unabhängiges Selbst gibt, ein autonom existierendes Wesen, das Eigenschaften wie schuldig, erfolgreich, deprimiert oder beliebt aufweisen kann. Ein solches Wesen gibt es nicht, kann es nicht geben und hat es noch nie gegeben. Das ist nur eine Geschichte, die wir uns erzählen.«

»Und wieso spüren wir das Selbst dann so stark?«, fragte Conrad.

»Das ist die Macht der Gewohnheit«, sagte Franc. »Von Kindesbeinen an bekommen wir beigebracht, uns mit diesem unsichtbaren Selbst zu identifizieren. Wir haben bestimmte Vorstellungen davon und wollen es auf bestimmte Weise auf die Welt projizieren. Andere Menschen haben eine ganz andere Vorstellung von unserem Selbst als wir. Wenn ich mit zehn Freunden von Ihnen sprechen würde, bekäme ich zehn verschiedene Antworten auf die Frage, wer Conrad ist. Der eine erzählt mir vielleicht von einem Conrad, der in seiner netten und freundlichen Art seinem jüngeren Bruder sein Motorrad ausgeliehen hat, weil dieser so gerne damit fahren wollte. Mir würden Geschichten zu Ohren kommen, die sich von Ihrer eigenen fundamental unterscheiden. Und selbst Conrads eigenes Selbstbild hängt wohl von seiner Stimmung ab.« Franc lächelte verschmitzt. »Vielleicht ist er ja ein ganz fröhlicher Zeitgenosse, wenn er ein paar Bier getrunken hat?«

»Kann schon sein.« Conrad zuckte mit den Schultern.

Das erinnerte mich daran, dass erst heute Vormittag Tenzin, Oliver und Mrs. Trinci eine ähnliche Diskussion über meine Wenigkeit geführt hatten. Mrs. Trinci hatte zum großen Amüsement der beiden Assistenten erzählt, sie wisse wohl, dass es so viele Versionen der Katze des Dalai Lama gibt wie Lebewesen, die sie wahrnehmen – doch ihre Version gefalle ihr nach wie vor am besten!

»Das alles zeigt ganz deutlich, dass dieses ›Selbst‹ nur eine Vorstellung ist. Ein Konzept«, sagte Franc.

»Und wenn wir sterben?«, fragte Conrad ernst. »Bleibt dann nichts übrig?«

Franc erwiderte seinen Blick. »Wissen Sie noch, wonach wir eigentlich gesucht haben?«

»Das von Schuldgefühlen geplagte Selbst.«

»Und wir haben es nicht gefunden. Doch die Existenz des Bewusstseins an sich haben wir zu keinem Zeitpunkt angezweifelt. Ohne Bewusstsein könnten wir uns gar nicht auf eine solche Suche begeben. Ein subtiles Bewusstsein zieht sich durch all unsere Erfahrungen wie die Schnur, an der die Perlen einer Kette aufgereiht sind. Buddhas größte Erkenntnis war wahrscheinlich, dass es zum Bewusstsein kein Selbst braucht und dass dieses Selbst nur eine Vorstellung ist. So ähnlich wie später bei Kopernikus, als er herausfand, dass sich die Sonne nicht um die Erde, sondern die Erde um die Sonne dreht, ändert Buddhas Erkenntnis in gewisser Weise alles und dann auch wieder nichts. Die Sonne scheint immer noch im Osten auf- und im Westen unterzugehen, obwohl wir wissen, dass das nur eine Illusion ist. Genau so ist auch das unabhängige Selbst nur eine Illusion. Und für viele von uns« – er sah Conrad mit zusammengekniffenen Augen an – »eine unnötige Last. Wie der große Shantideva schon sagt:

Wenn alle Qualen in dieser Welt,
Alle geistigen Ängste und körperlichen Schmerzen,
Aus der Selbstwertschätzung entstehen,
Welchen Nutzen hat dieser schreckliche Dämon für uns?«

Conrad saß nun kerzengerade da und betrachtete mit sanftem Lächeln den Garten. »Da haben Sie mir aber viel Stoff zum Nachdenken gegeben«, murmelte er.

»Gut so«, sagte Franc.

»Ich kann mir Selbstvorwürfe machen, doch wie Sie schon sagen: Wo ist das Selbst, dem ich die Schuld geben will?«

»Jetzt haben Sie es begriffen!«

»Hat diese Methode, diese Analyse, die Sie mir gerade vorgestellt haben, auch einen Namen?«

»Sie hat viele Namen. Manchmal heißt sie ›Soheit‹, weil die Dinge eben so sind. Oder ›bedingtes Entstehen‹, da alles in Abhängigkeit von anderen Faktoren existiert. Am einfachsten ist wohl der aus dem Sanskrit stammende Ausdruck *Shunyata.«*

Shunyata – diesen Begriff benutzte auch der Dalai Lama des Öfteren. Er war eines der vier Hauptkonzepte, die seiner Meinung nach auf jeden Fall in einer Einführung in den tibetischen Buddhismus zu finden sein mussten – zusammen mit der Loslösung vom Leid und der Herausbildung von Bodhichitta, der höchsten Form der liebenden Güte.

»Shunyata ist leider ein ziemlich schwer zu fassendes Konzept«, sagte Franc. »Man denkt, man hat es, und – schwupps! – ist es auch schon wieder weg. Manchmal bekommt man etwas zu fassen, manchmal nicht. Aber vergessen Sie nie: Die Frage ist nicht, *ob* etwas existiert oder nicht, sondern *wie* es existiert.«

»*Wie* es existiert«, wiederholte Conrad und prägte sich die Worte gut ein.

»Ein Verständnis des Konzepts ist nützlich, doch viel effektiver ist es, darüber zu meditieren. Um die Bedeutung von Shunyata in einem Zustand geistiger Klarheit zu erfassen.«

»Das kann ich mir vorstellen«, erwiderte Conrad daraufhin, und zum ersten Mal war ein Hauch von Begeisterung in seiner Stimme zu hören. »Deshalb haben die Lamas einen so scharfen Verstand! Ein Lehrmeister wie Geshe Wangpo macht bestimmt jeden Tag solche Erfahrungen.«

»Schon möglich.« Franc lächelte.

»Diese Ausstrahlung! Sie scheinen keine Grenzen zu kennen! Sie müssen das Bewusstsein auf eine völlig andere Art und Weise erfahren.«

Franc nickte und antwortete: »Im Gegensatz zu uns, die wir uns noch auf dem Weg befinden, begreifen sie sich nicht ausschließlich als diese fleischliche Hülle, als diese winzige, beschränkte Daseinsform, die man ›Selbst‹ oder ›Ich‹ oder wie auch immer nennt.«

Conrad sah ihn eine Weile lang an. »Ich bin wirklich froh, dass Sie auf Ihrem Spaziergang heute hier haltgemacht haben«, sagte er gerührt.

»Es ist mir immer ein Vergnügen, den Dharma zu teilen«, sagte Franc und stand auf. Selbst in dieser Bewegung erinnerte er an Geshe Wangpo.

»Sie haben mir wirklich sehr geholfen …« Conrad legte eine Hand auf das Herz. »Hier. Auf eine Weise, die ich mir niemals hätte träumen lassen.«

Franc grinste breit, trat einen Schritt zurück und klatschte auf seine Schenkel, um die Hunde zu sich zu rufen.

»Dharma bedeutet ›die Lehre des Buddha‹, nicht wahr?«, fragte Conrad.

Franc nickte. »Es bedeutet auch ›das Ende des Leidens‹.«

Kurz nach Franc und den Hunden verließ auch Conrad den Garten. Er hüpfte förmlich die Treppe hinunter – so unbeschwert hatte ich ihn noch nicht erlebt.

Liebe Leser, ich für meinen Teil verspürte ebenfalls ein Gefühl der Befreiung. Und in der mir eigenen Weise auch einen tiefen Frieden. Was für eine Bürde es zuweilen doch ist, die KSH, Rinpoche, Swami und die Schönste Kreatur auf Erden zu sein! Was für eine Erleichterung, dass diese Namen und Titel so wenig Substanz und wahre Bedeutung haben wie Laubblätter im Sommerwind – sie sind nur unnötige Vorstellungen.

Ich lief den Steingarten hinauf und zwängte mich durch die dunkelgrünen Blätter und Stiele der Schmucklilie. Dabei erkannte ich, dass dieser Ort hier der Beweis dafür war, wie befreiend die Wahrheit sein konnte. Im Altenheim kannte niemand meine Namen oder Titel. Niemand legte die Hände vor dem Herzen zusammen, weil ich die Katze des Dalai Lama war. Niemand verhätschelte mich aufgrund dessen, wer ich war oder wen ich kannte. Ich war einfach dort erschienen und hatte liebende Güte verbreitet. Für mich zählten diese Besuche zu den glücklichsten Momenten meines Lebens.

Mein heutiger Besuch unterschied sich nicht von denen der früheren Wochen – anfangs zumindest. Rita und Neville, die immer auf der Terrasse saßen, wenn sie die Gelegenheit hatten, kündigten meine Ankunft mit aufgeregten »Sie ist wieder da!«- und »Therapiekatze!«-Rufen an.

Nachdem ich eine Weile mit ihnen und den anderen auf den Liegestühlen geschmust hatte, begab ich mich in den Aufenthaltsraum. Sofort gab es ein großes Hallo, und in die alten Leute kam Bewegung. Yvette, die Frau im Rollstuhl, verlangte laut nach mir. Auch Christopher, der Künstler und »Frechdachs«, versuchte, mich zu sich zu locken.

Üblicherweise ging ich zuerst zu Hilda in ihrer Ecke, doch heute fand ich ihren Sessel verlassen vor. Einen Augenblick lang hielt ich inne und starrte auf den leeren Platz, an dem sie sonst saß.

»Sie ist heute Morgen leider nicht hier, meine Kleine«, erklärte Yvette. »Sie ist in ihrem Zimmer und ruht sich aus.«

Kurz darauf drehte ich meine Runde, wobei ich meine Bodhichitta-Motivation nicht vergaß, wenn ich um

Beine strich oder zum Vergnügen der Heimbewohner laut schnurrte. Alle reagierten auf unterschiedliche Weise auf mich. Die einen fanden Geborgenheit, wenn sie ein anderes Lebewesen aus Fleisch und Blut berührten, andere wollten einfach nur ein Schnurren hören oder freuten sich schon, wenn ich sie leicht mit dem Köpfchen anstieß.

Anstatt danach das Altenheim über die Terrasse wieder zu verlassen, wandte ich mich in die entgegengesetzte Richtung und ging in den Flur, in dem sich die Zimmer der Heimbewohner befanden. So weit hatte ich mich bislang noch nie vorgewagt. Ich betrat Neuland – für eine Katze mit schwachen Beinen immer eine gefährliche Unternehmung. Mein Instinkt führte mich um eine Ecke, durch einen weiteren langen Korridor und an einer Reihe geschlossener Türen vorbei, bis ich eine erreichte, die nur angelehnt war. Ich bemerkte Bewegung dahinter und spähte durch ein Loch zwischen Tür und Angel. Hilda lag auf einem Krankenhausbett und war an ihre Atemschläuche angeschlossen. Eine Frau mittleren Alters hatte sich über sie gebeugt.

Es war nicht schwer zu erkennen, dass es sich hier um Mutter und Tochter handelte. Hildas Besucherin gab sich alle Mühe, die Zuversicht nicht zu verlieren, während sie sich um ihre gebrechliche, schwache Mutter kümmerte, die zwischen den vielen Schläuchen und Apparaten förmlich zu verschwinden schien.

Das Bett befand sich neben mehreren offen stehenden Fenstern, durch die man in den von der hellen Morgensonne beschienenen Garten blicken konnte. In der

Entfernung brummte ein Rasenmäher, man roch den Duft frisch geschnittenen Grases und sah die geschäftigen Elstern in den Bäumen. Die Sonne spiegelte sich in der Wasserfläche eines Brunnens und zeichnete silberne Muster an die Decke.

So geschäftig die Welt außerhalb dieses Zimmers auch sein mochte, was darin vor sich ging, daran gab es keinen Zweifel. Ich war erst wenige Augenblicke hier und wusste bereits, dass sich Hilda nicht nur ausruhte. Liebe Leser, für bestimmte Dinge haben wir Katzen ein ausgesprochen feines Gespür. Sie würde zwar nicht sofort von uns gehen, doch zweifellos machte sich Hilda ganz allmählich bereit, diese Existenz hinter sich zu lassen.

Sobald ich in der Tür erschien, blickte die Frau neben Hilda überrascht auf.

»Ach, Mum!« Sie deutete auf mich. »Du hattest recht – sie sieht genau wie Bella aus!«

Als ich in den Raum trat, drehte Hilda den Kopf auf dem Kissen zu mir herum. Sie war noch blasser als sonst. »Das ist ja fast so, als wollte sie dich besuchen!«, bemerkte die Tochter, als ich näher kam.

Das Bett war zu hoch, als dass ich hätte hinaufspringen können, doch Hildas Tochter wusste, was zu tun war: Sie hob mich hoch und setzte mich vorsichtig am Fußende des Bettes wieder ab. Hilda war zu schwach, um sich zu bewegen, doch sie beobachtete mich genau. Nachdem ich die Stabilität der Decke mit meiner Pfote geprüft hatte – schlich ich mich langsam gegenüber der Tochter an der Bettkante entlang nach oben. Ich schmiegte mich zwischen Hildas rechten Arm, der auf dem Laken lag, und ihren dünnen, schmalen Körper, bis ich ihr so nahe wie möglich war, ohne auf ihrer Brust zu sitzen.

»Oh!«, flüsterte Hildas Tochter neben uns. »Wie außergewöhnlich!«

Sobald ich es mir gemütlich gemacht hatte, sah ich Hilda tief in die Augen, ein Privileg, das wir Katzen einem Menschen nur selten gewähren, doch hier erwiderte ich ihren Blick mit meinen großen, saphirblauen Augen und versuchte – genau wie der Dalai Lama auch – ihr etwas von dem grenzenlosen Licht und der grenzenlosen Liebe der wahren Natur ihres Geistes zu vermitteln, so gebrechlich und eingeschränkt ihr Körper auch sein mochte.

Sie war zwar blass wie der Tod, hatte jedoch wache Augen. Die Lebenskraft verließ ihren Körper, doch ihr Verstand war zumindest in diesem Augenblick scharf wie eh und je. Sie sehnte sich nach meiner Nähe.

Als ich Hilda betrachtete, spürte ich, wie schwach ihre körperliche Gestalt geworden war. Doch ihre Aufmerksamkeit war ungebrochen. Francs Worte über Lehrer und Yogis schienen mir auf einmal sehr passend: *Anders als wir begreifen Sie sich nicht ausschließlich als diese fleischliche Hülle, als diese winzige, beschränkte Daseinsform, die man ›Selbst‹ oder ›Ich‹ oder wie auch immer nennt.*

Wahre Worte, wie ich finde. Ich meditierte jeden Tag mit dem Dalai Lama, und das Gefühl dabei war grenzenlos – ebenso wie seine Güte. Ich hatte niemals den Eindruck, dass sein Bewusstsein auf seinen in Roben gewandeten Körper oder eine eng gefasste persönliche Identität begrenzt sei. Im Gegenteil: Gerade *weil* er solche

Identifikationen losgelassen hatte, war seine Präsenz so eindrucksvoll.

Dieses Gefühl wollte ich Hilda, so gut es ging, vermitteln, und das tat ich auf die Weise, die mir am geeignetsten schien: Ich schnurrte.

Ihre Lippen verzogen sich zu einem Lächeln, und ich spürte, dass sie mich leicht mit dem Arm gegen den Körper drückte. Doch ihr Blick zeigte mir am deutlichsten, dass sie verstanden hatte, was ich ihr zu übermitteln versuchte. Obwohl es diesen alten Augen nicht mehr vergönnt sein würde, viel zu sehen, spiegelte sich doch ein tiefer Friede in ihnen. Ganz so, als wäre sie von einer Energie erfüllt, die nichts mit einem Namen oder einer Gestalt zu tun hatte.

Während ich schnurrte und Hilda lächelte, dachte ich darüber nach, wie wunderbar dieses Shunyata war, von dem die Weisen sprachen. Ganz besonders, wenn der Tod nahte. Denn wenn man es wahrhaft verstand und fühlte, wenn man tatsächlich begriffen hatte, dass es von Natur aus kein Selbst gab – kein »Ich«, kein »Ego«, kein »Meinereiner« mit all seinen Leidenschaften und seiner Melodramatik, seinen Märchen und Fantasien –, wer starb dann eigentlich? Was war dann eigentlich verloren? Wenn wir tief in uns hineinhören, spüren wir dann nicht instinktiv, dass nichts weiter passiert, als dass eine subtile Bewusstseinsform von einer einzigartigen Erfahrung der Realität in die nächste übergeht?

Ich schnurrte und Hilda lächelte. So ging es eine ganze Weile. An diesem hellen Himalaja-Morgen war der Raum mit Frieden und Licht erfüllt. Ein Zustand, der mehr beinhaltete als nur die Akzeptanz des Unausweichlichen – es war beinahe eine freudige Erwartung dessen, was kommen würde. Ein Übergang von Schmerz, Schwäche und Einschränkung hin zu grenzenlosem Glanz und grenzenloser Glückseligkeit.

Dann gab Hildas Tochter ein Geräusch von sich, und ich blickte auf. Eine Träne lief über ihre Wange. Sie weinte nicht vor Trauer, sondern aus Liebe. Und da wusste ich, dass sie es auch spürte.

Am frühen Nachmittag machten Hilda und ihre Tochter ein Nickerchen. Ich verabschiedete mich und begab mich auf den Heimweg zum Namgyal-Kloster. Wieder hielt ich dabei Ausschau nach dem Kater, wenn auch etwas weniger wachsam als am Vormittag. Francs Erklärung des Shunyata und mein Erlebnis mit Hilda hatten meine Laune deutlich gebessert.

Es heißt, dass man das Konzept des Bedingten Entstehens Tausende Stunden lang erklärt bekommen muss, bevor man seine tiefgreifenden persönlichen Konsequenzen versteht. Ich hatte viele von Geshe Wangpos Vorträgen gehört. Und ich sah es jeden Tag meines Lebens verkörpert in der Gegenwart Seiner Heiligkeit. War ich etwa auf dem Weg, die profane Realität mit all ihren Beschwerlichkeiten hinter mir zu lassen? Wenn ich mich nicht länger mit einer sehr von sich eingenommenen und durchaus als verwöhnt zu bezeichnenden Himalaja-Katze identifizierte, bedeutete das nicht auch, dass ich jeder zukünftigen Begegnung mit dem Kater mit kühler Gelassenheit entgegenblicken konnte? Hatte ich das »Ich« und das damit verbundene selbstsüchtige Gehabe überwunden? War mein Ego nicht eine unbedeutende Bürde, mit der sich nur weniger erleuchtete Katzen belasteten und die es abzuwerfen galt?

Auf dem Nachhauseweg begegnete ich dem Kater ebenso wenig wie vor den Toren des Namgyals. Was mir dagegen bei meiner Ankunft zu Hause sofort auffiel, war der verführerische Duft von Mrs. Trincis Kochkünsten.

Ich erinnerte mich wieder, dass sie schon früh am Morgen gekommen war, um für einige prominente Gäste des Dalai Lama zu kochen. Diese hatten sicher schon längst zu Mittag gegessen, doch das bedeutete nicht, dass ich leer ausging. Auch wenn ich erst später vorbeischaute, vergaß Mrs. Trinci doch nie, eine kleine Auswahl ihres Schaffens auf einem Unterteller für mich anzurichten, den sie dann in die Ecke der Speisekammer neben der Küche stellte.

Ich sprang auf den Mauervorsprung und von dort aus durch das eigens für mich geöffnete Fenster. Auf dem Weg durch den kurzen Flur lief mir bereits das Wasser im Mund zusammen: Wenn mich nicht alles täuschte, hatte Mrs. Trinci meinen Lieblingsauflauf zubereitet, und ich durfte mich auf saftige Leckerbissen in dicker, aromatischer Soße freuen. Wolke um Wolke des verführerischen Duftes schlug mir entgegen, als wolle mich jemand absichtlich anlocken. Mit zitternden Schnurrhaaren eilte ich darauf zu.

Als ich um die Ecke bog, stand da tatsächlich der von Mrs. Trinci dort für mich platzierte Unterteller. Doch

meine Aufmerksamkeit galt etwas ganz anderem – etwas
so Fürchterlichem, dass ich meinen Augen nicht traute!
Eine bösartige Kreatur war über den Teller gebeugt und
verschlang das für mich bestimmte Festmahl: der Kater!

Sechstes Kapitel

Sofort schoss mir Adrenalin ins Blut. Das war kein Fluchtreflex, ich wollte kämpfen! Der Eindringling war in *meinem* Haus. Fraß *mein* Essen. Wie konnte er es wagen!

Ich jaulte wütend auf. Instinktiv sprang der Kater hoch und wirbelte mitten in der Luft herum. Dabei stieß er mit dem Hinterbein gegen den Porzellanunterteller, der über den Boden schlitterte und mit lautem Klirren gegen den Türrahmen stieß.

Ich sträubte das Fell und kam direkt auf ihn zu. Dann hielt ich inne und starrte in die abscheulichen Augen und ließ eine letzte, tiefe, unheilvolle Warnung hören.

Er erwiderte meinen Blick, doch es war offensichtlich, dass er nach möglichen Fluchtwegen suchte. Der Flur hinter mir führte zu dem offen stehenden Fenster, die Küchentür neben ihm zu einem Ladebereich.

Meine Geduld war am Ende. Kampfbereit und fest entschlossen, mein Revier um jeden Preis zu verteidigen, stürzte ich mich auf ihn und hieb wild mit meinen Vorderpranken auf ihn ein. Überrascht warf er mich von sich, trat zurück und holte mit der rechten Pfote zum Gegenangriff aus.

Mit einem Mal schien die ganze Welt nur aus einem wütenden Kreischen zu bestehen. Wieder ging ich auf ihn los. Diesmal wirbelte er herum und trat mit beiden Hinterbeinen und voll ausgefahrenen Krallen aus. Die brutale Gewalt des Stoßes brachte mich aus dem Gleichgewicht. Genau wie der Unterteller zuvor schlitterte ich über den Boden.

Gerade als er mir direkt an die Gurgel springen wollte, begriff ich, dass das Kreischen aus dem Mund der Köchin höchstpersönlich kam! Mrs. Trinci baute sich mit einem hölzernen Kochlöffel in der Hand über uns auf. Dem Kater blieben zwei Möglichkeiten: Sollte er mir die Krallen in den Leib bohren – oder die Flucht ergreifen?

Er entschied sich für Letzteres, duckte sich und sprang durch die offene Küchentür.

Im selben Augenblick hatte ich mich wieder aufgerappelt und nahm die Verfolgung auf. Ich konnte ihn unmöglich damit davonkommen lassen. Das Blatt hatte sich zu meinen Gunsten gewendet. Jetzt war der Augenblick der Vergeltung gekommen!

Doch da spürte ich plötzlich die strenge Hand von Mrs. Trinci. Dann ertönte draußen ein Krachen, als das Gittertor zum Innenhof hinter der Küche zugeschlagen wurde. Mrs. Trinci und ein Mann vom Sicherheitsdienst schrien sich eine Weile lang an. Was zum Teufel war da los? Mir klopfte das Herz bis zum Hals, ich konnte nicht klar denken, und bewegen konnte ich mich erst recht nicht. Mrs. Trinci hielt mich unerbittlich fest.

Dann erschien ein weiterer Wachmann – dieser stand normalerweise vor dem Eingang zu den Privatgemächern des Dalai Lama. Er hob mich mit eisernem Griff auf, trug mich die Treppe hinauf und durch den Flur, jedoch weder in den Wohnbereich Seiner Heiligkeit, der momentan sowieso geschlossen war, noch in das Assistentenbüro. Nein, stattdessen schob er mich in das Erste-Hilfe-Zimmer und schloss schnell die Tür.

Stumm lief ich im Adrenalinrausch durch den weiß getünchten und nur selten benutzten Raum. Die Fensterbretter waren zu hoch, als dass ich hätte hinaufspringen können. Der intensive antiseptische Gestank, den der Desinfektionsmittelspender an der Wand neben dem Waschbecken verströmte, war mir unerträglich. Wie von Sinnen und bis zum Äußersten gereizt drehte ich Runde um Runde.

Von draußen drangen die Geräusche vorbeilaufender und die Treppe hinauf- und hinunterpolternder Sicherheitskräfte zu mir herein. Offenbar riefen sie die Assistenten Seiner Heiligkeit zu Hilfe – ich hörte die gedämpften Stimmen von Tenzin und Oliver. Wo wollten sie hin? Was war mit dem Eindringling geschehen? War ihm die Flucht geglückt, oder hatten sie ihn im Innenhof festsetzen können? Und falls ja, was dann? Brachten Sie ihn zu Serena zurück?

Der Lärm dauerte an. Unwillkürlich fiel mir die erste Begegnung mit dem Kater vor dem Klostertor ein. Die war schon schlimm genug gewesen, hatte sie mich doch aus meiner von Artgenossen freien und schon viel zu lange währenden Bequemlichkeit gerüttelt. Doch die

Entdeckung, dass er meinen Platz am Tara Crescent Nummer 21 eingenommen hatte, war ein ungleich schwererer Schlag gewesen. Er war kein x-beliebiger Straßenkater, sondern fester Bestandteil des Lebens von Serena, Sid und Zahra, deren Heim und Herzen mir zukünftig wohl verschlossen bleiben würden.

Doch dass er sogar in mein Allerheiligstes eingedrungen war, schlug dem Fass den Boden aus. Wo sollte das denn noch hinführen? Was sollte ich jetzt tun? Konnte ich nicht einmal mehr ohne Angst vor einem Angriff nach unten in die Küche gehen?

Ich wusste nicht mehr weiter.

So plötzlich der Lärm vor der Tür angefangen hatte, so schnell hörte die Unruhe auch wieder auf. Ich ließ mich von der kalten, klinischen Ruhe, die im Erste-Hilfe-Zimmer herrschte, einlullen. Ich kannte diesen Raum gut, hatte ich doch in meinen Anfangstagen im Namgyal hier Tenzin oft Gesellschaft geleistet. Ich hatte es mir auf der Liege bequem gemacht, während er sein Mittagessen eingenommen und dazu die Nachrichten des BBC World Service gehört hatte. Ein Ritual, das ich mit der Zeit lieb gewonnen hatte, das aber irgendwann ohne besondere Gründe eingeschlafen war. Von Zeit zu Zeit beobachtete ich ihn dabei, wie er das Zimmer betrat, und schloss mich ihm um der alten Zeiten willen an und genoss seine besonnene Kultiviertheit.

Ich ließ mich mitten auf dem Teppich nieder und nahm eine gründliche Säuberung vor, um mich von den Speichelflecken und Fellspuren des Eindringlings zu befreien.

Plötzlich wurde die Tür aufgerissen. Jemand hob mich hoch und bedeckte mich mit Küssen. »Rinpoche, du armes kleines Ding!«

Es war Zahra! Serena und Mrs. Trinci folgten ihr auf dem Fuß.

»Hat dir der Kater dein Essen weggefressen?« Zahra setzte sich auf die Liege und nahm mich auf den Schoß.

»Er war auch bei uns und hat vor der Küchentür gebettelt.«

Ich sah zu ihr auf.

»Daddy hat es herausgefunden. Er hat sich Sorgen gemacht.«

»In der Tat«, fügte Serena hinzu. »Er wusste ja: Wenn der Kater öfter dort herumlungert, traust du dich nicht mehr zu uns.«

»Deshalb hat er dem Gärtner gesagt, er soll ihn verscheuchen«, fuhr Zahra fort.

Irgendwie hatte ich das Gefühl, dass sie sich diese Geschichte weniger zu meiner, sondern in erster Linie zur eigenen kollektiven Erbauung erzählten.

»Aber dieser Gärtner hört einfach nicht richtig zu! Er verjagt nun jede Katze, die ihm unter die Augen kommt!«

»Hast du mich deshalb nicht besucht?« Zahra war den Tränen nahe. Sie senkte den Kopf, um mir einen Kuss zu geben. Dabei fiel ihr dunkles Haar um uns, sodass es mir vorkam, als wären wir in einem Zelt. Nur wir beide.

»Er hat dich doch hoffentlich nicht mit Erdklumpen beworfen, meine kleine Rinpoche?«

Liebe Leser, zu behaupten, dass mich diese neuerliche Entwicklung erleichterte, wäre wohl maßlos untertrieben. Und das war noch nicht alles.

»Wir hörten, dass sich zwei Katzen in der Nähe des Klostertors gebalgt hatten.« Es war Tenzins Stimme. Zahra hob den Kopf und ich sah, dass er und Oliver ebenfalls den kleinen Raum betreten hatten. Sie drängten sich dicht um mich – das Zentrum der Aufmerksamkeit.

»Es war wohl mehr ein Hinterhalt als eine Balgerei«, sagte Oliver.

»Ja, stimmt«, pflichtete Tenzin ihm bei. »Mr. Patel bereitete dem Ganzen ein Ende, indem er einen Topf voll Wasser über die beiden ausgoss.«

Zahra drückte mich wieder an sich. »Armes Ding, überall schubst man dich herum.«

»Jetzt ist diese Tortur ja hoffentlich vorüber«, sagte Serena.

»Für beide«, bemerkte Tenzin, ganz Diplomat. »Vergessen wir nicht, dass der Kater auch kein leichtes Leben hat. Als streunende Katze in Dharamsala ...«

»Oliver, wir sind dir sehr dankbar, dass du ihn bei dir aufnimmst«, sagte Serena.

»Ich bin mit Katzen aufgewachsen. Was für herzensgute Wesen.«

Oliver? Der Kater? Hatte ich da richtig gehört?

»Keine Sorge, KSH.« Oliver kicherte. »Ich wohne etwas weiter weg. Der Kater wird dir nicht länger das Leben schwer machen.«

Zahra kraulte mich mit den Fingernägeln unter dem Kinn, genau wie ich es mochte. Ich schnurrte dankbar. Noch nie in meinem Leben war ich so erleichtert gewesen.

»Tenzin, Seine Heiligkeit wohnt doch heute den Mönchsprüfungen bei. Dürfen wir uns Rinpoche ausnahmsweise ausborgen, nur für heute Abend? Ich möchte sie gerne mit nach Hause nehmen. Zur Wiedergutmachung.«

Tenzin sah zu mir herüber. Ich lag bequem auf ihrem Schoß. »Aber sicher. Allein langweilt sie sich eh nur. Sie wird dich bestimmt gern begleiten.«

»Wir bringen sie auch wieder rechtzeitig nach Hause. Wir haben Yogi Tarchin zum Essen eingeladen, und der bleibt ja nie lange.«

»Die Anwesenheit eines Yogi und kulinarische Köstlichkeiten«, erwiderte Tenzin und legte grinsend den Kopf schief. »Diese Katze führt ein spannenderes Leben als ich!«

Kurz darauf löste sich die Versammlung auf. Tenzin und Oliver kehrten in ihr Büro zurück. In Zahras Armen folgte ich Serena und Mrs. Trinci nach unten. Als wir die Küche durchquert hatten, blieben wir vor der Tür stehen, die zum Innenhof führte. Dort, in ihrem Schatten, war der Kater. Offenbar hatte man ihn in einen zweckentfremdeten Papageienkäfig gesteckt. Nun wirkte er gar nicht mehr so groß, obwohl der Käfig nicht gerade geräumig war. Er quetschte sich in eine Ecke und blickte mit furchtsamen Augen und zitternden Gliedern zu uns auf. Ein jämmerlicher Anblick.

»Keine Angst, Mr. Mieze. Alles wird gut«, sagte Serena, als wir an ihm vorbeigingen.

»Mehr als gut«, verkündete Mrs. Trinci. »Oliver wird ihn nach Strich und Faden verwöhnen.«

»Im Gegensatz zu unserem kleinen Liebling hier.« Serena drehte sich um und streichelte meinen Kopf. »Der ja niemals verhätschelt wird.«

»Nichts«, sagte Mrs. Trinci wie aus der Pistole geschossen, während sie zu ihrem Auto ging, »ist zu gut für die Schönste Kreatur auf Erden!«

Und so kam es, liebe Leser, dass ich diesen Abend in Zahras Gesellschaft verbrachte und mich einmal mehr in der Villa am Tara Crescent Nummer 21 heimisch fühlen durfte. Was für ein Vergnügen – insbesondere deshalb, weil ich schon geglaubt hatte, dies alles verloren zu haben.

Wenn Zahra im Internat war, betrat ich das Haus oft monatelang nicht. Jedes Mal, wenn sie zurückkam, hatte sie sich verändert. Jetzt, mit siebzehn, war sie eher junge Frau als Kind, doch auch diese Veränderung tat der Freude, die wir in der Gesellschaft des anderen empfanden, keinen Abbruch. Egal, was sie vorhatte – ich war einfach nur glücklich, bei ihr zu sein.

Heute folgte ich ihr über die Veranda und durch die offen stehenden Balkontüren in einen großen Salon mit cremefarbenen Wänden, samtbezogenen Sofas und einem unglaublich teuren, kunstvoll bestickten indischen Teppich, auf dem es sich wunderbar angenehm lief. Von dort aus ging es weiter in einen Flur und durch ein wahres Labyrinth aus reich möblierten Räumen, verwinkelten Korridoren und Treppen.

In einem Innenhof ließ ein Springbrunnen sein Wasser in ein farnbewachsenes Becken plätschern, in dem große, goldene Koikarpfen zwischen den Seerosen stumm ihre Bahnen zogen. Zahra und ich beobachteten sie eine ganze Weile. Die Fische waren so zahm, dass sie sich streicheln ließen, wenn Zahra die Hand ins Wasser hielt.

Dann gingen wir auf ihr Zimmer. In dem Raum mit den rosafarbenen Wänden standen ein weißes Himmelbett mit vielen Kissen und ein Frisiertisch mit allen möglichen Kosmetika, Bürsten und anderen Schminkutensilien. Eine Lichterkette funkelte an der Decke. Das ganze Arrangement war für eine Katze, die nur die kargen Schlafgemächer des Namgyal-Klosters kannte, äußerst faszinierend.

Kurz darauf erhielten wir Bescheid, dass Yogi Tarchin eingetroffen war, und begaben uns in den für diesen besonderen Anlass reich mit Blumen und Kerzen geschmückten Speisesaal. Besuch von jemandem wie Rinpoche war eine große Ehre, die nur wenigen zuteilwurde. Sid und Serena hatten sich deshalb alle Mühe gegeben, damit dieser Abend unvergesslich werden würde.

Eine freudige Energie erfüllte alle Anwesenden. Sid sah in seiner weißen Sherwani-Jacke mit dem Mandarinkragen standesgemäß wie ein Maharadscha aus. Ihm gegenüber saß seine Maharani Serena, die in einem korallenroten Kleid mit dazu passenden Ohrringen aus Roségold förmlich zu leuchten schien. Rinpoche, der als Ehrengast am Kopf der Tafel Platz genommen hatte, war mit einem ockerfarbenen Hemd und einer braunen Hose wie üblich bescheiden gekleidet, machte dies jedoch durch seine Unbeschwertheit und das humorvolle Funkeln, das stets in seinen warmen braunen Augen zu erkennen war, mehr als wett.

Ich folgte Zahra in den Speisesaal. Rinpoche schien nicht überrascht, mich zu erblicken, sondern behandelte mich wie ein Familienmitglied. Zahra saß neben Serena. Für mich selbst war zwar kein Platz am Tisch reserviert, doch ich sprang einfach auf einen prunkvollen Sessel in der Nähe, auf dem ich mir genauso gut als Teil der Runde vorkam. Dann wurde Champagner serviert. Ich beobachtete Yogi Tarchin genau: Er nahm die Flöte in die rechte Hand, tauchte die Spitze des Ringfingers seiner linken Hand hinein und spritzte ein paar Tropfen nacheinander in die vier Himmelsrichtungen Osten, Norden, Westen und Süden. Ein Opfer für die Buddhas und Bodhisattvas, zum Wohlergehen aller Lebewesen allerorten. Bodhichitta war also selbst beim Genuss von Champagner möglich!

Eine ungezwungene Unterhaltung entspann sich. Obwohl es ihr erstes gemeinsames Abendessen nach Rinpoches dreijährigem Retreat war, schien es, als wären sie nie getrennt gewesen. Als Yogi Tarchin nach ihrem Berufsleben fragte, erzählte Sid von seinen Handelsgeschäften und kam anschließend auf ihre gemeinnützige Arbeit zu sprechen, die ihm sehr am Herzen lag. Unter anderem ermöglichten sie Kindern, die nur eine geringe Schulbildung erhalten hatten, den Besuch von Computerkursen, die ihnen bei der Jobsuche halfen.

Serena ergänzte Sids Bericht, dann beichtete sie Yogi Tarchin die größte Peinlichkeit ihres Lebens an jenem verhängnisvollen Tag, an dem der Dalai Lama sie in der Küche aufgesucht hatte.

»Du hast Seine Heiligkeit einfach stehen lassen und die Tür zugeschlagen?«, frage Yogi Tarchin ungläubig.

»Mit Schmackes«, gestand Serena.

Yogi Tarchin fing an, leise, aber herzlich zu lachen. Er kniff die Augen zusammen und warf den Kopf zurück. Er bebte am ganzen Körper, und es war unmöglich, sich nicht von seiner Heiterkeit anstecken zu lassen.

Sobald er sich wieder in der Gewalt hatte, erzählte Serena, wie sie sich beim Dalai Lama entschuldigt und wie er ihr daraufhin erklärt hatte, worum es bei der Anhaftung ging und dass man einem Ergebnis – einem geschäftlichen Erfolg etwa oder einer Schwangerschaft – ebenso anhaften konnte wie materiellen Gegenständen oder gesellschaftlichem Ansehen. Sich von der Vorstellung zu verabschieden, von äußeren Faktoren abhängige Glückseligkeit erlangen zu können – also Loslösung –, war der erste Schritt auf dem spirituellen Pfad.

»In der Theorie verstehe ich das ja alles«, sagte Serena. »Das Konzept, dass man sich nicht in Gedanken verfangen sollte, die einen nur unglücklich machen, leuchtet mir ein. Aber es umzusetzen ist so schwierig! Wie soll man bestimmte Dinge denn ausblenden, wenn man sich erst mal daran *gewöhnt* hat, sich auf sie zu konzentrieren?«

Rinpoche nickte.

»Mit dem Konzept des Bodhichitta ist es genauso. Ich verstehe, dass man sich Tag und Nacht unser höchstes Bestreben vor Augen führen soll, aber wie schafft man es nur, sich beständig daran zu erinnern? Woher nimmt man denn solche geistigen Kapazitäten? Wie können wir uns von unseren negativen Gedanken befreien und Platz für positive schaffen?«

Yogi Tarchin ließ diese Fragen eine Weile lang gewissermaßen in der Luft hängen, dann tupfte er sich die Lippen mit einer Serviette ab und blickte Serena eindringlich an. »Deshalb ist die Meditation der Kern unserer Praxis«, sagte er. »Stell dir die Meditation als Training vor, nur nicht für den Körper, sondern für den Geist. Wer seinen Körper trainiert, tut das ja nicht nur um des Trainings willen, sondern auch für die Zeit zwischen den Trainingseinheiten – was wohl die meiste Zeit des Lebens sein dürfte. Ganz egal, wo wir sind oder was wir tun, wenn wir körperlich fit und leistungsfähig sind, können wir besser mit den Herausforderungen des Lebens umgehen.

Mit dem Geistestraining verhält es sich ganz genauso. Völlig egal, wo du bist oder was du tust, wenn du mental fit und leistungsfähig bist, kannst du mit den Herausforderungen des Lebens besser umgehen. Mit seinen Höhen und Tiefen. Du kannst negative Gedanken schneller erkennen und sie loslassen. Und dann hast du auch den mentalen Platz für das Bodhichitta.«

Serena sah mit einem Lächeln auf ihren Teller hinab. »Rinpoche, wenn du etwas erklärst, hört es sich immer so offensichtlich an. So simpel.«

»Simpel, aber nicht einfach«, sagte Sid und grinste Yogi Tarchin an.

»Gibt es denn eine bestimmte Meditation, die uns unsere Gedanken sortieren hilft? Die Platz schafft?«, fragte Serena.

Yogi Tarchin nickte. »Die ›Geist beobachtet Geist‹-Meditation könnte dir hier vielleicht weiterhelfen. Dazu musst du den Geist zur Ruhe bringen, dich auf deinen Atem konzentrieren und dann deinen Verstand beobachten. Dass dabei Gedanken in deinem Geist aufsteigen wie Wellen aus dem Ozean, ist ganz normal. Der Witz ist, sich von diesen Gedanken nicht vereinnahmen zu lassen. Das Motto lautet: ›Erkennen. Akzeptieren. Loslassen.‹ Nimm jeden Gedanken zur Kenntnis – tu nicht so, als ob er nicht da wäre. Akzeptiere, dass du diesen Gedanken hast, egal, ob er gut oder schlecht ist. Und dann lass ihn los. Lass ihn einfach davonschweben wie einen mit Helium gefüllten Ballon.«

Die drei Menschen lauschten atemlos. Ich auch.

»Ihr müsst lernen, Beobachter zu werden.«

»Beobachter«, wiederholte Serena.

»Gedanken zu haben ist völlig natürlich. Jeder von uns hat ständig irgendwelche Gedanken. Doch was zählt …« – er senkte die Stimme, sodass wir uns alle zu ihm vorbeugten – »ist, diese Gedanken zu beherrschen, anstatt sich von ihnen herumkommandieren zu lassen. Zu entscheiden, welchen Gedanken wir uns widmen wollen, anstatt uns gewohnheitsmäßig auf jeden einzelnen einzulassen – also auch auf diejenigen, die uns unglücklich machen.

Wenn man dieses Training oft genug durchführt, wird es zur Gewohnheit. Und dann bestimmst *du*, was in deinem Verstand vor sich geht – nicht nur beim Meditieren, sondern auch in der Zeit dazwischen. Dann hast *du* die Kontrolle über deine Gedanken und dadurch auch über die Gefühle, die diese Gedanken auslösen.«

Dabei fiel mir Conrad ein, der als kleines Häufchen Elend auf der Bank unter der Zeder gesessen hatte. Er war seit fünf Jahren Gefangener seiner eigenen, höchst negativen Gedanken. Dann dachte ich an Serena, wie sie aus der Küche gestürmt war, an mich, wie ich aufgekratzt und ruhelos durch das Erste-Hilfe-Zimmer getigert war.

Wie schön wäre es doch, diese unangenehmen Gedanken loszulassen, statt sich zu ihrem Sklaven zu machen!

Wie Serena hingen auch Sid und Zahra förmlich an Rinpoches Lippen. »Dieses geistige Training führt zu einer wunderbaren Entdeckung. Wenn man negative Gedanken bewusst loslässt, erkennt man, dass sie nicht existieren können, wenn man ihnen keine Aufmerksamkeit schenkt. Sie brauchen deine Energie, um dich immer wieder heimsuchen zu können. Ohne deine Aufmerksamkeit werden sie verschwinden. Und nach einer Weile tauchen sie überhaupt nicht mehr auf, weil du ihnen die Existenzgrundlage entzogen hast.«

Serena schüttelte den Kopf. »Zu viel Nachdenken führt zu Schlaflosigkeit, Depressionen und Angst. Wäre es nicht schön, wenn jeder diese Weisheit erfahren und diese Methoden erlernen könnte?«

Ein Dutzend Kerzenflammen flackerten und die Vorhänge flatterten, als eine warme Brise den Geruch des Nachtjasmins in den Raum trug. Und in diesem duftenden, von sanftem Licht erhellten Saal erklärte Yogi Tarchin die subtilen Mechanismen des Bewusstseins, die er in einem Leben der oftmals in Einsamkeit durchgeführten Selbstbeobachtung erfahren hatte. Dann hatte Sid eine Frage. »Rinpoche, welche Gedanken sind von allen die hartnäckigsten? Bei welchen fällt es uns besonders schwer, sie loszulassen?«

»Die Gedanken an das Selbst«, antwortete Yogi Tarchin unverzüglich und wandte sich ihm zu. »Von allen unseren Konzepten ist die Vorstellung eines unabhängigen ›Ich‹, eines ›Selbst‹, wohl dasjenige, das am tiefsten sitzt, weil es sich um den stärksten instinktiven Impuls handelt, den wir kennen.«

Sid nickte. »Das überrascht mich nicht. Wir verwenden so viel Energie darauf, die Vorstellung dieses Selbst aufrechtzuerhalten. Auch wenn wir verschiedene Lebensabschnitte durchmachen und uns von Grund auf ändern, halten wir nicht nur an diesem Konzept des ›Ich‹ fest, wir verstärken es auch noch.«

Nun ergriff Zahra zum ersten Mal das Wort. »Warst du eine andere Person, bevor Mommy gestorben ist?«, fragte sie ihren Vater mit klarer Stimme.

Über Shanti, Sids erste Frau und Zahras Mutter, sprachen sie nur selten. Dass ihr Name in dieser Unterhaltung überhaupt fiel und dann auch noch Zahras einzigen Beitrag dazu darstellte, war höchst außergewöhnlich.

»War ich eine andere Person?«, fügte sie hinzu.

Sid sah Zahra mit einem vor Emotionen getrübten Blick an. »Ich war tatsächlich ein anderer«, sagte er. »Aber du warst erst zwei Jahre alt. Es überrascht mich, dass du dich überhaupt daran erinnern kannst.«

»Kann ich auch nicht.« Sie schüttelte den Kopf. »Jedenfalls nicht an Einzelheiten. Es war, als würde die Sonne plötzlich verlöschen. Und du warst so ernst und traurig.«

Serena legte den Arm um sie.

»Schon in Ordnung«, sagte Zahra, nachdem sie sich umarmt hatten, und wandte sich wieder ihrem Vater zu. »Alles ist anders. Trotzdem …« Sie hielt inne und starrte Yogi Tarchin durchdringend an. »Trotzdem frage ich mich manchmal, was mit Mommys Bewusstsein passiert ist. Es ist weitergezogen, nicht wahr?«

»Natürlich.« Er nickte.

»Angetrieben vom Karma«, fuhr sie fort. »Ihren Vorlieben und Abneigungen. Dem, was sie geliebt hat.«

»Du hast ein sehr tiefes Verständnis«, sagte Yogi Tarchin sah sie mit funkelnden Augen über den Tisch hinweg an.

»Also, wenn sie Daddy und mich geliebt hat, zieht es sie doch wieder zu uns zurück. Heißt das, dass vielleicht die anderen Mädchen aus dem Internat, die ein paar Jahre jünger sind als ich, oder meine Freundinnen, die mich hier besuchen kommen … nun ja, wäre es möglich, dass sie Mommys Bewusstsein haben?«

»Zahra.« Sid wandte sich ihr lächelnd, aber mit fester Stimme zu. »Du verwechselst unseren verehrten Gast mit einem Hellseher vom Jahrmarkt.«

»Das macht Rinpoche nichts aus!«, protestierte sie.

Yogi Tarchin kicherte. »Ist schon gut.« Er hob die Hände und sah Sid und Serena an. »Es ist doch erfreulich, dass sie Fragen hat und sich für diese Dinge interessiert.« Er richtete seinen klaren Blick auf Zahra. »Rein technisch gesehen hast du recht. Sie könnte eine deiner Freundinnen sein. Aber die Wiedergeburt als Mensch, insbesondere in eine reiche und privilegierte Familie, ist etwas ganz Besonderes.«

Sie lauschte aufmerksam, dann hob sie die Schultern. »Und wie erkenne ich sie?«

»Gar nicht – außer du bist eine Hellseherin. Der normale Mensch spürt nur das Gefühl einer Verbindung. Von Herz zu Herz.«

Er rutschte näher an den Tisch heran und setzte eine ernste Miene auf. »Achte genau auf solche Gefühle. Wir alle sind durch unzählige Leben auf mannigfache Weise miteinander verbunden. Jeder von uns ist von den Müttern vieler Leben umgeben. Das Tragische ist, dass uns die meisten völlig fremd sind.«

Nach dem Essen statteten wir demjenigen Raum einen Besuch ab, den ich am meisten vermisst hatte: dem Turmzimmer. Die drei Erwachsenen machten Witze darüber, dass sie zu viel gegessen hatten und nicht mehr durch das enge Treppenhaus passten, schafften es aber schließlich doch hinauf. Zahra hob mich hoch und sprang ihnen leichtfüßig hinterher.

Es war ein perfekter Sommerabend. Hinter jedem der vier großen Fenster erwartete uns ein atemberaubendes Panorama. Ich erinnerte mich noch daran, wie wir dieses Zimmer zum ersten Mal als Familie betreten hatten, nachdem Sid das Haus gekauft hatte und die Renovierungen abgeschlossen waren. Wie wir vier – Sid, Serena, Zahra und ich – den Sonnenuntergang betrachtet hatten, als wäre es ein Spektakel, das der Himmel allein für uns aufführte.

An diesem Abend, in Rinpoches Gegenwart, schien es, als wären wir von dem hell und königlich vom Nachthimmel leuchtenden Mond persönlich gesegnet. Seine silbernen Strahlen brachten die Gipfel des Himalajas zum Glänzen. Wie ein endloses Meer aus von weißem Schaum gekrönten Wellen erstreckten sie sich vor uns, so weit das Auge reichte.

Im nächsten Fenster war ein Kiefernwald zu sehen. Das dunkle Blätterdach wogte im Wind wie ein mitternächtlicher Ozean.

Hinter dem dritten Fenster waren Blumenbeete, die terrassenartig angelegten Rasenflächen und die sich um weitere Bäume schlängelnde Einfahrt zum Haus zu erkennen. Der bei Tag so üppige und bunte Garten wirkte im einfarbigen Silberlicht geradezu surreal. Der Mond und der Sternenteppich hatten ihn in einen verwunschenen Ort verwandelt, und das Bächlein an einem Ende flüsterte dem nahe gelegenen Wald gurgelnd seine Geheimnisse zu.

Hinter dem vierten Fenster glänzte Dharamsala in Festbeleuchtung: McLeod Ganj auf dem Hügel, die übrige Stadt darunter. Obwohl dort geschäftiges Treiben herrschte, wirkte der Ort auf diese Entfernung so unwirklich wie eine funkelnde Spielzeuglandschaft.

Hier im Turm kam ich mir vor, als wäre ich im Himmel und würde auf eine Ehrfurcht gebietende, gewaltige Schöpfung hinunterblicken. Dieses Staunen lag auch in Yogi Tarchins Blick, als er sich zu seinen Gastgebern umdrehte. »Seht ihr!«, sagte er und deutete auf die Panoramen zu allen vier Seiten. »Ihr wisst ja bereits, wie es ist, objektive Beobachter zu sein.«

»Das ist in der Tat ein großes Privileg.« Sid neigte zustimmend den Kopf.

»Ein sehr friedlicher Ort«, sagte Serena und deutete auf die sich gegenüberstehenden Sofas. Sid und Serena nahmen auf dem einen Platz, Zahra setzte sich neben Rinpoche auf das andere, von dem aus sie die Berge betrachten konnten. Ich machte es mir auf Zahras Schoß gemütlich.

»Soll das heißen«, fragte Serena noch einmal nach, »dass wir unsere Gedanken vorbeiziehen lassen sollten wie Wolken am Himmel?«

Yogi Tarchin nickte.

»Und dadurch können wir unsere Gedanken besser sortieren?«

Rinpoche sah sie an. Silbernes Mondlicht spiegelte sich in seinen Augen. »Der Name dieser Praxis lautet ›Geist beobachtet Geist‹, erinnerst du dich? Gedanken steigen aus dem Geist auf, sie sind von derselben Natur wie der Geist, doch der Geist ist viel mehr als bloße Wahrnehmung.

Das Besondere an dieser Meditation ist, dass sie die einzige Möglichkeit darstellt, die Natur unseres Geistes aus erster Hand zu erfahren. Das ist nur auf diese Weise möglich. Die verschiedenen Theorien, die die Psychologen, Philosophen und Neurowissenschaftler über den Geist aufgestellt haben, die Vorstellungen, über die sie diskutieren und debattieren, sind nur intellektuelle Konstrukte. Modelle. Was schmeckt besser – das wissenschaftliche Modell von Schokolade oder die Schokolade selbst?« Er sah Zahra grinsend an. Diese Frage war rein rhetorisch und bedurfte beileibe keiner Antwort.

»Wenn wir ›Geist beobachtet Geist‹ in den Lücken zwischen den Gedanken praktizieren, erhaschen wir einen Blick auf unseren Geist. Und so klein diese Lücke auch sein mag, wir erkennen, dass unser Geist bestimmte Eigenschaften hat. Er ist von vollkommener Klarheit. Und er versetzt uns in die Lage, alles Mögliche auftauchen oder erscheinen zu lassen: Gedanken, Empfindungen, Erinnerungen und so weiter.

Der Geist ist unermesslich. Er hat keinen Anfang und kein Ende. Er ist nicht an Raum und Zeit gebunden. Was unserem Körper auch zustoßen mag – der Geist kennt keine Grenzen.«

Rinpoche nickte. »Am wichtigsten ist: Der Geist hat eine bestimmte Gefühlstönung. Er besteht nicht nur aus trockenen, empfindungsunfähigen grauen Zellen. Die wahre Natur meines Geistes, eures Geistes, jeden Geistes« – er hob die Hände – »ist Friedlichkeit. Gleichmut. Wer im reinen Geist verweilt, erfährt eine tiefe Gemütsruhe, die irgendwann in beständige Glückseligkeit übergeht.

Sobald man diese Glückseligkeit auch nur einen kurzen Augenblick lang erlebt hat, will man sie erneut erfahren. Und je länger man diesen Zustand aufrechterhalten kann, desto größer wird die Gewissheit, dass man eigentlich dieses ursprüngliche Bewusstsein ist. Keine Ansammlung von kommenden und gehenden Vorstellungen von einem fiktiven Selbst, das sich auf unserem Lebensweg ständig ändert. Nein, wir erfahren ein subtiles Bewusstsein ohne Ego oder Identität, doch grenzenlos und gütig und glückselig. Das ist die wahre Realität! Wie schon der große Maitripa seinem Schüler Marpa erklärte:

Alle Phänomene sind der Geist selbst.
Dein Guru erhebt sich aus diesem Geist.
Außer dem Geist gibt es nichts.
Alle Erscheinungen sind die Natur des Geistes.
Und selbst das ist nicht grundsätzlich bewiesen.«

Daraufhin schwiegen alle, gefesselt von den Worten
Maitripas oder der Präsenz Rinpoches. Oder war das
eine nur eine Manifestation des anderen? Irgendwie hatte
es Rinpoche geschafft, uns mithilfe eines Konzepts eine
Weisheit, eine Empfindung jenseits aller Konzepte dar-
zulegen. Und obwohl niemand von uns in der Lage gewesen wäre, seine Bedeutung zu wiederholen oder seine
Worte zu erklären, *spürten* wir sie doch als transzenden-
tale Realität, als grenzenlose und allumfassende Freude,
die uns über alle räumliche Trennung hinweg auf unbe-
greifliche und doch tief empfundene Güte miteinander
verband.

Genau wie es Zahra versprochen hatte, brachten sie mich
rechtzeitig nach Hause. Ich schlüpfte durch das Fenster
im Erdgeschoss und lief den kurzen Flur hinunter. Als ich
an der Tür zum Innenhof vorbeikam, erinnerte ich mich
an den Kater, der dort in seinem Vogelkäfig gesessen hatte. Doch Käfig und Kater waren längst verschwunden.

Ich lief nach oben in unsere Gemächer. Alles war dunkel, was bedeutete, dass sich Seine Heiligkeit noch im
Tempel gegenüber befand und den Mönchsprüfungen

beiwohnte. Ich trank etwas Wasser und setzte mich auf die Fensterbank, von der ich das nächtliche Treiben beobachten konnte. Kurz darauf sah ich auch, wie sich der Dalai Lama auf den Heimweg machte.

Wir hatten uns seit den dramatischen Ereignissen des Nachmittags nicht gesehen. Ob ihm jemand davon erzählt hatte? Sobald er den Raum betrat, erhielt ich eine Antwort auf meine Frage. Er kam zu mir herüber und setzte sich neben mir in die Dunkelheit, so wie ich es mochte.

»Ich habe schon gehört, was heute passiert ist«, sagte er und kraulte meinen Hals. »Was für eine Aufregung! Angeblich hat sich dieser Kater schon eine ganze Weile hier herumgetrieben. Zum Glück hat Oliver so ein großes Herz.

Kleine Schneelöwin, du weißt ja, wie es sich anfühlt, kein Zuhause zu haben. Nichts zu essen. Misshandelt zu werden.«

Bis zu diesem Augenblick war mir nicht im Traum der Gedanke kommen, dass mir der Kater ähnlich sein könnte. Als ich heute Nachmittag nach Hause gekommen war, hatte ich einen Eindringling vorgefunden. Einen bösartigen Angreifer. Einen Grobian, der in mein Heim eingefallen war. Doch Seine Heiligkeit hatte mir eine ganz andere Version des Katers gezeigt. Eine, die mir ähnlich war – mir, dem armen kleinen Kätzchen, das er von den Straßen Neu-Delhis aufgelesen hatte. Eine Version, die Mitgefühl verdiente.

Ich wusste noch, wie sehr mich der Anblick des Katers im Vogelkäfig erschreckt hatte. Und da fiel mir plötzlich ein, in welchem Geisteszustand ich das Altenheim am Nachmittag verlassen hatte. Ich hatte doch tatsächlich geglaubt, die Fesseln der Selbstsucht abgestreift, alle Ichbezogenheit überwunden zu haben. Was für ein böses Erwachen!

»Wir alle wollen genug zu essen und ein sicheres Plätzchen, nicht wahr?« Der Dalai Lama beugte sich über mich. »Wir alle wollen Liebe geben und empfangen.«

Diese Worte hatten zu den ersten gehört, die Seine Heiligkeit vor sieben Jahren in genau diesem Zimmer an mich gerichtet hatte. Und doch war mir ihre praktische Bedeutung selbst nach dieser langen Zeit verschlossen. Was ich allerdings in diesem Augenblick sehr wohl verstand, war die Tatsache, dass die Version der Lebewesen in der Welt um uns herum auch ein Produkt unseres Geistes war. Je mehr wir unseren Verstand mit Gedanken an uns selbst, unsere Bedürfnisse und Wünsche anfüllten, desto weniger Platz hatte das Mitgefühl dort – und desto unglücklicher wurden wir. Conrad war so von seinen eigenen Schuldgefühlen besessen gewesen, dass er die letzten fünf Jahre ein elendes, ichbezogenes Leben geführt hatte – bis ihm Franc einen Ausweg aus seinem selbst geschaffenen geistigen Gefängnis gezeigt hatte.

»Man braucht zumindest ein gewisses Verständnis von Shunyata, um aufrichtiges Mitgefühl zu entwickeln und wahre Wohltätigkeit zu erfahren.« Wie so oft schien der Dalai Lama direkt auf das zu antworten, was ich gerade gedacht hatte. »Wenn wir uns von der äußeren Erscheinung blenden lassen, wenn wir uns nie die Frage nach der wahren Natur des Selbst stellen, sind wir dazu verdammt,

Gefangene eines Geistes von der Größe eines Sesamkorns zu sein. Entsagen wir dieser Voreingenommenheit aber auch nur ein kleines bisschen« – er rückte näher an mich heran, holte tief Luft und drückte den Rücken durch – »dann haben wir Platz. Wir fühlen uns leichter. Wir können die richtigen Schritte unternehmen, um unser wahres Potenzial auszuschöpfen und die Erleuchtung zu suchen.«

Während es dunkler wurde, blickten wir wie schon so oft an vergangenen Abenden über den von Lampen erhellten Innenhof zu den mit Gardinen verhängten Fenstern der Mönchsquartiere hinüber. Nach und nach versanken die orangefarben leuchtenden Rechtecke in der Dunkelheit, dann wurden die Lichter des goldenen Tempeldachs mit seinen Glückssymbolen in einer bestimmten, rituellen Reihenfolge gelöscht.

»Loslassen«, sagte der Dalai Lama, womit er sich nicht nur auf seine Worte von eben bezog, sondern auch auf das, was um uns herum passierte. »Eins nach dem anderen. Wenn wir glücklich sein wollen, müssen wir alle Verblendungen loslassen – *Loslösung*. Wenn wir unsere wahre Bestimmung erkennen und dauerhafte Glückseligkeit erlangen wollen, müssen wir unsere Selbstsucht loslassen – *Bodhichitta*. Und wenn wir im Einklang mit der Wirklichkeit handeln wollen, müssen wir unsere Illusionen über die Art und Weise, wie die Dinge existieren, loslassen – *Shunyata*.«

Wieder einmal war ich verblüfft, dass Seine Heiligkeit derart tiefe Wahrheiten so bestechend einfach erklären konnte. Mit diesen drei Sätzen hatte er zusammengefasst, was zu tun war, wenn man die ersten drei Pfoten auf den Pfad zum spirituellen Glück setzen wollte.

Selbstverständlich fehlte noch ein viertes Element, doch das würden wir auf später vertagen: ein langer, anstrengender Tag neigte sich dem Ende zu. Schließlich verlosch auch die goldene Lotosblume an der Tempelfassade, und wir saßen im Dunkeln. Eine kühle Brise wehte durchs Fenster und trug den erfrischenden Duft der Himalajakiefern mit sich.

Ein Novize huschte in Sandalen über den Innenhof zu seinem Zimmer. Er war lediglich als Schatten im Mondlicht zu erkennen. »*Om mani padme hum!*«, erklang seine hohe Stimme durch die kalte Nacht.

»*Om mani padme hum*«, wiederholte der Dalai Lama mit segnender Wärme.

Siebtes Kapitel

Liebe Leser, kennt ihr das auch? Ihr spürt, dass etwas in der Luft liegt – doch ihr könnt nicht genau sagen, was es ist. Die Schnurrhaare vibrieren, die Ohren zucken: Es ist ein Gefühl, das man nicht in Worte fassen kann und das doch überdeutlich ist. Als würde jemand mit einem Megafon durch die Gegend laufen und etwas Wichtiges durchsagen – in einer unbekannten Sprache.

Dieses Gefühl hatte ich im Himalaja-Buchcafé. Es war regelrecht überwältigend, als hätten sich unbemerkt tief unter uns tektonische Platten verschoben. Eine Veränderung kündigte sich an, die neue Möglichkeiten und Abenteuer mit sich brachte.

Zum Beispiel war man von offizieller Seite auf Serenas Bildungseinrichtung, die Computerkurse für Teenager bereitstellte und ihnen bei der Jobsuche half, aufmerksam geworden. Das erzählte sie Bronnie eines Nachmittags, als sie auf dem Sofa hinter mir eine Teepause einlegten. Das Gewürzmischungsgeschäft lief so gut wie nie, deshalb konnte sie sich auch eine umfangreiche Erweiterung der Einrichtung leisten. Und *das* war für sie ein weitaus größerer Grund zur Freude als ein Schulterklopfen von irgendwelchen Beamten. Dennoch – dass die Behörden sie lobend erwähnten, war ganz sicher nicht zu verachten.

Ein paar Tage darauf kam Franc mit einem Blatt Papier in der Hand aus dem Büro des Restaurants. »Hast du das schon gesehen?«, fragte er und hielt Sam das Blatt hin.

»Bronnie hat etwas in der Richtung erwähnt.« Er überflog den Brief, dann hob er die Augenbrauen. »Aber davon hat sie nichts gesagt.«

»Typisch Serena. Sie ist viel zu bescheiden«, sagte Franc.

»Vielleicht will sie es nicht an die große Glocke hängen.«

Franc starrte eine Weile gedankenverloren vor sich hin. »Dann machen wir das für sie«, sagte er geheimnisvoll.

Später hörte ich, wie er mit Sid telefonierte. Neben dem festlichen Anlass an sich ging es in dem Gespräch auch um Serenas Weigerung, viel Wind um die Sache zu machen. Anscheinend hatten die beiden Männer andere Pläne. Leider bekam ich nicht mit, wie diese genau lauteten, da Franc die Bürotür schloss, bevor er den Nachmittag am Telefon verbrachte. Nur gelegentlich tauchte er mit einem aufgeregten Funkeln in den Augen wieder auf. Einmal hörte ich ihn das Wort »Leibwächter« erwähnen.

Und damit nicht genug: Zahra kam während ihrer Ferien regelmäßig ins Café und half Serena mit den Gewürzmischungen. Das Büro des Versandhandels befand sich im ersten Stock, weshalb Zahra darauf bestand, dass ich ebenfalls dorthin umsiedelte. Sie hob mich aus dem Zeitschriftenregal, drückte mich an ihre Brust, trug mich die Treppe hinauf zu ihrem Schreibtisch, auf dem sie sorgfältig eine Fleecedecke ausgebreitet hatte. Dort verbrachte ich die nächsten Stunden mit untergeschlagenen Pfoten und beobachtete sie genau – unterbrochen nur von gelegentlichen Streicheleinheiten und Nickerchen.

Obwohl ich mich insgesamt gar nicht so lang mit ihr dort oben befand, war es doch etwas ganz Besonderes, in Zahras Nähe zu sein. Ich verspürte ein Gefühl der Verbundenheit, das erfreulich neu und anders war. Ein Auftakt. Ein Vorwort. Ein Vorbote dessen, was noch kommen sollte.

Außerdem hatte ich in den letzten Wochen beobachtet, wie sich Angela, Sams neue Verkäuferin, und Conrad nähergekommen waren. Zuerst hatten sie im Buchladen tiefschürfende Gespräche geführt: Conrad hatte sich von Angela Reiseführer für die Region empfehlen lassen, woraufhin ihm Angela mehrere bebilderte Bände zum Thema Bergwandern gezeigt hatte – ein Hobby, das sie, wie sich herausstellte, gemeinsam hatten.

Eines Tages hatten sie beschlossen, nicht länger im Buchladen herumzustehen, sondern sich auf eine Bank im Café zu setzen – diejenige, die dem Zeitschriftenregal am nächsten war. Conrad war vor mehreren Monaten in Dharamsala angekommen und hatte sich seither zu einem Stammgast im Himalaja-Buchcafé entwickelt. Allerdings hatte er meistens allein am Tisch gesessen, und egal, ob er ein Buch las oder am Laptop arbeitete, stets umgab ihn eine Aura der Einsamkeit, als hätte er unsichtbare Schutzmauern um sich errichtet, die die anderen von ihm fernhielten.

Seit er sich jedoch mit Franc im Schatten der Zeder unterhalten hatte, war er wie ausgewechselt. Nun strahlte er Leichtigkeit, Offenheit und die Bereitschaft aus, sich einzubringen. Ich hatte ihn überhaupt noch nie mit einer Frau sprechen sehen, und plötzlich war er in eine lebhafte, angeregte Unterhaltung verwickelt. Angelas blasse Wangen glühten noch mehr als sonst. Während sie Conrad beim Kaffee aufmerksam zuhörte, strich sie sich das Haar aus dem Gesicht, sah ihm in die grünbraunen Augen und musterte eingehend seine feinen Gesichtszüge. Irgendwann ließen sie die schweren, anspruchsvollen Themen ruhen, und bald lachten sie laut. Mir entgingen auch die gelegentlichen Gesprächspausen nicht, in denen sie sich nur stumm in die Augen sahen. Und lächelten.

Als sie schließlich aufstanden, hielt sich Conrad die rechte Schulter. Er hätte sie wohl verspannt, sagte er, woraufhin ihm Angela vorschlug, ihn heute Abend mit in die Yogaschule zu nehmen, die sie seit einigen Wochen zusammen mit Serena besuchte.

»Bringt das denn was?«, fragte Conrad.

»Schon möglich.«

»Ist der Lehrer denn nicht auf Reisen?«

»Stimmt. Ludo ist seit fast zwei Monaten in Deutschland. Anscheinend gefällt es ihm dort ganz gut. Aber er wird von einigen langjährigen Schülern vertreten. Außerdem musst du dir die Yogaschule ansehen. Die Aussicht ist fantastisch!«

»Ich dachte, beim Yoga soll man sich auf die Haltung konzentrieren.« Er lächelte herausfordernd. »Keine Ablenkungen.«

»Richtig«, sagte sie mit funkelnden Augen. »Aber manche Ablenkungen sind angenehmer als andere.«

Seine Heiligkeit befand sich auf einem humanitären Kongress in Neu-Delhi und würde erst spät am Abend zurückkehren, daher beschloss ich, der Yogaschule ebenfalls einen Besuch abzustatten. Ich setzte mich auf meinen Holzhocker im rückwärtigen Teil des Unterrichtsraums und beobachtete die Schüler dabei, wie sie zu meditativen, an den Rhythmus eines indischen Gebets erinnernden Sitarklängen die wohlvertraute Abfolge von Asanas absolvierten.

Solange Ludo in Deutschland weilte, wechselten sich mehrere seiner besten Schüler damit ab, die Rolle des Lehrers einzunehmen. Heute war Ewing an der Reihe, und obwohl er gekonnt und mit Geschmeidigkeit und Kraft durch die verschiedenen Haltungen führte – und mit Humor, wie er einmal bewies, als er beinahe aus der Halbmond-Stellung fiel –, war die Atmosphäre nicht dieselbe. Ohne Ludo fehlte eine gewisse Energie, eine Zielstrebigkeit.

Seine Abwesenheit hatte auch Auswirkungen auf die Teilnehmerzahl. Früher waren es im Durchschnitt etwa 25 Schüler gewesen, die den Unterricht besuchten. Serena zufolge hatte sich in den letzten Wochen die Anzahl der Anwesenden jedoch halbiert. An diesem Abend waren es nur neun Teilnehmer, Angela und der neu hinzugekommene Conrad eingeschlossen.

Daher geschah das, was als Nächstes passierte, zu einem denkbar ungünstigen Zeitpunkt. Nachdem die Schüler am Ende der Stunde etwa zehn Minuten lang in der *Shavasana* oder Totenstellung gelegen hatten, erklang statt der sanften Musik plötzlich ein stetig lauter werdender Alarm. Ewing stand auf und ging zu dem mit der Stereoanlage verbundenen Laptop hinüber. Der Alarm wurde immer durchdringender. Schließlich gelang es Ewing, die Ursache des Lärms zu identifizieren: »Ein Videoanruf!«, verkündete er. »Es ist Ludo!«

Die Schüler standen auf. »Ich wollte nur mal hören, wie es im Unterricht so läuft.« Ludos unverwechselbare Stimme mit dem deutschen Akzent dröhnte so glasklar aus den Lautsprechern, als wäre er hier bei uns im Raum.

Dabei schlug er einen listigen Ton an, als wüsste er genau, wie sehr uns sein Anruf überraschte. Seit seiner Abreise hatte er lediglich ein paar E-Mails geschrieben.

Die Schüler versammelten sich vor dem Computer und winkten in die Kamera. »Hi, Ludo!« Serena beugte sich zum Bildschirm vor. Franc nickte mit vor dem Herzen zusammengelegten Händen. »Hallo« und »Namaste« riefen die anderen im Chor.

Zur allgemeinen Erheiterung demonstrierte Ewing noch einmal, wie er bei der *Ardha Chandrasana* beinahe umgefallen war. Serena bemerkte, dass Ewing mit seinem »Gleichgewichts-Chakra«-Album genau die richtige Musikauswahl getroffen hatte. Es herrschte also gute Stimmung, als sie Ludo fragten, wie es ihm in seinem Urlaub erging.

Wie sich herausstellte, fühlte sich Ludo in seinem Geburtsland, bei seiner Familie und den Freunden aus seiner Kindheit pudelwohl. Dennoch musste er ständig an den Himalaja denken und plante, in zwei Wochen zurückzukehren.

Dann fragte er nach Sukie, und Ewing musste ihm gestehen, dass sie ebenso wenig zum Unterricht erschienen war wie Merrilee, die viele Jahre lang ihre Matte neben Sukie ausgebreitet hatte. Und auch Carlos und Jordan, zwei langjährige Schüler, waren abwesend. Schließlich bat Ludo Ewing, die Kamera zu drehen, damit er sehen konnte, wer überhaupt gekommen war.

»Wir sind nur zu neunt«, sagte Ewing.

»Dafür ist Conrad aus der Schweiz zum ersten Mal hier.« Serena versuchte, die positiven Seiten hervorzuheben.

Ich erhaschte einen kurzen Blick auf den Bildschirm, auf dem Ludos gebräuntes Gesicht zu sehen war. Wenn ihm die Neuigkeiten Sorge bereiteten, so ließ er sich nichts anmerken. Er war so entspannt wie immer, und obwohl er sich am anderen Ende der Welt befand und mittels eines Computers kommunizieren musste, verströmte er doch seine typische Souveränität und Gelassenheit. Er versicherte seinen Schülern, bald wieder zurück zu sein, und bevor er das Gespräch beendete, kündete er noch geheimnisvoll eine »Überraschung« an.

Daraufhin machten es sich die Schüler auf der Ansammlung von Kissen, Sitzsäcken und Teppichen auf dem Balkon gemütlich und betrachteten den Sonnenuntergang über dem Himalaja. Zahra, die ebenfalls am

Yogaunterricht teilnahm, wenn sie nicht im Internat weilte, setzte sich zwischen Sid und Serena. Ganz instinktiv schmiegte ich mich an ihre Beine, geborgen in der Gesellschaft meiner Lieblingsfamilie.

Serena sah sich mit reuiger Miene um. »Der arme Ludo. Ich hätte ihm wirklich gerne bessere Nachrichten mitgeteilt.«

Sie streichelte mich.

»Weil wir heute nur zu neunt waren, meinst du?«, fragte Ewing.

Sie nickte.

»Das schien ihn gar nicht zu beunruhigen«, meinte Angela.

»Ludo bringt so leicht nichts aus der Ruhe«, sagte Sid. »Wisst ihr noch, als es im Studio vor Jahren das Feuer gab? Da ist er auch ganz ruhig geblieben.«

»Hier hat es gebrannt?«, fragte Angela.

»Genau hier.« Serena lief es kalt den Rücken herunter. »Auf dem Balkon. Zum Glück hat unsere kleine Rinpoche uns gewarnt, sodass wir rechtzeitig handeln konnten. Sonst wäre es viel schlimmer ausgegangen.«

Alle sahen mich an.

Ich ließ den Blick nacheinander über Sid und Serena, Ewig, Franc und die anderen – alten und neuen – Schüler schweifen und bemerkte plötzlich, seit wie langer Zeit wir schon an diesem ganz besonderen Ort zusammenkamen und wie viel wir hier gemeinsam erlebt hatten.

»Als wir das letzte Mal mit Ludo auf dem Balkon gesessen haben«, sagte Serena und holte uns ins Hier und

Jetzt zurück, »hat er sich gefragt, was auf lange Sicht aus der Yogaschule werden soll.«

»Das war schon ein bisschen traurig«, sagte Sid. »Er hat vom Loslassen gesprochen und wie es mit dem Studio weitergeht, wenn er uns für immer verlässt.«

In diesem Augenblick erschien eine Wolke am Horizont und schob sich vor die Sonne. Zugleich fuhr ein kühler Windstoß durch das Kangra-Tal. Zahra bekam Gänsehaut auf den bloßen Armen.

»Man muss sich nur heute Abend hier umsehen«, sagte Serena. »Dann kann man sich die Antwort ungefähr vorstellen.«

Eine Weile lang tranken die Schüler schweigend ihren grünen Tee. »Eins ist sicher«, sagte Franc nachdenklich. »Es zeigt, wie wichtig der Guru ist.«

Alle murmelten ihre Zustimmung. »Die Quelle aller Erkenntnis«, fügte Sid hinzu.

»Das Fundament der buddhistischen Praxis«, sagte Franc.

Conrad sah erst den einen und dann den anderen an. »Jetzt sprechen Sie aber nicht nur über Yoga, oder?«

»Das gilt für alle erlernbaren Fähigkeiten«, sagte Franc. »Und somit für die Dharma-Praxis genauso wie für das Yoga.«

»Ihr habt von einem ›Guru‹ gesprochen«, fragte Angela neugierig. »Ist das etwas anderes als ein gewöhnlicher Lehrer?«

Franc nickte. »Die Lehrer an Schulen und Universitäten vermitteln Informationen. Sie helfen uns dabei, bestimmte Themengebiete zu verstehen und Sachverhalte zu begreifen. Es geht also um Wissensvermittlung.

Mit der Weisheit verhält es sich anders. Hier geht es um die Weitergabe von Einsichten, die die Macht haben, uns zu verändern. Eine Einsicht kann erst dann Veränderung bewirken, wenn unser Verständnis dafür tief genug ist. Dann wird aus Wissen Weisheit.« Franc sah sich unter den älteren Schülern um. »Da stimmt ihr mir doch zu, oder?«

Die anderen nickten. »Der Guru ist die Verkörperung der Weisheit«, erklärte Sid weiter. »Alles, was er tut, sagt oder denkt, ist ein Ausdruck von Weisheit.«

»Also erläutert ein Guru nicht nur bestimmte Dinge, er zeigt einem auch, wie etwas gemacht wird?«, fragte Conrad, der noch Klärungsbedarf hatte. »Er lässt Worten Taten folgen, ja?«

Wieder ertönte zustimmendes Gemurmel. »Und das ist noch nicht alles«, sagte Serena. »Schau dich um.« Sie machte eine ausladende Geste. »Wir sind nur zu neunt, und ich kann niemandem einen Vorwurf machen, der nicht gekommen ist. Was ich damit sagen will: Ohne Ludo ist es nicht dasselbe.«

Zustimmendes Gemurmel.

Sofort fiel mir die Fensterbank in den leeren Gemächern des Dalai Lama ein. Ohne ihn war es dort auch nicht dasselbe. Deshalb war ich ja auch hier beim Yoga.

»Ein Guru tut mehr, als nur zu erklären und zu verkörpern«, fuhr Serena fort. »Er motiviert und inspiriert auch.«

»Wie ein Personal Trainer?«, fragte Conrad.

»Guter Vergleich!«, sagte Franc.

Hoch über unserer kleinen Gruppe ragten die in tiefem, sattem Orange glühenden Berge auf. Sie wirkten wie Wächter oder alte Freunde. Die reflektierten Sonnenstrahlen schillerten in der Dämmerung und tauchten den Balkon in ein sich ständig veränderndes, tanzendes Licht.

»Im Himalaja«, sagte Sid, »wird der Beziehung zwischen Guru und Schüler höchste Bedeutung beigemessen. Sie ist viel wichtiger als das, was du *weißt* und sogar was du glaubst oder praktizierst. Insbesondere in Fragen der spirituellen Entwicklung ist die direkte Verbindung zwischen Lehrer und Schüler entscheidend. Zwischen erleuchtetem Meister und Novizen. Das alles findet auf einer Ebene jenseits der Sprache statt.« Er legte die Hände vor dem Herzen zusammen. »Es ist ein …« Er zuckte mit den Schultern und suchte nach den richtigen Worten. »Wie soll man es beschreiben, ein Wissen, ein Verständnis, das den Schüler mit solcher Wucht trifft, dass er nicht länger an der Wahrheit zweifelt, die durch den Lehrer verkörpert wird. Manchmal äußert sich das auch in einem strahlenden Wohlbefinden, wenn der Schüler – womöglich zum ersten Mal – das Gefühl hat, ganz und gar akzeptiert zu werden. Reine Liebe zu erfahren.«

Die anderen starrten Sid so gespannt an, als hätte er vor, ihnen dies alles unverzüglich zu demonstrieren. Zahra sah ihren Vater mit Bewunderung an, dann beugte sie sich vor und legte kurz ihren Kopf auf seine Schulter.

Sid blickte mit einem schiefen Grinsen in die Runde. »Das alles sind noetische Phänomene.«

»Also etwas, das wir ohne Worte verstehen?«, fragte Zahra und schmiegte sich an ihn.

Ihr Vater nickte.

»Ich habe gehört, dass der Guru wie eine Lupe ist«, sagte Ewing. »Von Buddha sind 84.000 Belehrungen überliefert, aber welche sind für mich oder dich relevant? Mit welchen individuellen geistigen Hindernissen haben wir zu kämpfen? Der Guru sucht die für uns wichtigen Belehrungen und Praktiken heraus.«

»Er ist gütiger als Buddha selbst«, sagte Serena.

»Gütiger als Buddha?«, fragte Angela verblüfft. »Ist das nicht ein bisschen … geringschätzig?«

Serena schüttelte den Kopf. »Shakyamuni, der historische Buddha, kann nicht mehr länger körperlich bei uns sein, um uns zu helfen. Unsere Lehrer schon. Deshalb erweisen sie uns die größere Güte, indem sie uns zeigen, wie man der Unzufriedenheit ein Ende bereitet und dauerhafte Glückseligkeit erlangt. Insofern kann man durchaus behaupten, dass sie gütiger als Buddha sind.«

»Dazu gibt es sogar ein Sprichwort«, sagte Franc, während Angela noch über Serenas Worte nachdachte. »*Kein Guru, kein Buddha.*«

Serena nickte.

»Beinahe alles, was wir über Buddha wissen«, fuhr Franc fort, »wissen wir von unserem Lehrer. Die Verbindung, die wir zur Dharma-Praxis spüren, kommt von unserem Lehrer. Dazu gibt es viele Geschichten. Beispielsweise erschuf der große Yogi und Lehrer Naropa einmal eine Manifestation der Gottheit Hevajra am Himmel und weckte seinen Schüler Marpa, um sie ihm zu zeigen. Naropa fragte Marpa, vor wem er zuerst auf die Knie fallen wollte: vor dem Gott Hevajra oder vor ihm, seinem Guru. Marpa wählte Hevajra, da er Naropa ja ständig um sich hatte. Naropa berichtigte ihn, indem er ihn darauf hinwies, dass es ohne Guru keinen Buddha gibt.«

Alle dachten über diese Geschichte nach. »Daddy, sagst du nicht immer, dass der Geist des Gurus und der Geist Buddhas ein und dasselbe sind?«, fragte Zahra ihren Vater. »Dass der Guru wie der Buddha ist?«

Sid nickte. »Ja, das ist ein nützlicher Gedanke. Nicht um unseres Gurus, sondern um unserer selbst willen natürlich. Unseren Gurus ist es egal, was wir von ihnen halten – so etwas interessiert sie schon längst nicht mehr. Aber für uns gilt: Wenn wir jemanden wertschätzen, dann legen wir auch großen Wert auf seinen Rat. Sich ihren Rat zu Herzen zu nehmen heißt also, das Maximum aus der Lehrer-Schüler-Beziehung herauszuholen.«

Als die Sonne hinter dem Horizont verschwand, färbten sich die goldenen Flüsse, die die Bergkuppen hinunterstürzten, tiefrot. Gemeinsam dachte unsere kleine Versammlung auf dem Balkon über die unerwartete Lektion zur zentralen Bedeutung eines Gurus nach. Durch Ludos Abwesenheit waren wir auf dieses Thema gekommen, durch seinen überraschenden Anruf hatten wir es vertieft.

»Diese Geschichten über Gurus und ihre Schüler klingen wirklich ganz großartig«, sagte Conrad. »Schüler und Lehrer müssen sich in der Tat sehr nahe gewesen sein. Ist das heutzutage immer noch möglich? Besonders für uns Westler, denen so etwas nicht vertraut ist? Verstehen Sie mich nicht falsch, ein Lehrer wie Geshe Wangpo ist sehr beeindruckend, aber mir auch irgendwie …

fremd. Er ist Tibeter. Ich bin Schweizer. Selbst wenn er mich als Schüler annehmen würde – könnte ich denn wirklich diese Verbindung spüren, von der Sie da geredet haben?«

Sid streckte die Hand aus und drückte sanft Conrads Schulter. »Gut, dass Sie Ihren Zweifeln so ehrlich Ausdruck verleihen. Lassen Sie sich mit der Suche nach einem Lehrer ruhig Zeit. Nur weil dieser oder jener unbedingt einen ganz bestimmten Guru als Lehrer haben will, heißt das nicht, dass besagter Guru auch für Sie geeignet ist.«

»Früher hatte ich einen Physiklehrer namens Dr. Stevens, die kompetenteste Lehrkraft der ganzen Schule«, erinnerte sich Ewing. »Aber trotz seiner akademischen Meriten war ich ein schlechter Schüler. In seinem Fach war er brillant, er beschäftigte sich mit Quantenphysik und kompliziertesten Berechnungen, und die Klassenkameraden mit naturwissenschaftlicher Begabung fanden ihn alle toll. Ich nicht. Er behandelte die Grundlagen so kursorisch, dass ich nicht mitkam. Wenn wir versuchten, ihm unsere Probleme zu erklären, konnte er überhaupt nicht nachvollziehen, woran es bei uns haperte. Er begriff einfach nicht, weshalb wir nichts verstanden. Für ihn war das alles sonnenklar.

Glücklicherweise wurde er irgendwann von Mr. Bell abgelöst. Der hatte zwar keinen Doktortitel, konnte unsere Schwierigkeiten aber verstehen, weil er selbst einmal ähnliche Hindernisse zu bewältigen gehabt hatte. Für mich war er als Lehrer viel geeigneter. Und genauso verhält es sich mit dem Dharma. Der Guru, den alle für brillant halten oder der die höchsten akademischen Weihen hat, muss nicht unbedingt der richtige für uns sein.«

»Ein Lehrer muss bestimmte Bedingungen erfüllen und bestimmte Eigenschaften aufweisen«, sagte Serena. »Wie du schon sagst, Ewing: Es geht nicht nur um die fachlichen Qualifikationen. Unser Guru muss nicht der berühmteste oder charismatischste sein. Er muss nicht ständig durch die Welt fliegen und hier seinen Segen spenden und dort Einweihungen vollziehen.«

»So einen Lama wird man sowieso kaum zu Gesicht bekommen«, gab Franc zu bedenken. »Geschweige denn eine Beziehung zu ihm aufbauen.«

»Was diese besondere Beziehung angeht …« Conrad sah erst Serena und dann Sid mit ernster Miene an. »Wie schön es sein muss, die richtige Person kennenzulernen. Sie als etwas ganz Besonderes zu erkennen.«

»Und wie!«, platzte es aus Angela heraus. Sie sah Conrad in die Augen und dann schnell wieder weg, als wäre ihr plötzlich die Doppeldeutigkeit ihrer Bemerkung aufgefallen. Selbst im Zwielicht war nicht zu übersehen, wie sich ihre Wangen röteten.

»Es ist in der Tat sehr schön«, sagte Sid schnell, um ihr ein noch tieferes Erröten zu ersparen. »Deshalb ist es auch so wichtig, den richtigen Guru zu finden. Man könnte sagen, dass damit unsere Dharma-Reise ihren Anfang nimmt. ›Erkennen‹ ist hier tatsächlich das richtige Wort. Wir Buddhisten glauben, dass der Guru, wenn er – oder sie – jemanden als Schüler annimmt, auch die Verantwortung dafür übernimmt, ihn zur Erleuchtung zu führen. Egal, wie viele Leben das dauert.«

»Also könnte mein Guru schon einmal mein Guru gewesen sein?«, fragte Conrad mit funkelnden Augen.

Sid nickte. »Ganz genau.«

»Viele Leben, viele Lehrer – oder nur einer«, bemerkte Ewing schmunzelnd.

Conrad schüttelte den Kopf. »Ich hätte mir nicht träumen lassen, wie wichtig so ein Guru ist.«

Franc lehnte an einem großen Polsterkissen. Er war der Unterhaltung eine Weile lang mit geschlossenen Augen gefolgt. »Im Dharma ist der Guru alles, und alles ist der Guru«, sagte er mit tiefster Überzeugung. »Der Guru ist Loslösung, denn er zeigt uns, dass unsere Probleme nicht draußen in der Welt, sondern in unserem Verstand zu suchen sind – und dort können wir sie auch lösen. Der Guru ist Bodhichitta, weil er uns zeigt, dass der Pfad zur Erleuchtung darin besteht, anderen dabei zu helfen, ihr Potenzial voll auszuschöpfen. Man könnte sagen, dass er die *Verkörperung* des Bodhichitta ist. Und schließlich ist der Guru Shunyata, denn wenn wir in seiner Gegenwart meditieren und geistiger Einklang herrscht, ist das die unmittelbare Erfahrung der Nicht-Dualität. Wir überwinden das Konzept von Innen und Außen, von Selbst und Anderem, und erleben für gewisse Zeit den endlosen Frieden seiner und unserer Buddhanatur.«

In der zunehmenden Dunkelheit schimmerten die Eiskappen der Berge in zartem Rosa. Francs Worte waren so klar und kamen gleichzeitig so sehr von Herzen, dass Serena wortlos den Arm ausstreckte und seine Hand drückte.

In diesem Augenblick wandte sich Zahra Serena zu. »Was war das Beste, was dein Guru je für dich getan hat?«, fragte sie geradeheraus und mit unverblümter Teenagerneugierde.

Eine gute Frage, klipp und klar gestellt. Sie verdiente eine Antwort.

Es dauerte einen Augenblick, bis Serena die richtigen Worte fand. »Er hat mir Vertrauen gegeben«, sagte sie schließlich. »Nicht das Vertrauen in eine überirdische Kraft oder ein Glaubenssystem, sondern in mich selbst. Das Vertrauen, dass alles, was ich brauche, genau hier ist.« Sie berührte ihr Herz. »Ich muss es nur zu voller Reife bringen.«

Nachdem sich die Runde aufgelöst hatte, blieben Serena, Sid und Zahra im Studio, um Ewing beim Aufräumen und Staubsaugen zu helfen. Staubsaugen, liebe Leser – die schrecklichste aller Hausarbeiten. Oder kennt *ihr* eine Katze, die dem infernalischen Lärm dieser grässlichen Apparate etwas abgewinnen kann?

Ich verließ die Yogaschule des Herabschauenden Hundes und machte mich auf den Heimweg. Conrad und Angela gingen ein kurzes Stück vor mir. Ich hörte sie im Zwielicht reden und leise lachen, Angelas hohe und Conrads tiefe Stimme hoben und senkten sich. Sie ließen die Arme an den Seiten herabbaumeln, und womöglich lag es am Yoga – immerhin machte das Dehnen und Strecken die Gelenke und Glieder geschmeidig und biegsam –, dass sich ihre Handrücken des Öfteren berührten und aneinanderstrichen. Oder hatte dies noch einen anderen Grund?

Am Fuße des Hügels, auf dem sich das Yogastudio befand, trennten wir uns an einer Kreuzung. Die beiden wandten sich nach links, ich mich nach rechts in Richtung Namgyal-Kloster. Ich hielt inne, als eine Gruppe Radfahrer mit lauten Stimmen und surrenden Rädern um die Ecke geschossen kam und die Sicht auf Angela und Conrad verdeckte.

Als sie vorüber waren, sah ich, dass die beiden etwas weitergegangen und vor einem Schaufenster stehen geblieben waren. Sie hielten sich an den Händen.

Womöglich lag es an den vielen Gesprächen zum Thema, die ich in den letzten Wochen gehört hatte, doch ich gewöhnte mich zunehmend daran, einen auftauchenden Gedanken loszulassen. Vielleicht hatte mich auch Yogi Tarchin dazu inspiriert, als er im Turmzimmer von der wahren Natur des Bewusstseins gesprochen hatte. Oder etwa Franc mit seinem geistigen Einklang? Wie dem auch sei – auf dem Rückweg zum Namgyal-Kloster folgte ich dem spontanen Impuls, den ausgetretenen Pfad zu verlassen. Es schien völlig unwillkürlich zu geschehen – immerhin dachte ich gar nicht aktiv darüber nach. Ich war einfach nur in diesem Moment, und wo die Ursache aller weiterer Geschehnisse lag, ließ sich nicht genau festmachen. War es eine Erkenntnis, ein Gespür? Eine Ahnung, der ich bereitwillig nachgab?

Ich ging weiter die Straße hinunter, bis ich den Garten erreichte, den ich abends nur selten besuchte. Alles war still, als ich über den Rasen und an der leeren Sitzbank vorbeischlich. Ich kroch den Steingarten hinauf, ohne der Katzenminze Beachtung zu schenken, und überquerte die Terrasse des Altenheims. Wiewohl es noch früh am Abend war, lag sie verlassen da. Die Schiebetüren waren geschlossen und die Vorhänge zugezogen.

Auf der Suche nach einem anderen Eingang folgte ich dem Pflasterweg, der das Gebäude umgab, bis ich die Vorderseite erreichte. Hier war ich noch nie gewesen. Hinter dem rissigen Asphalt des verlassenen Parkplatzes erkannte ich die hell erleuchtete, weiß getünchte Fassade des Altenheims – und den Haupteingang selbst mit dem Empfangsbereich dahinter. Die Tür stand offen.

Ich schlich mich hinein. Der Empfang war nicht besetzt, doch ich hörte Stimmen und das Klappern von Geschirr. Offenbar war gerade Abendessenszeit. Ich wagte mich weiter den Flur hinunter, und da mir das Gebäude nicht vertraut war, folgte ich einfach dem Instinkt, der mich – wenn auch unter völlig anderen Umständen – schon einmal so sicher an mein Ziel geführt hatte.

In Hildas Zimmer brannte nur eine einsame, schummrige Lampe in der Ecke, das Bett stand nach wie vor am Ende des Raums neben dem Fenster. Die Vorhänge waren noch zurückgezogen – vielleicht, damit sie den Sonnenuntergang genießen hatte können?

Sie lag reglos und allein in den Schatten vor dem dunklen Fenster. Ich lief auf sie zu, sprang auf den Besucherstuhl, dann zum Fensterbrett und von dort aus auf das Bett. Da ich aufgrund meines Handicaps nicht besonders geschickt bin, landete ich recht unelegant neben Hildas

Füßen. Sie reagierte nicht. Hatte sie mich überhaupt bemerkt?

Der Kopf auf dem Kissen war auf die rechte Seite gedreht. Ihre Augen waren geschlossen, ihr Gesicht kreidebleich. Nur die Luftschläuche in der Nase zitterten leicht. Ihr Körper schien auf Kindsgröße geschrumpft zu sein. Vorsichtig trat ich in die Lücke zwischen dem rechten Arm, der auf der Bettdecke lag, und ihrem Körper, drehte mich neben ihrem Ellenbogen im Kreis, glättete das Laken mit meinen Pfoten und ließ mich schließlich darauf nieder, sodass sie meine Wärme an ihrem Arm und mein Fell an ihren Fingerspitzen spüren konnte.

Ich schnurrte und richtete meine saphirblauen Augen auf ihr Gesicht. Und da wusste ich plötzlich ganz klar und deutlich, was mich hierhergeführt hatte. Ich hatte diesen sechsten Sinn, diesen Impuls nicht infrage gestellt, sondern war ihm einfach gefolgt. Und jetzt zählte nur, ihr mitzuteilen, dass sie nicht allein war. Dass sie diesen nächsten, wichtigen Übergang aus eigener Kraft vollziehen musste, dass sie dies aber in der Gegenwart und der liebenden Güte eines mitfühlenden Wesens tun würde.

Sehr zu meinem Bedauern öffnete sie nicht noch einmal die Augen. Sie hatte nicht die Kraft dazu – aber schließlich und endlich ging es hier auch nicht um mich. In diesem stillen, heiligen Moment gab es nur uns beide. Die Geräusche des Altenheims um uns herum schienen zu einer anderen Welt zu gehören. Dann schlossen sich die Finger ihrer rechten Hand kurz um mein flauschiges

Fell, eine Bestätigung, dass sie meine Gegenwart gespürt hatte. Und kurze Zeit später verzogen sich ihre Lippen zu einem Lächeln.

Das war genug. Die Verbindung war hergestellt – sie wusste, dass ich bei ihr war. Je weiter ihre Energie schwand, desto lauter wurde mein Schnurren. Ihr schwacher Atem flackerte wie die Flamme einer verlöschenden Kerze.

Sterbende sollen ja angeblich einen Todesseufzer ausstoßen. Hilda tat nichts dergleichen. Stattdessen wurde ihr Atem allmählich flacher, als würde sie sich sanft aus ihrem gebrechlichen Körper zurückziehen. Es war ein völlig natürlicher Vorgang. Das Zittern der Luftschläuche ließ allmählich nach und hörte schließlich ganz auf.

Dem tibetischen Buddhismus zufolge ist der Tod des Körpers nicht das Ende des Sterbeprozesses. Obwohl alle Lebensfunktionen aussetzen, verbleibt das Bewusstsein noch eine Weile im Körper. Das kann bei einem normalen Menschen nur wenige Augenblicke, aber auch viel länger dauern. In dieser Phase kommt es zur Auflösung der geistigen Aktivität. Die verschiedenen Elemente des Bewusstseins stellen nacheinander die Arbeit ein – bis auf jene subtile Bewusstseinsform im Herzzentrum.

Während dies geschah, schnurrte ich weiter, brachte durch die Vibrationen meinen Wunsch nach tiefer Glückseligkeit und einer neuen, noch herrlicheren Realitätserfahrung und schließlich ihrer Erleuchtung zum Ausdruck.

Die Lamas behaupten, dass der Geisteszustand zum Zeitpunkt des Todes große Auswirkungen auf das die

Zukunft bestimmende Karma hat. Daher zählen die letzten Bewusstseinsmomente zu den wichtigsten unseres Lebens. Der sanfte Druck ihrer Hand und das Lächeln auf Hildas Gesicht ließen darauf schließen, dass sie am Ende zumindest etwas Freude und Frieden gefunden hatte. Ich jedenfalls hatte eine tiefe Ruhe und aufrichtig empfundene Dankbarkeit gespürt.

Liebe Leser, ich weiß nicht, wie lange ich bei Hilda saß – und ob das, was dann geschah, meiner Einbildungskraft zuzuschreiben ist. Doch nach mehreren Minuten in dieser friedlichen Blase, in der Hilda und ich schwebten – einem Ort, an dem das offene Herz und der offene Geist noch Kontakt aufnehmen konnten, wenn auch nur auf elementarste Weise –, spürte ich eine Veränderung, eine Freisetzung von Energie.

Sie hatte ihren Körper und damit auch seine Beschränkungen abgestreift – so schwere Beschränkungen, dass es ihr lange Zeit nicht einmal mehr möglich gewesen war, aus eigener Kraft zu atmen. Und im nächsten Augenblick war sie auch schon verschwunden.

Kurze Zeit später entschloss ich mich ebenfalls zum Aufbruch. Ich sprang von ihrem Bett aufs Fensterbrett, dann auf den Stuhl und schließlich auf den Boden. Anschließend durchquerte ich das Zimmer, schlüpfte den Flur entlang und vorbei am immer noch unbesetzten Empfang. Dann kehrte ich auf dem Pflasterweg zur Terrasse zurück.

Es war eine wolkenlose Nacht. Mond und Sterne tauchten den Steingarten in ein ätherisches Licht und kleideten die Felsen in geheimnisvolles Weiß. Die Schmucklilienblätter wogten wie silberne Wellen im Nachtwind. Wie die meisten Katzen bin ich nachtaktiv, und in den Stunden, in denen der Mond am Himmel steht, erfahre ich Geheimnisse, die im gleißenden Tageslicht verborgen bleiben. Nachts fühle ich mich der Welt der Geister näher als sonst – es ist eine Zeit der Offenbarungen, der Intuition und des Staunens.

Ich zwängte mich in der Dunkelheit zwischen den sternenbeschienenen Blumenstielen hindurch und verließ das Beet auf der anderen Seite. Jetzt war die Bank plötzlich besetzt und der Garten nicht länger still. Conrad und Angela lagen sich unter den Ästen der Zeder in den Armen und küssten sich. Sie waren so miteinander beschäftigt, dass sie mich gar nicht bemerkten, als ich in einiger Entfernung den Rasen überquerte. Wahrscheinlich hätten sie es auch nicht mitbekommen, wenn statt einer kleinen Schneelöwin acht ausgewachsene Exemplare vorbeimarschiert wären – und zwar von der Sorte, die paarweise an allen vier Ecken die Throne der größten Buddhastatuen in den Tempeln des Himalaja stützten.

Auf den Stufen, die zur Straße hinunterführten, richtete ich den Blick auf die Berge. Die schneebedeckten Gipfel schienen wie durch Zauberei in der Luft zu schweben. Hinter mir hörte ich den Atem junger Liebender, und irgendwo da draußen suchte das subtile Bewusstsein, das einst Hilda gewesen war, eine neue Manifestation.

Wo würde es landen? Und bei wem? Wie war ihr Karma beschaffen, welche neue Erfahrung in welchem Lebensbereich und als welches Lebewesen stand ihr bevor? Wenn man sich die Elemente im Kreislauf des Lebens bewusst macht, erfasst einen zwangsläufig ein Staunen über die unendlichen Möglichkeiten – und die tiefe Gewissheit, dass hinter dem Schleier der alltäglichen Erscheinungen alles gut ist. Solange wir liebende Güte praktizieren und damit die Grundlage für positive Resultate in der Zukunft legen, müssen wir vor nichts Angst haben.

Dennoch – auf dem Nachhauseweg gewann meine bohrende, selbstsüchtige Neugier, die unbedingt alle Geheimnisse aufklären wollte, die Oberhand, und ich dachte wie so oft über die Lücke in meinem eigenen Lebenskreislauf nach: jene Jahrzehnte während Zeit zwischen meinem Leben als Hund des Dalai Lama im Jahr 1960 und meiner Manifestation als seine Katze vor sieben Jahren.

Wo hatte es mich in der Zwischenzeit hinverschlagen, mit wem war ich verbunden gewesen? Liebe Leser, vielleicht lag es an dem Zauber dieser ganz speziellen Nacht, dass ich das Gefühl hatte, dies alles würde sich bald aufklären.

Als ich ins Kloster zurückkehrte, bog auch gerade der Wagen, der Seine Heiligkeit von Neu-Delhi hierhergebracht hatte, in den Innenhof. Kurz darauf stieg der Dalai

Lama aus dem Fond, streckte die Beine und den Rücken und kam zu mir herüber.

»Guten Abend, meine kleine Schneelöwin! Wie schön, dich zu sehen.« Er beugte sich zu mir herunter, um mich zu streicheln.

Dann verließen auch Oliver – offensichtlich waren sie gemeinsam gereist – und zwei stämmige Leibwächter das Auto.

»Jetzt ist es viel schöner als tagsüber«, bemerkte Seine Heiligkeit nach einem Blick durch den nur vom Mondlicht und den Sternen erhellten Innenhof und sprach mir damit aus der Seele. Der Tempel lag im Dunklen, die Außenbeleuchtung und die Lichter im Inneren waren längst gelöscht. Anders als sonst jedoch stand die Tempeltür offen. Wir konnten durch den Spalt bis zur Buddhastatue in der Mitte des Raumes blicken, wo stets mehrere Lichter brannten. Sie flackerten wie Kerzen, ein schimmerndes Opfer an die Gegenwart der Erleuchtung.

So sah man den Tempel nur selten. Aus einer spontanen Eingebung heraus hob mich Seine Heiligkeit hoch und hielt mich fest, während er die Stufen hinaufging, die Sandalen abstreifte und den Tempel betrat. Oliver und die Leibwächter folgten ihm auf dem Fuße.

Eine Weile lang standen wir nur stumm da und ließen die Umgebung auf uns wirken. Die großen bunten Thangkas waren in der Finsternis kaum zu erkennen. Die vielen Farben und Ornamente, die den Tempel schmückten, verloren sich in der Dunkelheit. Unweigerlich richtete sich unser Blick auf die einzige Lichtquelle und die prächtige Statue, die sie beleuchtete, das goldene Gesicht und die blauen Augen des Buddha Shakyamuni.

»Jetzt kennst du die vier Geheimnisse«, flüsterte Seine Heiligkeit in mein Ohr. »Loslösung, Bodhichitta, Shunyata und Guruyoga. Verstehst du nun, weshalb jeder Buddha eine visuelle Erinnerung daran ist?«

Von den Armen des Dalai Lama aus betrachtete ich den Buddha. Verzweifelt bemühte ich mich, zu verstehen, was Seine Heiligkeit meinte, doch es war vergebens. Ich konnte nirgendwo vier Elemente erkennen – es sei denn, der Dalai Lama meinte die vier Extremitäten des Buddha, doch das kam mir eher unwahrscheinlich vor. Es war, als würde er in den Rätseln der Zwielichtsprache sprechen.

Ich halte es nur begrenzte Zeit in den Armen eines Menschen aus, ohne mich unwohl zu fühlen, und so setzte mich Seine Heiligkeit ab, bevor ich ihn darum bitten musste. Ich lief zum nächstgelegenen Objekt – einem Stuhl – hinüber und rieb mein Kinn und dann den übrigen Körper in einer Zurschaustellung indirekter Zuneigung am Stuhlbein. Dabei vibrierte mein steil nach oben gerichteter Schwanz, wie es bei uns Katzen so üblich ist, wenn wir uns ganz besonders wohlfühlen. Der Dalai Lama bemerkte das beinahe elektrische Zittern und kicherte.

Auch die anderen hinter uns beobachteten mich. »Sonderbare Katze«, meinte ein Leibwächter.

»Na, das ist ja mal eine Tautologie«, bemerkte Oliver daraufhin.

»Eine Tautologie?«, fragte Seine Heiligkeit.

»Wenn man ein Wort mit einem anderen wiederholt, zum Beispiel ›sonderbar‹ und ›Katze‹. Alle Katzen sind sonderbar, nicht wahr?«

Der Dalai Lama sah mich mit ernster Miene an. Schließlich nickte er. »Stimmt. Unberechenbar. Rätselhaft.« Er beugte sich vor, um mich zu streicheln. »Und deshalb mögen wir sie so gerne.«

Achtes Kapitel

Liebe Leser, findet ihr nicht auch, dass in vielen alten Sprichwörtern ein Körnchen Wahrheit steckt? Sie sind eine in einem Satz zusammengefasste, wenn auch nicht immer besonders tiefe oder subtile Weisheit. Galt dies, so fragte ich mich schon seit Langem, auch für das Katzensprichwort par excellence: *Neugier ist der Katze Tod?*

Wirklich? Welcher Katze denn? Und wieso? Habt ihr schon einmal erlebt, dass einer eurer vierbeinigen Gefährten aufgrund seiner wissbegierigen Wesensart das Zeitliche gesegnet hätte?

Also ich nicht. Wir Katzen mögen neugierig und einem gelegentlichen Risiko nicht abgeneigt sein, doch diese Risiken sind für gewöhnlich – angesichts unserer geschmeidigen, athletischen Körper und unseres Scharfsinns – wohlkalkuliert.

Zugegeben, ein paarmal wäre es für mich beinahe ins Auge gegangen. Es gab gewisse Vorfälle, bei denen es wirklich zum Schlimmsten hätte kommen können.

Einer ereignete sich nur wenige Tage nach meinem letzten Besuch bei Hilda. Eines frühen Nachmittags schlen-

233

derte ich den Hügel zum Himalaja-Buchcafé hinunter und bemerkte, dass dort die Tür zur Wäschekammer offen stand. Was für eine unerwartete Freude! In all den Jahren, die ich nun schon das Café besuchte, war das noch nie vorgekommen. Kusali und seine Mannschaft waren stets sorgfältig darauf bedacht, diese Tür geschlossen zu halten. Sie wurde nur geöffnet, wenn es eine schmutzige Tischdecke, Serviette oder ein anderes Stück Stoff in den Korb zu werfen galt oder besagter Korb herausgenommen wurde, um ihn zur Reinigung zu bringen.

Wenn ich den Raum also als »Wäschekammer« bezeichne, folge ich damit einer alten Gewohnheit des Personals. Ein uneingeweihter Betrachter könnte ihn genauso gut für eine »Abstellkammer« halten. Doch wie man den Raum dahinter auch immer nennen wollte: Die sonst so verlässlich geschlossene Tür stand an diesem Nachmittag offen.

Die Terrassentür des Altenheims hatte mir den Zugang zu einer völlig neuen Erfahrungsdimension ermöglicht. Würde es sich mit dieser Tür genauso verhalten? Führte sie in einen Kaninchenbau hinunter, in dem es eine andere und fremdartige Realität zu erkunden gab?

Im Gegensatz zum Altenheim stand diese Tür nicht absichtlich offen und auch nur so weit, dass eine kleine, behaarte Pfote hineingreifen und sie aufschieben konnte, bis der dazugehörende flauschige Körper hindurchpasste. Ich verließ das Parkett des Cafés und betrat den Betonboden dahinter. Und dann landete ich mit einem einzigen munteren Satz in einem mit Tischdecken gefüllten Korb. Sie ließen sich auf höchst angenehme Weise unter meinem Gewicht zusammendrücken und zu einem perfekten Lager formen. Der Stoff war so weich und bequem, dass ich schon müde wurde, als ich ihn nur mit den Pfoten berührte. Der leichte Duft nach den aktuellen Mittagsgerichten, der der Tischwäsche anhaftete, tat sein Übriges, um mich in einen angenehmen Zustand der Schläfrigkeit zu versetzen.

Als schließlich auch noch ein Kellner eine weitere Tischdecke in den Korb warf, die sich wie ein Zelt auf mich senkte, war ich im Paradies. Und wenige Minuten später auch schon eingeschlafen.

Wie ihr sicher schon ahnt, liebe Leser, war es mit der Gemütlichkeit bald vorbei. Zuerst spürte ich ein Ruckeln, schenkte ihm jedoch keine weitere Beachtung. Auch die Tatsache, dass der Druck auf meinen Kopf nach dem erholsamen Schläfchen deutlich größer war als vorher, beunruhigte mich nicht besonders.

Dann sorgte ein heftiger Schlag dafür, dass ich mit einem Mal hellwach war – und feststellte, dass mein Körper zusammengequetscht war und ich mich nicht mehr bewegen konnte! Ich steckte in den Stofflagen fest, und nur ein schmaler Spalt zwischen mehreren gefalteten Servietten erlaubte es mir zu atmen.

Ein knatterndes Geräusch erklang, das ich in meinem verwirrten und konfusen Zustand erst nach einer Weile einordnen konnte: Ein Motor wurde angelassen, dann gab es einen Ruck und alles vibrierte.

Jetzt begriff ich, wo ich war. Jeden Nachmittag fand im Himalaja-Buchcafé dasselbe Ritual statt: Der Korb wurde aus der Wäschekammer geholt und in ein Auto gestellt.

Nachdem ein zweiter Korb mit schmutzigen Schürzen und Küchentüchern daraufgestellt wurde, brachte man alles in die Reinigung, wo sich – wie ich gehört hatte – die Schmutzwäsche in einem großen, heißen Zylinder voller stark riechender Chemikalien so lange drehte, bis sie wieder sauber war.

Ich miaute. Meine beengte Situation erlaubte es mir nicht, meine Lunge vollständig mit Luft zu füllen, sodass es mir nicht annähernd gelang, das Motorengeräusch zu übertönen. Doch irgendwie musste ich mich ja bemerkbar machen.

Da sich das Personal mit den Fahrten abwechselte, hatte ich keine Ahnung, wer heute am Steuer saß. Manchmal war es Franc, dann wieder Serena, aber auch Kusali und Sam waren im Besitz eines Führerscheins und wurden gelegentlich mit dieser Aufgabe betraut.

Es ging durch Kurven und über steile Anhöhen. Jedes Mal, wenn der Wagen einen Hügel hinauffuhr, wurde der Druck auf meinen Körper so groß, dass ich keine Luft mehr bekam. Ich verlor jedes Zeitgefühl. Sooft es mir möglich war, winselte ich jämmerlich gegen den dröhnenden Motor, den Verkehrslärm und nicht zuletzt das Autoradio an.

Die Fahrt wollte kein Ende nehmen. Ich geriet zusehends in Panik.

Schließlich kam der Wagen zitternd zum Stehen. Ich hörte Männerstimmen, dann wurde eine Tür geöffnet. Alles wackelte hin und her.

Wieder miaute ich nach Leibeskräften, obwohl ich wusste, dass die vielen Tischdecken und der andere Korb mit den schmutzigen Geschirrtüchern jeden Laut dämpften. Nach einem weiteren heftigen Ruck ließ der Druck plötzlich nach. Dafür geriet alles ins Schlingern.

Ich stieß ein weiteres herzzerreißendes Miauen aus. Der Korb wurde irgendwohin gebracht – ich spürte, wie der Träger einen Schritt nach dem anderen machte. Wieder ertönten Stimmen, doch ich erkannte keine davon. Der Träger blieb stehen und stellte den Korb ab. Die Tischtücher und Servietten um mich herum wurden nacheinander entfernt, und ich miaute, was die Lunge hergab.

Dann erblickte ich endlich wieder Tageslicht. Und sah direkt in Zahras Gesicht. »Rinpoche!«, rief sie. »Ach, meine arme Kleine. Ich dachte doch, dass ich was gehört hatte.«

Sam war auch dabei – anscheinend hatte er das Auto gefahren. Neben ihm standen zwei Männer von der Reinigung, die die Körbe samt Inhalt in Empfang nehmen wollten.

Schnell hob mich Zahra aus dem Korb. »Alles wieder gut?«, säuselte sie.

Das hoffte ich doch sehr! Sobald sie mich so vorsichtig wie eine zerbrechliche Vase auf den Boden gesetzt hatte, richtete ich mich unsicher auf und holte tief Luft, froh, der erstickenden Schmutzwäsche entkommen zu sein. Ich war ja sowieso von eher schwacher Konstitution, daher dauerte es eine Weile, bis ich wieder einigermaßen gerade stehen und normal atmen konnte.

Kurz darauf machte ich einen zögerlichen Schritt. Ich war immer noch etwas mitgenommen. »Anscheinend

geht's ihr wieder gut«, bemerkte Sam. »Soll ich sie mit zurück ins Café nehmen?«

Zahra, die neben mir in die Hocke gegangen war, sah zu ihm auf. »Aber dann musst du doch einen Umweg fahren, oder nicht?«

Sam sah auf die Uhr und zuckte mit den Schultern. »So weit ist es nun auch wieder nicht.«

Ich bemerkte Zahras besorgte Miene und miaute kläglich.

Sam musste los. Doch wohin mit mir? Schnell traf Zahra eine Entscheidung.

»Ich fahre mit dir, wie geplant. Ich nehme Rinpoche einfach mit.«

»Kannst du dich denn so lange um sie kümmern?«

»Aber klar«, sagte Zahra. »Serena holt mich in etwa einer Stunde ab. Bis dahin können wir schon auf sie aufpassen.«

Wir?, fragte ich mich. Wer konnte damit gemeint sein? Doch mir blieb keine Zeit für Mutmaßungen. Zahra hob mich hoch und trug mich zum Auto zurück. Sie setzte sich auf den Beifahrersitz, und diesmal nahm ich auf ihrem Schoß Platz. Sam stieg ebenfalls ein und ließ den Motor an.

Sobald wir unser Ziel erreicht hatten, fiel mir ein, dass ich früher bereits hier gewesen war, wenn auch nur ein einziges Mal. Mit Serena. Die Cartrights wohnten nicht weit vom Namgyal-Kloster entfernt in einer großen alten

Villa mit liebevoll gepflegtem Garten und altertümlichem, poliertem Parkettboden, auf dem wunderschöne indische Teppiche lagen. Zahra klopfte an die offen stehende Holztür.

Kurz darauf erschien Dorothy Cartright am Ende des Flurs. Die aparte Frau, die eine ruhige Selbstsicherheit ausstrahlte, war schon seit Langem mit Mrs. Trinci und Sid befreundet und hatte auch Zahra schon als kleines Mädchen kennengelernt.

»Du hast die Katze des Dalai Lama mitgebracht?«, fragte sie, während sie Zahra ins Haus winkte.

»Das ist eine lange Geschichte«, sagte Zahra. »Sie hat sich als blinder Passagier in einen Wäschekorb geschlichen, den wir bei der Reinigung abgeben wollten. Hätten wir sie nicht miauen gehört, säße sie jetzt in der Waschmaschine.«

»Wie schrecklich!« Dorothy legte eine Hand auf ihre Kehle.

»Darf ich sie mit hineinnehmen?«

»Kein Problem.« Dorothy führte uns den Flur hinunter. »Ich glaube, Yogi Tarchin hat sie sowieso ins Herz geschlossen.«

Kurze Zeit später folgte ich Zahra in sein Zimmer. Die Cartrights hatten Yogi Tarchin bei vielen seiner oft Jahre dauernden Retreats finanziell unterstützt. Wenn er dazwischen in Dharamsala weilte, wohnte er normalerweise bei ihnen in einem Gästezimmer im rückwärtigen Teil des Gebäudes. Alles war noch genau so, wie ich es in Erinnerung hatte, von der Messingtürklinke, um die Zahra gerade ihre Hand schloss, bis zu dem tempelartigen, weitläufigen Raum dahinter.

Die Nachmittagssonne, die durch drei hohe, schmale Fenster fiel, glänzte wie poliertes Gold, durchtränkt von andächtiger Energie. Gegenüber der Tür stand eine Bettcouch, auf der Rinpoche im Schneidersitz saß. Mit dem dunkelroten Hemd mit Mandarinkragen, dem Ziegenbart und der entspannten Miene im alterslosen Gesicht gab er einen Guru wie aus dem Bilderbuch ab.

Etwas verlegen verneigte sich Zahra dreimal auf dem Teppich vor ihm, bevor sie ihm in die Augen sah.

Er nickte ihr bestätigend zu, dann hob er die Arme und ein Lächeln erschien auf seinem Gesicht. Sie lief zu ihm, und sie umarmten sich freundschaftlich. Nach einer Weile lösten sie sich voneinander und Rinpoche deutete auf ein großes, bequem aussehendes Kissen auf dem Teppich vor ihm. Zahra setzte sich und sortierte ihre Gedanken.

Währenddessen schlich ich mich leise von der Tür zu Zahra hinüber. Yogi Tarchin beobachtete mich mit funkelnden Augen. »Meine liebe Zahra«, sagte er, »du hast Besuch mitgebracht?«

Sie nickte, streichelte meinen Nacken und zog mich zu sich. »Das hat sich zufällig ergeben. Eigentlich sollte sie in diesem Augenblick im Café sitzen.«

Sein Nicken verriet uns, dass ihn nichts davon besonders überraschte. »Viele großartige Fügungen sind das Ergebnis scheinbarer Zufälle. Stimmt doch, KSH?« Er lächelte mich nachsichtig an.

Dabei fiel mir der »Zufall« aus meinen frühesten Kätzchentagen ein, der dafür verantwortlich gewesen war, dass der Wagen Seiner Heiligkeit in Neu-Delhi im Stau gestanden hatte, als mich zwei Straßenjungen – die den ganzen Tag lang vergeblich versucht hatten, mich zu verkaufen – gerade in Zeitungspapier einwickeln und im Müll entsorgen wollten. Oder der »Zufall«, der Sam Goldberg – einen hochintelligenten jungen Buchhändler, der aufgrund einer kürzlich erfolgten Kündigung den Mut verloren hatte – zu genau demjenigen Zeitpunkt in Francs Café geführt hatte, als dieser zu dem Entschluss gekommen war, sein Angebot um Bücher zu erweitern.

Und an diesem Nachmittag hatte uns der Zufall hier zusammengeführt.

Wir saßen eine Weile schweigend da. In Gegenwart von Lamas wie Yogi Tarchin ist der gegenwärtige Augenblick ein höchst angenehmer Ort. Wonach sollte man sich auch sehnen, wenn einen ein solcher Meister sowohl von geistiger Erregung als auch Langeweile befreit und die strahlende Grenzenlosigkeit des ursprünglichen Bewusstseins vor Augen führt?

Wie wir so zusammensaßen, hatte ich mit einem Mal ein Déjà-vu: War ich nicht schon einmal unter ganz ähnlichen Umständen Serena zu einer Audienz bei Rinpoche gefolgt? Genau wie heute war Yogi Tarchin damals soeben von einem dreijährigen Retreat zurückgekehrt und hatte sich bei den Cartrights einquartiert. Serena ihrerseits war gerade aus Europa nach Dharamsala gekommen und hatte alle möglichen Fragen: zum Nutzen der Meditation; ob es einen Unterschied zwischen Geist und Gehirn gab; ob auch normale Menschen hellsichtig sein können. Ganz besonders hatte sie jedoch eines interessiert: Würde sie den Mann ihres Lebens finden, auch wenn sie zurück nach Indien zog?

Yogi Tarchin hatte ihr in dieser Hinsicht Hoffnungen machen können und sogar – sehr zu ihrer Überraschung – angedeutet, dass sie ihren zukünftigen Ehemann bereits kennengelernt hatte. Wie hätte sie zu diesem Zeitpunkt ahnen können, dass der große, stille Mann aus der letzten Reihe im Yogaunterricht ihr Seelenverwandter war?

Heute stürmte Zahra mit Fragen auf Yogi Tarchin ein. »Ich will so vieles wissen«, sagte sie und sah Rinpoche in die Augen. »Dad und Serena sagen immer, dass ich still sein soll. Als wäre ich noch ein Kind.«

»Ja, ja.« Er nickte. »Sie wollen, dass du Respekt zeigst. Und das ist auch richtig so. Aber jetzt kommst du in ein Alter, in dem du allmählich Verantwortung für deinen Verstand übernehmen musst.«

Zahra dachte schweigend darüber nach. »Kürzlich beim Yoga ging es darum, wie wichtig es ist, einen Lehrer zu haben«, sagte sie beinahe ängstlich.

»Das ist die Grundlage aller Erkenntnis«, verkündete Rinpoche, woraufhin die Energie im Raum eine neue Qualität anzunehmen schien.

Zahra nickte. »Genau das haben sie gesagt. Was ich meine, ist, wäre es okay, wenn ich Euch als, nun ja …« Sie senkte betreten den Blick. Dann holte sie tief Luft und setzte sich gerade hin. »Ich wollte Euch – mit dem allerhöchsten Respekt – fragen, ob Ihr mein Lehrer sein wollt.«

Yogi Tarchin beugte sich vor, streckte die Arme aus, nahm ihre Hände und drückte sie eine Weile. »Du warst sowieso schon immer meine ganz besondere Herzens-schülerin.« Er ließ sie wieder los und lächelte.

Zahra grinste. »Sehr gut. Also bin ich schon Eure Schülerin. Ich wusste nicht, ob ich darum bitten müsste.«

Rinpoche sah sie verständnisvoll an. »Ob ein Lehrer im Geist und Herzen seines Schülers sein darf, entscheidet der Schüler, nicht der Lehrer. Manchmal geben die Leute einfach nur Lärm von sich.« Er zuckte mit den Schultern. »Geräusche ohne Bedeutung. Viel wichtiger ist, was wir hier von unserem Guru halten.« Er berührte sein Herz. »Und dass wir ehrlich versuchen, die Lehre zu verinnerlichen.«

Zahra rutschte unruhig auf ihrem Kissen herum. »Einmal ist auch das Wort ›Guruyoga‹ gefallen. Aber das hat mit dem stinknormalen Yoga nichts zu tun, oder? Mit Haltungen und Posen und so?«

Yogi Tarchin kicherte. »Nein, mit körperlichem Yoga nicht. Yoga bedeutet Zusammenschluss. Eine Vereinigung.« Er verschränkte die Finger beider Hände. »Es ist ein Begriff aus dem Sanskrit, von dem sich auch das Wort ›Joch‹ ableitet. Beim physischen Yoga geht es darum, dass Körper und Geist eine Einheit bilden. Beim Guruyoga sollen wir unseren Geist mit dem des Guru zusammenbringen – den wir, und das ist entscheidend, mit dem Geist eines Buddha gleichsetzen. So können wir uns von einem gewöhnlichen, von Karma und Verblendung geschlagenen Geist hin zu einem glückseligen, transzendenten Buddha-Bewusstsein jenseits von Geburt und Tod entwickeln.«

»Seinen Geist mit dem des Lehrers zusammenbringen … das geschieht nur in unserer Vorstellung, oder?«

»Von deiner Seite aus ja.« Rinpoche nickte. »Von der Lehrerseite – oder Buddhaseite – aus gibt es mächtige und positive Wesen oder Energien, die dir helfen wollen. Doch das können sie nur, wenn du dich ihnen öffnest. Du musst ebenfalls wollen, dass es geschieht.«

Zahra runzelte konzentriert die Stirn. »Aber wie …?«, begann sie und verstummte dann.

»Eine Frage hat noch nie geschadet«, ermunterte Yogi Tarchin sie. »Sie hilft, bestimmte Dinge zu klären.«

»Okay, also … wie kann denn etwas Wirklichkeit werden, nur weil man es sich einbildet? Ich meine, nur weil ich mir etwas vorstelle, wie zum Beispiel – keine Ahnung, dass ich später auf dem Heimweg einem berühmten Popstar über den Weg laufe. Nur weil ich mir das vorstelle, passiert es doch noch lange nicht wirklich.«

Rinpoche schüttelte langsam den Kopf. »Da hast du recht«, sagte er. »Kurzfristig betrachtet jedenfalls. Doch Yoga ist ein langfristiger Prozess. Man geht nicht nur ein einziges Mal zum Yogaunterricht und hat sofort einen geschmeidigen und dehnbaren Körper. Man muss üben. Du triffst diesen berühmten Popstar deshalb nicht, weil das nur ein Tagtraum von ein paar Minuten war.

Aber was, wenn du diesem Popstar in den sozialen Medien folgst? Zu jedem Konzert gehst und alles über ihn in Erfahrung bringst, dein Leben nach ihm ausrichtest und dir ständig irgendetwas einfallen lässt, um mit ihm Kontakt aufzunehmen und in seiner Nähe zu sein? Und das machst du jahrelang mit dem festen Vorsatz, ihn persönlich zu treffen. Glaubst du nicht, dass das irgendwann der Fall sein wird? Vielleicht als Vorsitzende seines

indischen Fanklubs? Oder im Rahmen einer Wohltätig-
keitsveranstaltung, bei der er ebenfalls anwesend ist?«

Zahra lauschte aufmerksam. »Schon möglich.« Sie
nickte.

»Die *Absicht* steht am Anfang von allem«, sagte er. »Wir
setzen uns etwas in den Kopf und bringen dann Körper,
Rede und Geist zusammen, bis wir es erreicht haben.
Popstaryoga!«

Zahra grinste. »Aber warum der ganze Aufwand, nur
um einen Popstar zu treffen?«

»Genau! Dieser Tage ist ja das sogenannte Gesetz der
Anziehung in aller Munde. Man soll sich ein Ziel setzen,
dieses Ziel bis ins Detail visualisieren, sich dieses Ziels
immer wieder versichern und es zum Mittelpunkt seines
Lebens machen, dann kann man es auch erreichen.«

»Klappt das denn?«, fragte Zahra.

»Mit Übung schon«, sagte Rinpoche. »Aber nicht auf
die Schnelle. Eine Patentlösung gibt es nicht. Das Problem heutzutage ist, dass diese Methoden oft für wert-
lose Ziele benutzt werden. Wenn man diese Weisheiten
nur einsetzt, weil man Geld, Ansehen oder Liebe haben
möchte, mindert das ihren Wert. Diese Dinge sind per se
nicht verwerflich, aber keinesfalls die wahren Ursachen
des Glücks. Jenseits dieses Lebens haben sie keinen Wert.

Am besten setzt man diese Methoden in der Dharma-
Praxis ein. So sind sie auch entstanden. Unsere Reise
beginnt mit der Loslösung. Wir akzeptieren, dass unser
Glück und Wohlbefinden nicht von den äußeren Umständen, sondern von unserem Geist abhängen. Wir entscheiden uns aktiv dafür, uns von den wahren Ursachen

unseres Unglücks – also etwa Anhaftung oder Zorn – abzuwenden, und versuchen stattdessen, einen vorteilhafteren Geisteszustand zu erreichen. Wir suchen Zuflucht bei Buddha, Dharma und Sangha.«

Zahra nickte.

»Dann kultivieren wir Bodhichitta. Wir bringen unseren Wunsch zum Ausdruck, zum Wohle aller Lebewesen Erleuchtung zu erlangen. Wir verkörpern dies in all unseren Handlungen. Doch am Anfang können wir uns nur vorstellen, ein Buddha zu werden. Es ist ein Akt der Einbildungskraft. Wir sind keine Buddhas, wir sind nur freche kleine Menschlein.« Rinpoche kniff die Augen zusammen und kicherte. Sein Lachen war so ansteckend, dass Zahra bald mit einstimmte. Staubkörner tanzten im bernsteinfarbenen Licht der Nachmittagssonne.

»Irgendwo müssen wir ja anfangen«, fuhr er nach einer Weile fort. »Wo genau, spielt keine Rolle. Nur das Ende des Weges zählt. Bodhichitta ist zunächst eine Übung in Einbildungskraft, genau wie die Weisheit des Shunyata. Es ist sehr nützlich zu analysieren, auf welche Weise die Dinge existieren. Doch irgendwann müssen wir über die Bedeutung der Tatsache meditieren, dass es keine inhärente Existenz gibt. Mithilfe unserer Fantasie können wir uns vorstellen, wie die Wirklichkeit ohne unabhängige Phänomene sein könnte. Wie ein von Gedanken freier Geist sein könnte. Am Anfang steht also die Vorstellung, das Konzept. Dann folgt die nichtkonzeptuelle Erfahrung.« Er sah Zahra tief in die Augen. »Auf unserer Reise spielen Absicht und Vorstellungskraft eine große Rolle. Und so ist es auch mit dem Guruyoga.«

»Sollen wir uns den Guru wirklich wie einen Buddha vorstellen?«, fragte Zahra.

Yogi Tarchin nickte.

»Ich war schon öfter bei Geshe Wangpos Vorträgen, aber so etwas hat er noch nie gesagt. Warum nicht?«

Ein verschmitztes Lächeln erschien auf Rinpoches Gesicht. »Das ist kein … einfaches Thema. Zu Geshe Wangpos Vorträgen kommen sicher viele Westler, oder?«

Zahra nickte.

»Insbesondere Menschen aus dem westlichen Kulturkreis haben Schwierigkeiten mit dieser Vorstellung. Sie glauben immer gleich, dass es sich hier um einen Personenkult handelt. Mal angenommen, ein Lama sagt: ›Am besten stellt ihr euch mich als Buddha vor‹, dann sagen gleich ein paar Schüler: ›Das kann kein Buddha sein, der hat ja überhaupt keine Tischmanieren!‹ Und andere sagen: ›Was für ein arroganter Mönch! Behauptet er etwa, erleuchtet zu sein?‹ Und so weiter.

Deshalb ziehen es viele Lamas vor, ihren Schülern nur bestimmte Texte zu diesem Thema zu empfehlen – in der Hoffnung, dass sie es selbst herausfinden. Die richtigen Schlussfolgerungen ziehen. Weißt du, sich den Guru als einen Buddha vorzustellen geschieht ja nicht um des Gurus willen. Was du von ihm hältst, hat Auswirkungen auf *deinen* Geist und *deine* Einstellung. Je konkreter du ihn dir als Buddha vorstellen kannst, desto besser ist es für deine innere Entwicklung. Wenn du am Unterricht bei einem Lama teilnimmst, den du für durchschnittlich hältst, wirst du auch nur eine durchschnittliche Segnung erhalten. Wenn du den Lama dagegen für einen Buddha hältst, wirst du auch die Segnung eines Buddhas erhalten.«

Zahra saß auf ihrem Teppich, dachte eine Weile über diese Worte nach und kraulte mich dabei. Ich saß mit untergeschlagenen Pfoten neben ihr und blickte zu Rinpoche auf.

»Aber wenn der gewöhnliche Lama dasselbe lehrt wie der Buddha, dann muss doch auch der Nutzen, den man daraus zieht, derselbe sein, oder nicht?«

Rinpoche hob die Augenbrauen und nickte. »Gut argumentiert, Zahra«, beglückwünschte er sie. »Beantworte mir folgende Frage: Wenn dir dein Vater etwas sagt, was du vielleicht gar nicht so gern hörst, was entgegnest du dann darauf?«

Zahra zuckte mit den Schultern.

»Ich glaube, ich weiß es.« In Rinpoches Augen blitzte es schalkhaft. »Mir doch egal«, sagte er mit trotziger Stimme, wobei er Zahra ziemlich gelungen imitierte.

Zahra kicherte verlegen.

»So ungefähr?« Er lehnte sich zurück.

Sie nickte.

»Nehmen wir mal an, du hast eine Audienz bei Seiner Heiligkeit dem Dalai Lama, und er sagt dir dasselbe wie dein Vater. Würdest du ihm auch mit ›Mir doch egal‹ antworten?« Er parodierte sie ein weiteres Mal.

»Natürlich nicht!«, protestierte sie.

Das glänzende Licht im Raum wurde sanfter und weicher und schwand allmählich. Yogi Tarchin ließ Zahra in Ruhe über das soeben gegebene Beispiel nachdenken. Ihre Entdeckung, dass die Kraft der Worte weniger in den Worten selbst lag als in der Person, die sie aussprach. Und dass wir zumindest teilweise mitentscheiden konnten, wer sie aussprach, Lama oder Buddha.

»Und was meint Ihr mit ›Segnung‹?«, fragte Zahra.

»Eine Segnung ist die Fähigkeit zur Veränderung«, sagte er lapidar. »Wenn wir gesegnet werden, erhalten wir die Inspiration, die Energie und den Willen, unsere Realitätserfahrung zu ändern. Vom Gewöhnlichen zum Transzendenten.«

»Und dann könnt Ihr im Schlaf mit eurem Traumkörper reisen, wohin Ihr wollt? Oder Menschen heilen, indem Ihr Mantras aufsagt? Oder hellsehen?«

Rinpoche kicherte. »Das sind sehr fortgeschrittene Praktiken. Im Dharma gilt es zunächst, dem Sutra-Pfad, also den Grundlagen unserer Lehre, zu folgen. Erst wenn wir mit diesen vertraut sind und sie im Alltag anwenden, können wir von unserem Guru die nötigen Einweihungen erhalten, um auch das höchste Yoga-Tantra zu praktizieren.«

Ich rollte mich auf die Seite, streckte alle vier Pfoten, so weit es ging, von mir und gähnte herzhaft. Zahra kraulte meinen Bauch. Wie ihre Fingernägel durch mein üppiges Fell meinen Körper entlangfuhren, war ein Hochgenuss. Ich rollte mich neben ihr zusammen, bis ich mit dem Kopf verkehrt herum dalag, und nahm die Croissant-Haltung ein.

Diese Bewegung, so spontan sie auch gewesen war, leitete eine Veränderung der Gesprächssituation ein. Nun wollte Zahra von Yogi Tarchin Antworten auf einige Fragen haben, die etwas persönlicher Natur waren.

»In den letzten Jahren habe ich immer öfter über meine Mutter nachgedacht«, begann sie zögerlich. »Dad ist eine neue Beziehung eingegangen, und ich mag Serena sehr gerne, sie ist wunderbar! Trotzdem muss ich immer wieder an Mummy denken und frage mich, was mit ihr passiert ist. Deshalb habe ich Euch nach ihr gefragt, als Ihr zum Essen bei uns wart.«

Rinpoche nickte.

»Ihr habt gesagt, dass man nur selten in eine reiche und privilegierte Familie geboren wird.«

»Ja.«

»Und da dachte ich: Ist es möglich, dass sie als armer Mensch wiedergeboren wurde?«

Rinpoche erwiderte ihren ernsten Blick mit Gleichmut. »Buddha selbst ist ein Beispiel dafür, wie selten es vorkommt, als Mensch geboren zu werden«, sagte er. »Meistens halten wir uns ja für ganz gewöhnliche Menschen. Für normale Menschen. Doch das ist ein Irrtum. Allein als Mensch geboren zu werden ist außergewöhnlich. Buddha vergleicht dies mit einer blinden, lahmen Schildkröte, die nur alle hundert Jahre auftaucht und dabei zufällig ihren Hals durch einen goldenen, auf der Oberfläche des Ozeans treibenden Ring steckt. Der goldene Ring symbolisiert ein Leben voller Müßiggang und Glück – genau wie das, das wir genießen.

Auf der Welt gibt es nicht nur sieben Milliarden Menschen, sondern auch unzählige Billionen Vögel, Fische und andere Tiere. Die Chance, als Mensch geboren zu werden, ist also äußerst gering. Leider begreifen die meisten Menschen nicht, was das bedeutet. Sie verstehen nicht, welch außergewöhnliche Möglichkeit zur Entwicklung unseres Geistes dies darstellt, um dem ewigen Kreis aus Geburt, Altern, Tod und Wiedergeburt zu entkommen. Wenn wir nicht das Beste aus dieser einzigartigen Chance machen, müssen wir womöglich eine lange Zeit auf die nächste warten.«

»Rinpoche, was ist die Ursache dafür, als Mensch wiedergeboren zu werden?«

»Tugend.«

»Wenn man also tugendhaft ist, ist eine Wiedergeburt als Mensch …«

»Wahrscheinlicher.« Er nickte, dann sah er sie mit unendlich mitfühlender Miene an. »Das Karma, das zum Zeitpunkt des Todes reift, kann auch einen großen Einfluss darauf haben.«

»Deshalb ist es am besten, mit friedlichem Geist zu sterben.«

Er nickte.

»Und nicht wie Mummy bei einem Verkehrsunfall?«

Shanti war gestorben, als sie mit ihrem Wagen von einer Klippe gestürzt war.

»In solchen Augenblicken nimmt man die Zeit ganz anders wahr. Sie kann sich in einem ungewöhnlichen Maße ausdehnen. Also wissen wir auch bei einem Verkehrsunfall nicht, wie die betreffende Person ihren letzten Moment wahrgenommen hat. Daher sollten wir keine voreiligen Schlüsse ziehen.«

»Ich habe gehört, dass es verschiedene Arten von Karma gibt, die die Wiedergeburt beeinflussen«, sagte Zahra. »Könnt Ihr mir das erklären?«

»Es gibt hervorrufendes und vervollständigendes Karma«, sagte Yogi Tarchin. »Das hervorrufende Karma wirft uns in eine bestimmte Lebensform – also beispielsweise einen Menschen oder einen Vogel. Das vervollständigende Karma bestimmt, wie unser Leben als Mensch oder Vogel aussieht. Mit gutem vervollständigendem Karma kann man in eine wohlhabende und den Dharma praktizierende Familie geboren werden. Mit schlechtem vervollständigendem Karma endet man unter Umständen als armer Mensch in einem Krisengebiet, der ständig ums Überleben und die nächste Mahlzeit kämpfen muss.«

»Wenn Mummy also nicht das nötige hervorrufende Karma hatte, um als Mensch wiedergeboren zu werden, dann hat es womöglich für ein Tier gereicht«, schlussfolgerte Zahra. »Vielleicht hatte sie gutes vervollständigendes Karma und wurde ein Haustier?«

»Ein Haustier, um das man sich gut kümmert, hat ein gutes Karma«, pflichtete Rinpoche ihr bei. »Es muss sich nicht um seine Sicherheit oder Nahrung sorgen. Es kann Zuneigung geben und empfangen. Sein Karma wird davon beeinflusst, wie oft es Mantras hört und Glück bringende Symbole oder Statuen sieht. Vielleicht braucht es auch nur negatives Karma auf, bevor es weiter auf dem Pfad zur Erleuchtung voranschreitet.«

»Angeblich war Mummy dem Dalai Lama sehr zugetan.«

»Leider habe ich sie nie kennengelernt«, sagte Yogi Tarchin. »Aber das ist mir auch zu Ohren gekommen.«

»Und Daddy war sie natürlich auch sehr zugetan.«

Rinpoche beugte sich vor und sah sie mit überraschend leidenschaftlichem Ausdruck an. »Und dir ebenfalls«, sagte er in nachdrücklichem Ton, der deutlich machte, dass das letzte Wort in dieser Angelegenheit gesprochen war. Doch die Schlussfolgerung aus diesem Wort war so offensichtlich, dass sie Zahra nicht entgehen konnte.

Und mir auch nicht! Mit ungewohnter Hast entrollte ich mich, setzte mich auf und sah erst Rinpoche und dann Zahra in die Augen. Dieser Moment zählte zweifellos zu den wichtigsten in meinem Leben.

Was uns hier offenbart wurde, war einerseits völlig unglaublich und andererseits so naheliegend, dass es keinen Zweifel mehr geben konnte. Der Nachmittag neigte sich dem Ende zu, die Sonne ging unter und erste Schatten zeigten sich in den Ecken. Hier mit Zahra zu Rinpoches Füßen zu sitzen war, wie in einen Strudel aus Liebe und Licht, Freude und Transzendenz und einer Gewissheit einzutauchen, die mit Worten nicht zu beschreiben war – und auch nicht beschrieben werden musste.

Zahra beugte sich vor, legte ihre Stirn an meine und strich mit beiden Händen über meinen Körper. Zitternd rang sie nach Atem. Ich spürte, wie ihre Tränen auf mein Fell fielen.

»Du warst immer etwas ganz Besonderes für mich«, sagte sie und sprach mir damit aus der Seele. »Und jetzt weiß ich auch, warum.«

Am frühen Abend holte Serena Zahra und mich bei den Cartrights ab. Natürlich erfuhr sie sofort von dem Wäschekorb, in dem ich blinder Passagier gespielt hatte. Anstatt direkt nach Hause zu fahren, machte sie einen Abstecher zum Namgyal-Kloster. Ich saß auf Zahras Schoß.

Sobald wir ankamen, liefen wir nach oben. Tenzin führte uns sofort zu Seiner Heiligkeit, der gerade mit Oliver am Schreibtisch saß und an einer Übersetzung arbeitete. Nun befand ich mich wieder in vertrauter Umgebung und setzte mich auf meine Fensterbank, während Serena ihnen in aller Kürze von den dramatischen Ereignissen des Nachmittags berichtete.

»Dass die Tür zur Wäschekammer offen stand, ist noch nie da gewesen«, sagte sie.

»Zahra, ich bin dir zu größtem Dank verpflichtet.« Seine Heiligkeit senkte den Kopf. »Hättest du sie in der Reinigung nicht miauen gehört …?«

Alle sahen zu mir herüber. »Neugier ist der Katze Tod«, sagte Serena. »Heißt es nicht so?«

»Ganz genau«, sagte Oliver.

»Na, ich hoffe, dass es der KSH wieder besser geht«, sagte Serena.

»Oh, bestimmt«, sagte Zahra nachdrücklich. »Sie ist doch jetzt bei ihrem Guru.«

Seine Heiligkeit schenkte erst seiner kleinen Schneelöwin ein mildes Lächeln, dann sah er zu mir herüber. Und in diesem Augenblick hatte ich die Gewissheit, dass auch er wusste, was sich an diesem Nachmittag offenbart hatte.

»Wenn wir unseren Guru im Herzen haben«, sagte er und sah Zahra bestätigend an, »dann sind wir immer sicher.«

»Selbst wenn wir in einem Wäschekorb einschlafen?«, fragte Oliver.

Alle brachen in Gelächter aus.

Nachdem sich der Besuch verabschiedet hatte, sammelte auch Oliver seine Unterlagen zusammen und verließ uns. Der Dalai Lama setzte sich in einen Sessel neben der Fensterbank und ruhte sich eine Weile in der zunehmenden Dämmerung aus.

Wie viel Zeit er doch allein und in Stille verbrachte, dachte ich. Und dennoch war er mir in den vielen Stunden, in denen ich ihm dabei Gesellschaft geleistet hatte, nie untätig vorgekommen. Nie hatte sich mir der Eindruck der Geistesabwesenheit oder Inaktivität aufgedrängt.

Im Gegenteil. Sein Dienst in der Welt nahm seinen Anfang mit der Stille, so wie er jeden Tag mit einer fünfstündigen Meditation begann. Seine Taten mochten spontan und mühelos erscheinen und Herz und Verstand vieler Lebewesen auf grenzenlose Weise berühren. Doch all dies hatte seinen Ursprung genau hier. In der ruhigen Gegenwart, die der Quell aller Möglichkeiten war.

Diese Gewissheit würde niemals enden; zu viele von uns waren noch von ihm abhängig. Anders als Buddha hatten wir Bedürfnisse.

Im Licht der jüngsten Erkenntnisse teilte ich die Stille mit ihm. Ich fühlte mich geborgen im Wissen darum, wo ich herkam und dass ich genau am richtigen Ort war. Und dass eine tiefe Verbindung zu der kleinen Gruppe von Reisenden bestand, mit denen ich nun schon mehrere Leben geteilt hatte. Dabei überkam mich eine so wunderbare, überwältigende Zufriedenheit, dass ich unwillkürlich anfing zu schnurren.

Nach einer Weile richtete der Dalai Lama den Blick auf die Fensterbank, auf der ich saß und ihn beobachtete.

»Es heißt, dass jeder von uns irgendwann in der Vergangenheit eine Mutter war.« Er sah mich mit offenherziger Güte an. »Kleine Schneelöwin, stell dir nur vor, wie es wäre, wenn wir alle diese Verbindung so deutlich wie die Realität selbst erfahren könnten.«

Epilog

Liebe Leser, kennt ihr das auch? Man hat das Gefühl, dass das Leben lange Zeit in geregelten Bahnen verläuft und nichts Besonderes geschieht – und plötzlich, ohne Vorwarnung, stellt es eine Kette von unerhörten Ereignissen komplett auf den Kopf?

So erging es auch mir an einem ganz bestimmten Tag, an dem ich im Himalaja-Buchcafé zum Mittagessen weilte. Kusali, der Oberkellner – er trug eine nagelneue Uniform, mit der er noch eleganter wirkte als sonst –, servierte mir einige ausgesuchte Stückchen der *Sole meunière,* die es als Mittagsgericht gab. Ich verzehrte sie mit großem Appetit, dann kletterte ich auf das oberste Brett des Zeitschriftenregals, putzte mir das Gesicht und bettete mich zu einem Verdauungsschläfchen.

So weit, so gewöhnlich – ein ganz normaler Tag im luxuriösen Leben der Katze Seiner Heiligkeit.

Lag es an meinem sechsten Katzensinn oder war es nur Zufall, dass ich gerade dann aus meinem Schlummer erwachte und die Augen öffnete, als vier Männer in dunklen Anzügen und Sonnenbrillen das Café betraten?

Ein Mann im Anzug war an sich ja kein ungewöhnlicher Anblick, doch diese Gruppe, die nun zielstrebig zum hinteren Teil des Lokals unterwegs war, legte eine ganz auffällige Unauffälligkeit an den Tag.

Schon war Kusali an ihrer Seite und neigte den Kopf, um vertraulich mit ihnen sprechen zu können. Dann deutete er mit dem Kopf auf Franc, der daraufhin den Raum durchquerte und sich zu ihnen gesellte. Dabei bemerkte ich ein aufgeregtes Funkeln in seinen Augen. Anscheinend hatte er mit diesem Besuch gerechnet.

Nach einer kurzen Unterredung setzten sich die Männer nicht etwa, sondern verteilten sich in alle Richtungen. Einer begab sich in die Küche, ein weiterer ging die Treppe zu Serenas Büro hinauf, ein dritter begutachtete die Regale des Buchladens, während der vierte auf der Suche nach wer weiß was im Restaurant herumschnüffelte.

In diesem Augenblick trat Serena, deren Schicht demnächst beginnen sollte, durch die Vordertür. Sie staunte nicht schlecht, als sie einen Mann im Anzug hinter die Vorhänge spähen und einen weiteren hinter die Bücherregale linsen sah. Als sie Franc erblickte, hob sie fragend die Augenbrauen.

»Was soll denn das werden?« Sie deutete mit dem Kinn auf den Mann hinter ihr.

»Die sind von der Special Protection Group«, erklärte er. »Personenschutz für hochrangige Politiker«, fügte er hinzu, als sie ihn weiter verständnislos anblickte.

»Und was wollen die hier?« Sie hob die Hände.

»Eine Sicherheitsüberprüfung. Wie es aussieht, erwarten wir einen prominenten Gast.«

Serena sah sich um. Gerade herrschte die Ruhe nach dem mittäglichen Ansturm. Nur wenige Tische waren besetzt. »Und wie viele Personen erwarten wir? Haben die überhaupt reserviert?«, fragte sie.

Franc legte eine Hand aufs Gesicht. »Die sind wegen dir hier«, sagte er und zuckte mit den Schultern. »Wie viele Gäste wir erwarten, weiß ich nicht. Angeblich bekommst du eine Urkunde verliehen.«

»Was?« Sie verzog das Gesicht. »Ich habe ihnen doch schon vor Wochen gesagt, dass sie mir das Ding per Post schicken sollen.«

»Anscheinend lässt es sich jemand nicht nehmen, sie dir persönlich zu überreichen.«

Serena betrachtete mit gerunzelter Stirn ihr Spiegelbild in der Glastür des Restaurantbüros. »Und wer ist dieser jemand und wann soll das stattfinden?«

»Irgendein Minister«, orakelte Franc. »In ungefähr einer Stunde.«

Sie schüttelte den Kopf. »Ich bin überhaupt nicht richtig angezogen für einen ... offiziellen Anlass. Meine Schicht fängt in weniger als fünf Minuten an.«

»Keine Sorge, ich bleibe«, verkündete Franc unnachgiebig. »Gleich trifft eine wichtige Persönlichkeit aus Delhi ein, da kann ich ja schlecht Feierabend machen. Wenn du willst, kannst du schnell nach Hause fahren und dich umziehen. Ich halte hier solange die Stellung.«

Serena sah ihn prüfend an. »Und das macht dir auch wirklich nichts aus?«

»Geh.« Er deutete auf die Tür. »Wir warten hier auf dich.«

Serena drehte sich um und lief in die Richtung, aus der sie gekommen war. Kusali stellte sich neben Franc und sah ihr hinterher.

»Soll ich die Räumlichkeiten vorbereiten lassen?«, fragte er, diskret wie immer.

»Bitte«, sagte Franc und nahm das Handy aus der Tasche. »Ich schicke den anderen eine Nachricht.«

Kurze Zeit später machte sich die komplette Belegschaft des Restaurants – sowohl diejenigen, die gerade sowieso im Dienst waren, als auch die anderen, die man dazugerufen hatte – daran, das Restaurant völlig umzugestalten. Sie stellten die Tische an die Seite, um Platz zu schaffen, errichteten ein Podium aus Holzpaletten, die schon seit Wochen in einem Lagerraum auf ihren Einsatz warteten, und bedeckten sie mit soliden Hartholzplatten. Die Markisen vor dem Café, die Wände im Innenraum und die Seiten des Podiums wurden mit Girlanden verziert.

Sam installierte eine Lautsprecheranlage samt Mikrofon. Angela stellte überall große, gerahmte Fotografien von indischen Teenagern auf, die gerade vor Computern saßen, Abschlusszeugnisse in die Höhe hielten oder breit in die Kamera grinsten, weil sie soeben einen Arbeitsplatz ergattert hatten – alles Bilder, die sich Serena zur Inspiration als Bildschirmschoner auf ihrem Bürorechner eingerichtet hatte und die bis dato noch nie in der Öffentlichkeit gezeigt worden waren.

Kurz darauf traf der erste Gast ein: Es war Bronnie. Inzwischen war alles für die Ankunft des prominenten Regierungsvertreters vorbereitet. Kusali beaufsichtigte mit ruhiger Autorität die letzten Arbeiten.

Als Sam den Buchladen verließ und sich zu Bronnie gesellte, traf auch der stets Tennisschuhe tragende Ewing Klipspringer ein.

»Alles bereit für den großen Abend.« Ewing sah sich bewundernd um.

»Spielst du heute für uns?« Bronnie deutete in Richtung des Klaviers in der Ecke, an dem Ewing hin und wieder etwas zum Besten gab.

»Aber sicher, wenn es gewünscht wird.« Er verschränkte die Finger und ließ sie mit dramatischer Geste knacken. »Wie läuft es bei euch? Wohnt ihr immer noch in dieser höllischen Wohnung über der Frau mit dem stinkenden Fisch und den Tobsuchtsanfällen?«

Bronnie schüttelte den Kopf.

»Wir wohnen schon noch dort«, erwiderte Sam. »Aber seitdem hat sich viel geändert.«

»Tatsache?«, fragte Ewing neugierig.

»Wie sich herausstellte, war die Wurzel allen Übels ein Schloss an Mrs. Williams' Küchentür, das so hoch angebracht war, dass sie es nicht erreichen konnte. Daher konnte der Rauch beim Kochen nicht abziehen und stieg direkt in unsere Wohnung.«

»Jedes Mal, wenn sie die Tür öffnete, was mehrmals pro Woche vorkam«, erzählte Bronnie weiter, »musste ihr Sohn vorbeikommen und den Riegel wieder vorschieben. Dann blieb er zum Essen, und sie tranken zu viel und gerieten sich in die Haare.« Bronnie schüttelte den Kopf.

»Und ihr habt sie dazu gebracht, das Schloss auszutauschen?«, fragte Ewing.

»Da hätten wir wohl auf Granit gebissen.« In diesem Punkt schien sich Sam seiner Sache sicher zu sein. »Nein, wir haben die Hausverwaltung angerufen und gesagt, dass wir das neue Schloss bezahlen. Am nächsten Tag stand der Mann vom Schlüsseldienst vor der Tür.«

»Also ist das Problem gelöst?«

»Im Flur steht noch jede Menge Kram«, sagte Bronnie. »Aber den räumen wir auch nach und nach weg.«

»Ihr Sohn ist inzwischen in England. Aber vorher flogen noch so richtig die Fetzen.« Sam verdrehte die Augen.

Ewing sah von einem zum anderen. »Dann hat sich also alles in Wohlgefallen aufgelöst.«

»Sie musste nach einem Sturz ins Krankenhaus, und hätte ihr Sam nicht einen Blumenstrauß vorbeigebracht, wäre das alles nicht passiert.« Bronnie legte dankbar den Arm um ihn.

»Ohne Geshe Wangpos Rat wäre das alles nicht passiert«, berichtigte Sam schnell.

»Er hat dir geraten, ihr Blumen vorbeizubringen?«

»Nicht direkt«, sagte Sam.

»Er hat gesagt, dass man danach streben kann, ein Bodhisattva zu werden, ohne auf sich herumtrampeln zu lassen. Neben Mitgefühl braucht es auch Weisheit und Macht. Leider waren wir in dieser Situation recht machtlos. Bis sie gestürzt ist und einen Blumenstrauß geschickt bekam. Und wir erfuhren, dass sie im Krankenhaus liegt. Das verschaffte uns etwas Macht, und die haben wir genutzt.«

»Sie war unser kostbarer Schatz«, verriet Sam.

»Ach ja, Geshe Wangpos kostbare Schätze.« Ewing kicherte. »Davon habe ich auch ein paar.«

Allmählich füllte sich das Café. Die Gäste waren ungewöhnlich formell in Abendkleider und Sakkos gewandet. Ich sah sogar mehrere Krawattenträger. Manche Gratulanten wie etwa die Cartrights kannte Serena schon von klein auf, andere durch Sid oder das Gewürzmischungsgeschäft. Eine Gruppe junger indischer Männer in dunklen Hosen und weißen Hemden versammelte sich um die gerahmten Fotos; offenbar gehörten sie zu denen, die von Serenas Bildungseinrichtung profitiert hatten.

Kusali beaufsichtigte das Servicepersonal, das in makellosen, gestärkten weißen Uniformen und mit Tabletts voll klirrender Gläser in den Händen die Küche verließ. Franc hatte sich extra für diesen Anlass in ein geschmackvolles Jackett mit passender Krawatte geworfen. Er stand am Eingang und begrüßte herzlich die Gäste.

Mir war nicht entgangen, dass sich mehrere Kollegen von der Special Protection Group zu den vier Männern im dunklen Anzug gesellt hatten. Die Beamten hatten alle Ausgänge sowie strategische Punkte im Umkreis des Lokals besetzt und hielten durch in ihren Ärmeln verborgene Mikrofone untereinander Kontakt.

Dann erschien Conrad, und es dauerte einen Augenblick, bis ich ihn überhaupt erkannte. Das lag nicht nur an dem schicken Sakko samt Krawatte, sondern auch an seinem entspannten Auftreten. Er betrat das Café und sah sich nonchalant um, bis er Angela erspähte, die bei Sam, Bronnie, Ewing und mehreren anderen Yogaschülern neben dem Zeitschriftenregal stand.

Angela umarmte ihn freudig. »Gut siehst du aus!«

Sie selbst trug ein elegantes smaragdgrünes Kleid, das er mit glänzenden Augen musterte. »Du aber auch.«

»Ach, die Jugend!«, sagte Ewing gutmütig.

»Sie haben sich ja ganz schön gemausert«, sagte Merrilee, die noch nie ein Blatt vor den Mund genommen hatte, und schüttelte den Zeigefinger vor seinem Gesicht. »Und ich dachte, Sie wären der geheimnisvolle, wortkarge Typ«, meinte sie bedauernd mit ihrer Reibeisenstimme.

»Wortkarg … hm.« Er zuckte mit den Schultern und alle lachten. »Aber ich habe mich selbst viel zu ernst genommen. Mir ist erst vor Kurzem klar geworden« – er beugte sich vor, um eine entscheidende Weisheit zu verkünden – »dass es kein Selbst gibt, das man ernst nehmen könnte – oder auch nicht.«

»Die große Illusion des Selbst«, pflichtete Sam ihm bei.

»Die Ursache so vielen Leids«, fügte Ewing hinzu.

Ein Kellner mit einem Tablett voller Champagnerflöten und Wassergläser erschien. Da er Merrilee schon länger kannte, hielt er ihr das Tablett zuerst hin. »Champagner, Madame?«

Merrilee, die sich immerhin schon seit geschlagenen fünf Minuten im Café befand, warf ihm einen gespielt panischen Blick zu. »Ich dachte schon, Sie fragen nie!« Sie nahm sich ein Glas Schampus.

Weitere Feiernde trafen ein. Das oberste Brett des Zeitschriftenregals war der perfekte Platz, um alles im Auge zu behalten. Neben den Stammgästen sah ich auch zahlreiche unbekannte Gesichter. Dann betraten zu meiner Überraschung Tenzin und Oliver das Lokal.

Durch die langjährige Freundschaft zwischen Ludo und dem Dalai Lama kannten sie selbstverständlich auch die Yogaschule des Herabschauenden Hundes und gesellten sich zu den anwesenden Schülern.

Tenzin sah sich um. »Die Veranstaltung findet ja regen Zuspruch!«

»Das Who's who von Dharamsala«, bestätigte Ewing mit ironischem Unterton.

»Und das gilt nicht nur für Vertreter der menschlichen Spezies«, witzelte Oliver und nickte in meine Richtung.

»Sie haben es tatsächlich geschafft, das Ganze vor Serena geheim zu halten«, sagte Ewing.

»Sie ahnt wirklich nichts?«, fragte Tenzin.

»Nicht das Geringste.« Er deutete auf Franc, der die Gäste an der Tür mit Handschlag empfing. »Franc hat sie vor einer halben Stunde zum Umziehen nach Hause geschickt. Sie glaubt, dass ihr irgendein Regierungsbürokrat eine Urkunde überreichen will. Sid wird dafür sorgen, dass sie auch zu Hause bleibt, bis wir ihm Bescheid geben. Er und Franc planen das schon seit Wochen.«

»Dürfen wir Ludo auch begrüßen?«, fragte Tenzin und sah sich um.

Ewing zuckte mit den Schultern.

»Angeblich kommt er diese Woche zurück«, sagte Sukie. »Aber niemand weiß, wann genau.«

Kurz darauf tippte eine Frau Oliver am Arm an und verwickelte ihn in ein Gespräch. Irgendwie kam mir ihr Gesicht bekannt vor, doch in ihrem eleganten Aufzug mit dem sorgfältig frisierten Haar konnte ich sie nicht einordnen. Sie schien Oliver etwas Vertrauliches mitteilen zu wollen, da sie ihn von der Yogagruppe weg und in Richtung des Zeitschriftenregals führte.

»Ich muss Ihnen etwas Merkwürdiges erzählen«, sagte sie, während sie näher kamen.

Olivers Augen blitzten neugierig hinter der Brille hervor.

»Wir mussten letzte Woche von einer Bewohnerin Abschied nehmen«, sagte sie mit bedeutungsschwangerer Miene.

»Das tut mir leid.«

»Das ist bei unserer Arbeit leider Alltag.« Sie zuckte mit den Schultern. »Hilda war seit Langem krank. Am Ende musste sie sogar mit Schläuchen beatmet werden. Die Arme. Das ist doch kein Leben.«

Oliver nickte.

»Zu den wenigen Lichtblicken in ihren letzten Tagen gehörte eine neue Besucherin. Unsere Therapiekatze.«

»Ach ja?«, fragte Oliver belustigt.

»Ich habe Ihnen ja schon erzählt, wie gut sich die Katze mit unseren Bewohnern verträgt. Sie haben gesagt, dass es sich um die Katze des Dalai Lama handeln könnte.«

»Ihrer Beschreibung nach schon.«

»Jedenfalls habe ich das der alten Dame und ihrer Tochter erzählt. Sie waren völlig hin und weg. Als hätte ihnen der Dalai Lama persönlich seinen Segen erteilt. Das war am Tag vor Hildas Tod.«

Oliver schien etwas sagen zu wollen, doch die Frau – die ich nun als Marianne Ponter, die Leiterin des Altenheims, erkannte – hob die Hand. »Und es geht noch weiter.«

»So?«

»Hilda starb allein am frühen Abend. Ihre Tochter war nach Hause gefahren, um für ihren Mann das Abendessen zu kochen. Er ist Schiffskapitän und war gerade sechs Wochen auf See gewesen. So ist es oft, wissen Sie? Die Sterbenden halten so lange durch, bis sie sich sicher sein können, dass ihre Angehörigen jemanden haben, der ihnen durch die schwere Zeit hilft. Und sobald das der Fall ist, verabschieden sie sich.«

Oliver hörte aufmerksam zu.

»Wie dem auch sei – als die Tochter an diesem Abend wiederkam, mussten wir die schlechte Nachricht überbringen, obwohl wir es ja selbst erst bemerkt hatten. Sie wollte ihre Mutter noch ein letztes Mal sehen, und als wir sie ins Zimmer führten, entdeckte sie das hier.« Sie öffnete die Handtasche, die sie um den rechten Arm hängen hatte, und nahm einen kleinen, durchsichtigen Gefrierbeutel heraus, in dem sich mehrere fluffige, cremefarbene Haarbüschel befanden. Sie reichte Oliver den Beutel.

»Anscheinend ist unser Gast mehr als nur eine Therapiekatze. Das ist der Beweis, dass sie Hilda bis zum Ende begleitet hat.«

Oliver nickte nachdenklich. »Der keltische Ausdruck dafür lautet *Anam Cara*.«

»Anam Cara?«, wiederholte Marianne.

»Das lässt sich grob mit ›Seelenfreundin‹ übersetzen. Eine Anam Cara kann die Rolle einer Sterbebegleiterin einnehmen, die durch eine wichtige Übergangsphase hilft.«

»Tja, jedenfalls scheint sie unserer Bewohnerin in ihren letzten Tagen Freude bereitet und, wie wir annehmen, auch in ihrer Todesstunde beigestanden zu haben. Hildas Tochter war überaus dankbar. Sie hat mir diese Fellbüschel gegeben – nur leihweise, versteht sich –, um zu überprüfen, ob es wirklich die Katze des Dalai Lama war. Eine solche Bestätigung …« – sie biss sich auf die Lippen und schüttelte den Kopf, als sie nun ihrerseits von Gefühlen übermannt wurde – »würde ihr sehr viel bedeuten.«

»Ich bin mir ziemlich sicher, dass es die Katze Seiner Heiligkeit war. Aber um das zu überprüfen, brauchen Sie mich gar nicht.« Oliver gab ihr die Tüte zurück. »Wenn Sie sich umdrehen möchten? Sie sitzt direkt hinter Ihnen.«

»Meine Güte!«, rief Marianne und wirbelte herum.

Da ich nun schon geraume Zeit in derselben Haltung verharrte, drehte ich mich auf die Seite und streckte mich über die gesamte Regalbreite so behaglich aus, dass meine Vorderpfoten zitterten. Dazu bedachte ich Marianne mit einem durchdringenden Blick aus meinen klaren blauen Augen.

»O ja«, sagte sie begeistert und streichelte mich. »Das ist ganz zweifellos unsere Besucherin.«

»Sie kommt ganz schön rum. Nicht wahr, KSH?«

»Wie haben Sie sie genannt?«

»KSH. Die Katze Seiner Heiligkeit. Sie hat viele Namen und Titel. Und Sie scheint immer in der Nähe zu sein, wenn etwas Wichtiges geschieht – davon konnten Sie sich ja soeben selbst überzeugen.«

»Eine allwissende Katze?«, fragte Marianne und stellte sich erneut meinem prüfenden, saphirblauen Blick.

»Mehr oder weniger«, kicherte Oliver.

Wie um seine Worte zu bestätigen, entstand auf einmal Unruhe. Die Gäste, die sich im Raum drängten, deuteten zur Tür oder drehten sich um, als Serena, Sid und Zahra Hand in Hand um die Ecke kamen und auf das Himalaja-Buchcafé zusteuerten. Serena trug ein bezauberndes korallenrotes Kleid und funkelnde Juwelen, das dunkle Haar fiel locker bis zur Taille hinab. Sid hatte die formelle Maharadscha-Kleidung angelegt und den Turban auf seinem Kopf mit Juwelen und Federn geschmückt. Zahra hatte zu ihrem türkisfarbenen Kleid etwas Make-up aufgelegt, wodurch sie sehr erwachsen wirkte. Auf ihrem Kopf schillerte ein Diadem.

Serena bemerkte zuerst die Girlanden an den Markisen, dann die vielen Menschen in Abendgarderobe, die sich im Café versammelt hatten. In gespielter Empörung wedelte sie mit dem Zeigefinger vor Sids Nase herum. Franc eilte zum Eingang, um sie in Empfang zu nehmen, und musste sich sofort den – durchaus berechtigten – Vorwurf anhören, mit Sid unter einer Decke zu stecken. Schließlich verdrehte Serena die Augen, fügte sich in ihr Schicksal und begrüßte herzlich die Gäste, die der Tür am nächsten waren.

Während Serena und Sid noch am Eingang von allen Seiten bedrängt wurden, tippte ein Leibwächter Franc auf die Schulter und deutete auf seine Armbanduhr. Schnell scheuchte Franc Serena, Sid und Zahra in Richtung des behelfsmäßigen Podiums, das im Café errichtet worden war.

Aus den aufgeregten Unterhaltungen schloss ich, dass niemand wusste, wer genau denn nun die Urkunde verleihen würde. Serena, Zahra und Franc stellten sich auf das Podium, und erwartungsvolle Stille erfüllte den Raum.

Plötzlich deutete Serena auf ein vorfahrendes Taxi, aus dem Ludo in einem weißen Leinenanzug stieg, gefolgt von einer hübschen jungen Frau in einem smaragdgrünen Abendkleid. Mit der gewohnten Souveränität legte Ludo stolz die Hand um die Taille der Frau und führte sie zum Eingang des Lokals.

»Willkommen zurück!«, begrüßte sie Franc mithilfe des Mikrofons auf dem Podium. »Ihr kommt gerade rechtzeitig!«

Als Ludo Serena und Sid so fein herausgeputzt auf der Bühne stehen sah, legte er in großer Geste die Hände vor dem Herzen zusammen und verbeugte sich vor ihnen. Fröhlich lachend erwiderten sie den Gruß. Dann bahnte sich Ludo einen Weg durch den schmalen Gang, der sich zwischen Tür und Podium gebildet hatte. Am Ende angekommen, drehte er sich zu den Anwesenden um.

»Ich freue mich, euch allen diese wunderschöne junge Frau vorstellen zu dürfen«, verkündete er in seinem prägnanten deutschen Akzent. »Heidi ist eine wunderbare Yogalehrerin – und zufälligerweise meine Nichte!«

Während die Menge Beifall spendete, beugten sich Sid, Serena und Zahra vor, um die beiden – die vor noch nicht einmal einer Stunde angekommen waren – gebührlich in Empfang zu nehmen.

Dann entstand erneut Unruhe. Mehrere Motorradfahrer rollten langsam am Café vorbei, gefolgt von einer Reihe Polizeiautos und zwei überlangen schwarzen Luxuslimousinen, an deren Kühlerhauben die indische Fahne flatterte. Ein ganzes Rudel Leibwächter umringte die erste Limousine, und sobald sie zum Stehen gekommen war, öffnete ein Beamter die Tür zum Fond, die sich exakt auf Höhe des Eingangs zum Himalaja-Buchcafé befand. Obwohl alle wussten, dass ein – ihnen unbekannter – hochrangiger Regierungsvertreter Serena die Urkunde verleihen würde, hatte die Spannung durch den Wagenkonvoi und die vielen Leibwächter einen neuen Höhepunkt erreicht.

Es schien eine Ewigkeit zu dauern, bis sich etwas im Fond des Wagens bewegte. Bewaffnete Leibwächter schwärmten um die Limousine herum aus, behielten Straßen und Dächer im Auge und gestikulierten dramatisch. Erst als die Umgebung gesichert war, erschienen zwei in Sandalen steckende Füße, gefolgt von zwei Beinen in einer weißen Churidarhose und einem cremefarbenen Nehrujackett.

Wer da aus dem Wagen stieg, war niemand anderes als der indische Premierminister.

Alle, Serena eingeschlossen, keuchten überrascht auf, dann folgte ehrfürchtiges Schweigen. Der Premierminister betrat das Café, wobei er zum Gruß die Hände vor dem Herzen zusammenlegte und in alle Richtungen nickte. Die Leibwächter führten ihn zum Podium, wo ihm Franc Serena, Sid und Zahra vorstellte, bevor er ans Mikrofon trat. »Meine Damen und Herren, liebe Gäste, ich habe die Ehre, das Staatsoberhaupt der größten Demokratie der Welt hier im Himalaja-Buchcafé willkommen zu heißen: den indischen Premierminister.«

Der Premierminister quittierte den donnernden Applaus mit einem erfreuten Lächeln, dann bat er mit erhobener Hand um Ruhe. »Man hat mir gesagt, dass Sie es nicht an die große Glocke hängen wollen«, sagte er und blickte Serena an. Alles lachte. »Deshalb verspreche ich Ihnen, dass ich nicht lange bleiben werde. Eigentlich bin ich gerade auf dem Weg zu einem sehr hochgeschätzten Gast dieses Landes, der gleich hier die Straße hinauf wohnt.«

Während er auf die Eingangstür zeigte, bemerkte er, dass jener hochgeschätzte Gast, von dem er soeben gesprochen hatte, still und heimlich ebenfalls eingetroffen war. Der Dalai Lama stand zwischen seinen eigenen hochgewachsenen Leibwächtern in der Tür.

Der Premierminister forderte Seine Heiligkeit auf, sich zu ihm auf das Podium zu gesellen. Der Dalai Lama betrat die Bühne, stellte sich ans Ende der Reihe und nahm Zahras Hand in seine Rechte und Francs in seine Linke.

Liebe Leser, ist es möglich, dass er, als er mit seinem typischen milden Lächeln auf den Lippen den Blick über alle Anwesenden schweifen ließ, einen Augenblick verharrte und dann erst Zahra und schließlich mich ansah? Oder spielte mir da meine Fantasie einen Streich?

»Selbstverständlich hätte ich die Urkunde auch mit der Post schicken können«, sagte der Premierminister, nachdem er Seine Heiligkeit freundschaftlich begrüßt hatte. »Doch es ist mir wichtig, den Kontakt zu den Menschen nicht zu verlieren. Außerdem sollte es eine Selbstverständlichkeit sein, denjenigen Anerkennung zu zollen, die still und leise im Hintergrund arbeiten und dabei erstaunliche Resultate erreichen. Mutter Teresa fällt mir hier als Beispiel ein. Doch wenn es darum geht anzupacken, zählen weder Name noch Ansehen. Da stimmt Ihr mir doch zu, Eure Heiligkeit?«

Der Dalai Lama nickte. »Die Absicht zählt.«

»Und es gibt viele, die mit hehren Absichten anderen in Not helfen wollen«, fuhr der Premierminister fort. »Nur schaffen es in unserer schnelllebigen Zeit die wenigsten, diesen Absichten auch Taten folgen zu lassen. Serena« – und dabei machte er eine dramatische Pause, in der er sich ihr zuwandte – »ist so jemand. Serena, Sie wurden in Indien geboren und gingen als junge Erwachsene nach Europa, um dort eine vielversprechende Karriere zu verfolgen.«

Serena senkte bescheiden den Blick.

»Sie hätten dort bleiben können. Aber Sie sind zurückgekehrt. Und hier haben Sie andere in Not gesehen, denen Sie helfen wollten.«

Der Premierminister erzählte dem Publikum von den jungen Leuten, die jährlich – finanziert von Serenas Gewürzversand – zu Hunderten Computerkurse besuchen konnten. Von den Tausenden, die in den letzten fünf Jahren Arbeit gefunden hatten. Und von den Zehntausenden, die dadurch der ewigen Schinderei eines Lebens in Armut entkommen waren.

Ein Großteil der Gäste war sich zwar bewusst, dass Serena jeden Tag mehrere Stunden in ihrem Büro mit der Verwaltung ihrer Bildungseinrichtung beschäftigt war, doch kaum jemand hatte geahnt, wie groß ihre Wohltätigkeitsorganisation tatsächlich war – oder wie vielen Menschen sie geholfen hatte. Erst der Besuch des Premierministers, der keine Mühen gescheut hatte, um sich persönlich bei ihr für ihren Einsatz zu bedanken, öffnete allen die Augen.

Während die Anwesenden Serena mit neuer Wertschätzung und noch respektvoller als zuvor betrachteten, winkte der Premierminister drei der Teenager, die zuvor eingetroffen waren, zu sich. Nervös betraten die jungen Leute das Podium.

Der Premierminister nickte einem jungen Mann mit Brille namens Rohan aufmunternd zu. Serena umarmte ihn kurz, dann erzählte er, dass er in großer Armut bei Verwandten in Dharamsala aufgewachsen war. Er hatte die Gelegenheit, sich durch Computerschulungen fortzubilden, genutzt, schnell Arbeit bei einer Telefongesellschaft gefunden und war nun in der Lage, sich und seine Verwandten zu versorgen. Obwohl er sichtlich Lampenfieber hatte, war ihm der Stolz, mit dem er über diesen Wendepunkt in seinem Leben sprach, aller Bescheidenheit zum Trotz deutlich anzumerken.

Als Nächster war Sahil an der Reihe, der das Publikum mit seinem strahlenden Lächeln begeisterte. Er erzählte, dass er früher gezwungen gewesen war, die Müllcontainer hinter den Restaurants zu durchwühlen. Heute arbeitete er in einem großen Hotel, dessen Direktor er eines Tages werden wollte, wie er aufgeregt verkündete.

Als Letzte sprach Aasha, eine junge Frau, die ihre dreijährige Tochter an der Hand hielt. Ihr erschütternder Bericht über den Eisenbahnunfall, bei dem sie ihren Ehemann verloren hatte, ging allen sehr zu Herzen. Erst durch die Ausbildung, die Serena ihr ermöglicht hatte, war es ihr gelungen, Arbeit zu finden und der Obdachlosigkeit zu entgehen.

Als sie geendet hatte, waren alle den Tränen nahe und regelrecht sprachlos von den Emotionen, die die Schilderungen der jungen Menschen geweckt hatten, die das Podium unter ebenso spontanem wie frenetischem Applaus verließen. Allmählich wurde den Gästen klar, was Serena hier Außergewöhnliches geleistet hatte. Nun tat der Premierminister seine Absicht kund, ihr nicht nur eine Urkunde, sondern zum Dank für ihren Dienst an der Gemeinschaft auch einen Orden zu verleihen.

Alle sahen gebannt zu, wie der Premierminister – dem die Dramaturgie einer solchen Verleihung wohlvertraut war – einen goldenen Orden an einem bunten Band aus der Tasche holte. »Im Namen der Republik Indien«, erklärte er und trat auf Serena zu, »verleihe ich Ihnen diesen Orden in dankbarer Anerkennung Ihres außergewöhnlichen Beitrags zur Verbesserung des Wohlergehens und Glücks unseres Volkes.«

Serena neigte den Kopf, als ihr der Premierminister den Orden umlegte. Als sie wieder aufblickte, glänzten Tränen in ihren Augen. Sid umarmte sie unter tosendem

Applaus und Beifallsrufen. Mrs. Trinci ließ es sich nicht nehmen, auf das Podium zu stürmen und erst ihre Tochter und anschließend den Premierminister fest an die Brust zu drücken, wobei sie Letzteren beinahe zerquetschte. Franc umarmte Serena, dann überreichte ihr eine ehemalige Schülerin einen riesigen Blumenstrauß. Und die ganze Zeit über sah der Dalai Lama lächelnd und applaudierend zu, während seine Präsenz nicht nur Serena, sondern auch alle anderen im Raum mit herzlicher Güte erfüllte.

Sobald sich der Premierminister aus Mrs. Trincis Armen befreit hatte, bat er Seine Heiligkeit, ein paar Worte zu sagen. Der Dalai Lama dachte einen Augenblick lang nach, dann trat er zum Mikrofon und nahm Serenas Hand. »Ich kannte Serena bereits, als sie noch ein kleines Mädchen war.« Er nickte. »Sie hatte schon immer ein gutes Herz und wollte anderen helfen. Was könnte wichtiger sein, als Güte zu praktizieren?«

Wie so oft, wenn Seine Heiligkeit sprach, hingen seine Zuhörer gebannt an seinen Lippen, so sinnfällig und klar waren seine Worte.

»Offizielle Anerkennung« – er lächelte dem Premierminister zu – »ist eine schöne Sache. Wunderbar! Doch die wahre Belohnung« – er legte eine Hand aufs Herz – »ist hier.« Er wandte sich Serena zu. »Spürst du es?«, fragte er.

Serena biss sich auf die Unterlippe, um nicht die Fassung zu verlieren, und nickte.

Der Dalai Lama drückte ihre Hand. »Das ist nur der Anfang«, sagte er rätselhaft. »Viel Gutes wird folgen.«

Kurz darauf wurden Seine Heiligkeit und der Premierminister von ihren jeweiligen Leibwächtern aus dem Café und zu ihren Fahrzeugen geführt. Sid und Zahra steckten kurz die Köpfe mit Serena und Franc zusammen, dann trat Franc ans Mikrofon.

»Unsere Kellner stehen mit Speis und Trank bereit, und alle sind herzlich eingeladen, noch zu bleiben und mit uns zu feiern. Doch zuvor« – er hob mahnend die Hand – »möchte ich noch einen Augenblick um eure Aufmerksamkeit bitten.«

Er drehte sich zu Serena um, die den linken Arm um Sids Hüfte und den rechten um Zahra geschlungen hatte. Mit einem breiten Lächeln und ungewöhnlich befangen nickte sie ihnen zu, während sie zu dritt vortraten.

»Ich möchte noch eine Ankündigung machen, die etwas persönlicherer Natur ist.« Sie sah sich unter ihrer Familie, ihren Freunden und Kollegen um. »Ich bin schwanger!«

Der darauffolgende Applaus und die Freudenschreie unterschieden sich deutlich von dem Beifall, den der Premierminister erhalten hatte. Alle Anwesenden wollten nur das Beste für Serena und wussten, wie viel dies ihr und Sid bedeutete. Auch Zahra schien es kaum erwarten zu können, bald einen kleinen Bruder oder eine kleine Schwester auf der Welt willkommen zu heißen.

Sobald sie das Podium verließen, wurden sie von Freunden und Bekannten umringt. Kusali ließ seine Kellner mit champagnerbeladenen Tabletts ausschwärmen. Aus einer spontanen Eingebung heraus setzte sich Ewing Klipspringer ans Klavier und stimmte ein fröhliches

Medley an. Gläser klirrten, Glückwünsche wurden ausgesprochen und Dutzende angeregte Gespräche geführt – der Lärmpegel stieg um eine nicht unbeträchtliche Dezibelzahl, wodurch das oberste Brett des Zeitschriftenregals für eine Katze zunehmend ungemütlich wurde.

Ich musste nicht lange warten. Kaum hatte ich an Flucht gedacht, tauchte auch schon Zahra auf, hob mich vom Regal, drückte mich an die Brust und brachte mich zur Eingangstür.

Doch anstatt mich davor abzusetzen, verließ sie die laute Feier und trug mich zum Namgyal hinauf. »Keine Sorge, Rinpoche. Ich bringe dich sicher nach Hause«, versprach sie und ging schnell weiter. »Ich dachte mir schon, dass dir das zu viel Lärm ist.«

Ich schmiegte mich in ihre Halsbeuge. Es war später Nachmittag, und eine kühle Brise wehte vom Himalaja herunter durch das Kangra-Tal. Ich dachte darüber nach, dass sich Zahra und ich vor einem Lebensalter mit ziemlicher Sicherheit genau in derselben Situation befunden hatten – nur andersherum. Was uns vor wenigen Tagen zu Füßen Yogi Tarchins offenbart worden war, verlieh jeder alltäglichen Begegnung, wie etwa dieser hier, eine besondere Bedeutung. Das Wiedersehen und Abschiednehmen über mehrere Leben hinweg, die Verbindung, die wir schon immer zwischen uns gespürt hatten und nun besser verstanden als vorher, verwandelten ein ganz gewöhnliches Zusammensein in Augenblicke von unschätzbarem Wert.

Zahra trug mich durch das Klostertor und durch den Innenhof nach Hause. Als wir den Eingang erreichten, setzte sie mich vorsichtig auf den Pflastersteinen ab. Aus Gewohnheit blickte ich zu dem Fenster im ersten Stock hinauf, an dem ich bereits seit einer so langen Zeit meines Lebens regelmäßig sitze und das Kommen und Gehen in Kloster und Tempel beobachtete. Und da bemerkte ich, dass Seine Heiligkeit direkt auf uns heruntersah.

Ich hielt inne. Zahra folgte meinem Blick, dann legte sie schnell die Hände vor dem Herzen zusammen. Der Dalai Lama erwiderte die Geste, und wie er uns so beobachtete, hegte ich nicht den geringsten Zweifel daran, dass er genau wusste, wer wir waren, wer wir gewesen waren und welches komplizierte Beziehungsgeflecht uns über viele Leben hinweg miteinander verband.

Als ich unsere Gemächer betrat, stand der Dalai Lama mitten im Raum und unterhielt sich mit Tenzin und Oliver. Anscheinend besprachen sie die letzten Details den bevorstehenden Besuch des Premierministers im Kloster betreffend.

Nachdem alle logistischen Einzelheiten geklärt waren, hatte Oliver noch eine letzte Frage: »Was sollen wir ihm als Abschiedsgeschenk überreichen, Eure Heiligkeit? Wollt Ihr ihm ein Buch vorschlagen? Shantideva?«

Der Dalai Lama dachte einen Augenblick lang darüber nach. »Einen indischen Gelehrten? Sehr gut. Obwohl ich bezweifle, dass er es auch lesen wird.«

Tenzin schlug mehrere Texte von tibetischen Lehrern vor. Seine Heiligkeit wirkte immer noch nicht überzeugt.

Oliver sah aus den Augenwinkeln zu mir herüber. »KSH, so langsam brauchen wir das Buch.«

»*Die vier Geheimnisse des Glücks.*« Der Dalai Lama nickte. »Ja, *das* würde ich ihm sofort geben.«

Schließlich und endlich einigte man sich auf ein anderes Buch. Die beiden Assistenten verließen den Raum, sodass ich mit Seiner Heiligkeit allein war. Er kam zur Fensterbank herüber und setzte sich einen Augenblick lang neben mich. Allein seine Gegenwart, seine Nähe zu spüren ließ mich unwillkürlich schnurren.

»O ja, meine Schneelöwin«, murmelte der Dalai Lama. »*Dieses* Gefühl musst du in deinem Buch vermitteln, das ist die Hauptsache. Damit jeder, der es liest, zur Überzeugung kommt, dass sein Leben von liebender Güte berührt wurde.« Er streckte die Hand aus, um mich zu streicheln. »Und Weisheit. Die vier Elemente unseres Pfades, an die wir jedes Mal erinnert werden, wenn wir einen Buddha sehen.«

Zufällig betrachtete ich gerade in diesem Augenblick den Wandbehang, der den Buddha Shakyamuni darstellte. Nach wie vor suchte ich vergeblich nach den vier Elementen. Wo steckten sie nur?

»Der Lotos, das Symbol der Loslösung«, antwortete Seine Heiligkeit nach einer Weile.

Aber natürlich! Ich wusste doch schon seit Jahren, dass die Lotosblume, die aus dem Sumpfschlamm zu außergewöhnlicher Schönheit heranwuchs, das Symbol der Loslösung war. Ohne Leid gab es keinen Anlass, die Transzendenz zu suchen, ohne Schlamm keinen Lotos. Doch erst jetzt fiel mir auf, dass jeder einzelne Buddha, der mir je auf einem Bild oder als Statue unter die Augen gekommen war, auf einem Lotosthron saß. Ich hatte das erste Element die ganze Zeit über direkt vor der Nase gehabt!

»Das silberne Mondkissen, Symbol von Bodhichitta.«

Auch dem leuchtenden silberweißen Kissen, auf dem jeder Buddha saß oder stand, hatte ich bisher kaum Beachtung geschenkt. Ich hatte nie darüber nachgedacht, was es wohl für eine Bewandtnis damit hatte. Jetzt verstand ich, wieso der Erleuchtungsgeist oder Bodhichitta so oft mit dem Mondlicht in Verbindung gebracht wurde: Mitgefühl hatte denselben beruhigenden, beinahe magischen Effekt auf alle, die damit in Berührung kamen, wie der friedliche Mondschein.

»Das goldene Kissen, Symbol von Shunyata. Meistens wird es angedeutet, gelegentlich aber auch konkret dargestellt.«

Kein Wunder, dass Shunyata das Attribut der Sonne zugeschrieben bekommen hatte. Das gleißende Licht der Weisheit vertrieb die Finsternis der Unwissenheit. Viele Buddhabildnisse zeigen nur das silberne Kissen. Das goldene wird lediglich durch einen gelben Ring dargestellt. So war es auch bei dem Bild, das ich gerade betrachtete.

»Und schließlich der Buddha, der Guru, Symbol des erleuchteten Geistes. Wenn wir uns vor dem Buddha oder Guru verneigen, tun wir das nicht nur aus Ehrfurcht vor ihm. Wir verneigen uns auch vor unserer eigenen Buddhanatur, unserer eigenen Fähigkeit, die Erleuchtung zu erlangen. Das ist der wahre Grund. Doch das wusstest du bereits, nicht wahr, meine kleine Schneelöwin?«

Mein Schnurren wurde noch lauter. Die Bedeutung der einzelnen Symbole war mir schon seit Jahren bekannt, doch ich hatte sie noch nie zusammengeführt – bis jetzt. Ich ließ den Blick vom Wandbehang, der den Buddha Shakyamuni zeigte, über eine erlesene Statue der Weißen Tara bis zu einem Gemälde schweifen, auf dem der Buddha Manjushri dargestellt war. Und wirklich – überall waren dieselben Symbole zu sehen.

»Jeder Buddha ist eine visuelle Erinnerung an die vier Elemente unserer spirituellen Reise«, sagte der Dalai Lama. »Für den, der die Symbole nicht versteht, haben sie keine Bedeutung. Doch für uns sind sie eine stetige Erinnerung.«

Ohne Seine Heiligkeit hätte ich das wohl nie kapiert. Und wenn ich es so recht bedachte, hatte ich alles, was wissenswert war, von ihm erfahren. Gut möglich, dass ich nicht zu der meditativen Konzentration fähig war, mit der er jeden Tag begrüßte, jene fünf Stunden, die die Grundlage von allem waren. Aber *er* war dazu fähig. Und vom Ergebnis, dem wunderbaren Zustand der Offenheit, konnten alle, die ihm begegneten, profitieren – nicht zuletzt jenes überaus flauschige Lebewesen, das gerade neben ihm saß.

Als ich darüber nachdachte, was ich in den letzten Wochen gelernt hatte – insbesondere über meine Verbindung zu denjenigen, die meinem Herzen am nächsten waren –, erfüllte mich eine tiefe Ehrfurcht. Und ich schnurrte so laut wie noch nie, obwohl ich der Dankbarkeit, die ich dem Dalai Lama gegenüber empfand, weder mit Geräuschen noch mit Gefühlen Ausdruck verleihen konnte. Doch als ich zu ihm aufblickte, berührte er meine Stirn mit seiner eigenen.

Eine scheinbare Ewigkeit verharrten wir so, Stirn an Stirn. So lange, dass ich nicht mehr wusste, wo mein Körper endete und der des Dalai Lama anfing. Oder anders ausgedrückt: wo ein formloses mentales Kontinuum ins andere überging.

In der Entfernung waren Sirenen und das Knattern von Motorrädern zu hören. Der Konvoi näherte sich dem Kloster. Nicht mehr lange, und einer von uns würde wieder Seine Heiligkeit sein und der andere die Katze Seiner Heiligkeit.

Doch jetzt, gemeinsam im Zwielicht, gab es nur grenzenlosen Frieden.

David Michie

Die ersten Abenteuer der Katze des Dalai Lama

Auf leisen Pfoten und auf höchst vergnügliche Weise vermittelt die
Katze Seiner Heiligkeit die ganze Fülle buddhistischer Lebensweisheit.
Eine bezaubernde Lektüre für Menschen, die Glück und Sinn suchen,
für Katzenliebhaber und alle, die wissen wollen, warum der
Dalai Lama kein Fan von toten Mäusen ist.

978-3-453-70381-0

David Michie

Auf leisen Pfoten zum Glück

Egal, ob verspieltes Kätzchen, naseweiser Straßenkater, vornehme
Stubentigerin oder gar die Katze des Dalai Lama höchstpersönlich – wie
auch wir Menschen, wollen alle einfach nur glücklich sein. Auf überaus
charmante und vergnügliche Weise zeigt uns die Katze Seiner Heiligkeit,
wie wir durch die Weisheit des Buddhismus zu verblüffenden und
inspirierenden Einsichten über das wahre Glück gelangen.

978-3-453-70392-6

David Michie

Im Hier und Jetzt schnurrt sich's am besten

Einfach ganz entspannt im gegenwärtigen Moment leben – leichter gesagt als getan, auch für die Katze Seiner Heiligkeit. Denn ihr neugieriges,
unruhiges Naturell macht ihr bei der Suche nach Glück und Gelassenheit
immer wieder einen Strich durch die Rechnung. Deshalb schickt sie der
Dalai Lama auf eine Mission: Sie soll den Zauber des Augenblicks
erforschen, das Geheimnis wahren inneren Friedens ...

978-3-453-70407-7

Leseprobe unter **www.heyne.de**